あなたのプチぼうけん
ミニ情報をいっぱいちり

JN050349

ワルンで役立つプチ会話

これをひとつ（ふたつ）ください
Minta ini satu (dua).
ミンタ イニ サトゥ（ドゥア）

地元の人とのちょっとしたコミュニケーションや、とっさに役立つひとこと会話を、各シーンにおりこみました☆

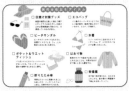

女子ならではの旅アイテムや、トラブル回避のための情報もしっかりカバー☆

どのぼうけんにしようかな？

コピ・ルアクKopi Luwakって？
ジャコウネコ（＝ルアク）の糞から採取されるコーヒーのこと。ジャコウネコが食べた果実のうち種子にたる豆は消化されずにそのまま排泄され、腸内の酵素や細菌による発酵で独特な風味が加わるとされる。特に野生のジャコウネコから作られるものは希少で、「世界いち高価なコーヒー」……

知っておくとトクする情報、アドバイス etc. をわかりやすくカンタンにまとめてあります☆

72　✉「ワルン

オススメ♪　73

右ページのはみだしには編集部から、左ページのはみだしには旅好き女子のみなさんからのクチコミネタを掲載しています☆

ウブドお買い物クルーズ

TOTAL 3時間

| オススメ時間 | 10:00～13:00、16:00～19:00 | 予算 | Rp.50万～ |

暑さ対策も忘れずに
日中は日差しが強いので、帽子や日傘があると◎。カフェなどで水分補給しながらのんびり歩こう。お買い物終了後にランチまたは夕食を取るのがおすすめ。

プチぼうけんプランには、予算や所要時間の目安、アドバイスなどをわかりやすくまとめています。

■発行後の情報の更新と訂正について
発行後に変更された掲載情報は、『地球の歩き方』ホームページの本書紹介ページに「更新・訂正情報」として可能なかぎり案内しています（ホテル、レストラン料金の変更などは除く）。ご旅行の前にお役立てください。
URL www.arukikata.co.jp/travel-support/

物件データのマーク

🏠	住所　※「Jl.」は「Jalan（〜通り）」の略です。
🏛	その他の店舗
☎	電話番号
⏰	営業時間、開館時間
休	休館日、定休日
料	予算、入場料、料金、税金＆サービス料など
予	予約の必要性
交	交通アクセス

URL	… URL
✉	… E-Mail アドレス
Card	… クレジットカード A. アメリカン・エキスプレス D. ダイナース　J. ジェーシービー M. マスター　V. ビザ
室	… 客室数
日	… 日本語メニューあり
《日》	… 日本語会話 OK
《英》	… 英会話 OK
👠	… ドレスコード

別冊MAPのおもなマーク

●	見どころ、観光スポット
R	レストラン、食堂
C	カフェ
S	ショップ
B	スパ、マッサージ、ヨガ教室
H	ホテル

いらっしゃい！

バリ島でプチぼうけん！
ねえねえ、どこ行く？ なにする？

グルメにお買い物にバリ芸能。

そうそう、スパだってハズせないっ！

うーん、やりたいこと多すぎ～。

こんな楽しそうなコトもできたんだ、アレ食べ逃した……、

そんな後悔をしないように、

ピピッときたものにはハナマル印をつけておいて！

バリ島
LOVE♥

楽園バリに
"私の帰る場所"を
見つけたい！

aruco

バリ島

Bali

こんどの旅行も
みんなと同じ、お決まりコース？

「みんな行くみたいだから」「何だか人気ありそうだから」
とりあえずおさえとこ。そんな旅もアリだけど……
でもホントにそれだけで、いいのかな？

やっと取れたお休みだもん。
どうせなら、みんなとはちょっと違う、
とっておきの旅にしたくない？

『aruco』は、そんなあなたの
「プチぼうけん」ごころを応援します！

★女子スタッフ内でヒミツにしておきたかったマル秘スポットや穴場のお店を、
　思いきって、もりもり紹介しちゃいます！

★見ておかなきゃやっぱり後悔するテッパン観光名所 etc. は、
　みんなより一枚ウワテの楽しみ方を教えちゃいます！

★「バリ島でこんなコトしてきたんだよ♪」
　帰国後、トモダチに自慢できる体験がいっぱいです。

そう、バリ島では、
もっともっと、
新たな驚きや感動が
私たちを待っている！

さあ、"私だけのバリ島"を見つけに
プチぼうけんに出かけよう！

バリ島 LOVER になっちゃう♥ とびきりのワクワク体験にチャレンジ!

バリ中部の注目スポットを巡って
フォトジェニックな楽園を満喫♥ **P.20**

今いちばん旬なビーチエリア
チャングーをとことん楽しむ! **P.24**

最旬バリを
しっかり
カバーしましょ

ウブドの裏道をお散歩しながら
人気アイテムを Get ! **P.36**

バリで見るサンセットが
美しすぎて、涙が出そう〜 **P.48**

最強パワスポ&世界遺産巡りで
LOVE 運アップしちゃうかも? **P.32**

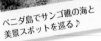

ペニダ島でサンゴ礁の海と
美景スポットを巡る♪ **P.62**

バリ東部のスピリチュアルスポット
ブサキ&ランブヤン寺院でお祈り体験 **P.52**

おめかしディナーもがっつりランチも、
お気に召すままバリごはん！

お約束のナシチャンプル
おかず選び、楽しー☆
P.70

定番インドネシア料理は
やっぱり老舗レストランで
P.74

今夜はちょっとおめかしして
とっておきのレストランへ
P.82

ダイエットは
帰ってから
考えよっと♪

ビーチクラブ＆海カフェで
潮風に吹かれながらまったり☆
P.84

おいしくっておしゃれ
ヘルシーカフェごはん♪
P.88

another day in
paradise

インスタ映え間違いなしの
おしゃれカフェも check！
P.90

たくさん
召しあがれ

"運命の出合い" がありすぎ〜！

とりあえず買っとこ！

キュートなリゾートファッション
は現地調達がオススメです！ P.98

おしゃれで
かわいいもの
いっぱい♡

おうちに連れて帰りたい☆
インテリア雑貨をハンティング P.108

インドネシアの伝統布
バティック＆イカットに恋して♥ P.106

自分用に買いたい！
こだわりのグルメみやげ P.116

たくさん欲しくなる〜
お気に入りの器を探そ♪ P.110

バリで女磨き！　とことんキレイになっちゃおう♥

海スパ？　それとも森スパ？
絶景をひとり占めしちゃお P.124

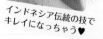

インドネシア伝統の技で
キレイになっちゃう♥ P.126

バリ発ナチュラルコスメで
美肌＆美髪になる！ P.130

7

Contents

巻末 "取りはずせる" 別冊MAP

便利だね！

9

ざっくり知りたい! バリ島基本情報

これだけ
知っておけば
安心だね

お金のコト

通貨・レート Rp.100 (ルピア) = 約0.95円 (2024年3月18日現在)

インドネシアの通貨はインドネシア・ルピア

両替 手数料にも気をつけよう

ルピアを入手するには、日本国内ではなく現地で調達するのがいい。空港の両替所か、空港内の24時間対応のATMでキャッシングを利用するのも便利。ホテルは両替率がよくない。街での両替は、ガードマンがいるしっかりした両替所か銀行でするのが安心。みやげ物屋などで両替の看板を出している店は、お札を抜かれるなどトラブルが多いので避けたほうが無難。コンビニにもATMがある。

物価

物価はどこで何を買うかでかなり違ってくる。1回の食事は庶民的な食堂なら300〜500円で済むけれど、観光客向けのレストランだと1000〜3000円くらい。
例: (500㎖)=Rp.3000〜

チップ 感謝の気持ちをさりげなく

基本的には不要。ただしホテルのポーターやマッサージ店での担当者にはRp.1〜2万程度のチップが慣例になっている。高級店での飲食やホテル宿泊費などにはあらかじめサービス料が加算されているが、特別なリクエストに対応してもらったときには感謝の気持ちとして渡すといい (目安はRp.1万〜)。小額紙幣をいつもポケットに忍ばせておけばスマートに渡せる。

お金について詳細はP.184をチェック!

ベストシーズン 乾季 (5〜10月頃)

一般的には、天候の安定した乾季が旅行シーズンで、8月のバカンス時期は多くの旅行者でにぎわう。旅行代金がピークより安くなる9〜10月頃が狙い目。雨季 (11〜4月頃) は南国らしさを味わえる季節。湿度が高くて暑いけど、スコールが1日に1〜2回降る程度で、トロピカルフルーツも豊富に出回る。

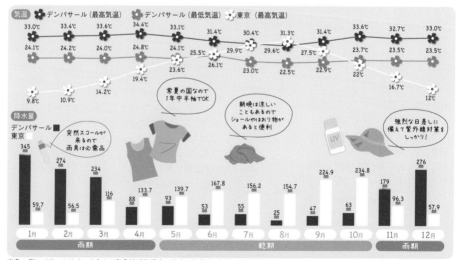

出典:デンパサールはインドネシア気象地球物理庁、東京は気象庁、気温は月平均値

日本からの 飛行時間

直行便で約7時間30分
成田空港からデンパサールまで毎日運航（火曜のみマナド経由で所要9時間20分）。

ビザ

観光ビザが必要
インドネシア入国時に、30日間の到着ビザ（Rp.50万）が取得できる。パスポートの残存有効期間は入国時点で6ヵ月以上必要。

詳細はP.176

時差

−1時間（サマータイムはない）

日本	8	9	10	11	12	13	14	15	16	17	18	19	20	21	22	23	0	1	2	3	4	5	6	7
バリ島	7	8	9	10	11	12	13	14	15	16	17	18	19	20	21	22	23	0	1	2	3	4	5	6

言語

インドネシア語・バリ語
バリ人同士はバリ語で会話をするが、ほとんどの人は国語のインドネシア語も話せる。ホテルやレストランでは英語も通じるし、日本語で話しかけられることも。

交通手段

タクシーが便利
公共交通機関はあまり整備されていないので、タクシーや配車サービスを利用するか、車をチャーターするのが一般的。

詳細はP.181

ニュピの旅行は注意!
バリ島の新年ニュピ（日程は毎年変わるが、だいたい3月頃）は、「悪霊が去るのを瞑想して待つ静寂の日」として、一切の外出と電気や火の使用が禁止され、空港も閉鎖される。観光客も例外ではないが、ホテルの敷地内であれば出歩いたり食事もできる。またバリ島のお盆にあたるガルンガンとクニンガンの前後数日間も閉まる店が多い。

サコ暦とウク暦
バリには、一般に使われているグレゴリオ暦のほかにふたつの暦がある。ひとつはインドから伝わった太陰暦のサコ暦。もうひとつのウク暦は古代ジャワから伝わったもので210日が1年となる。ニュピはサコ暦によって決まり、またほとんどの大きな宗教儀礼はウク暦の1年ごとに行われる。

バリ島独特の休日もあるのね

2024年の祝祭日

1月1日	新年
2月8日	ムハンマド昇天祭*
2月10日	イムレック（中国暦新年）*
3月11日	ニュピ（サコ暦新年）*
3月29日	聖金曜日（キリスト受難日）*
3月31日	イースター（復活祭）*
4月10・11日	レバラン（断食月明け大祭）*
5月1日	メーデー
5月9日	キリスト昇天祭*
5月23日	ワイサック（ブッダ生誕祭）*
6月1日	パンチャシラの日*
6月17日	イドゥル・アドハ（犠牲祭）*
7月7日	イスラム暦元日*
8月17日	独立記念日
9月16日	ムハンマド生誕祭*
12月25日	クリスマス

※上記のほか、毎年変わる「有給休暇取得奨励日」がある（2024年は2月9日、3月12日、4月8・9・12・15日、5月10・24日、6月18日、12月26日）

＊は年ごとに異なる移動祝祭日なので注意。
上記のほかバリ島のみの祝祭日として、ガルンガン（2024年は9月25日）、クニンガン（2024年は10月5日）などがある。

バリ島の詳しいトラベルインフォメーションは、P.174〜をチェック!

3分でわかる！
バリ島かんたんエリアナビ

バリってこんな島だよ！

インドネシアのほぼ中央に位置するバリは、赤道直下の小さな島。
面積は東京都の約2.5倍くらいだけど、ビーチエリアから自然公園や高原地帯、
標高3142mのアグン山まで、その表情は多彩。まずはエリアごとの特色をおさえておこう！

バリ北西部

自然がいっぱいだよ☆

北部のシガラジャは植民地時代に栄えた港町。西部には自然豊かな国立公園が広がり、またヌガラは竹のガムラン「ジェゴク」で有名。

バリ中部

フォトジェニックスポット巡り →P.20
パワスポ&世界遺産巡り →P.32

芸術村として知られるウブドから北は、標高1000mを超える高原エリア。バトゥール山周辺はバリ随一の景勝地として知られる。

遊びに来てね〜☆

シガラジャ
Singaraja

バトゥール山
Gunung Batur

キンタマーニ
Kintamani

バトゥール湖
Danau Batur

アグン山
Gunung Agung

バリ西部国立公園
Taman Nasional Bali Barat

ブラタン湖
Danau Bratan

ブサキ寺院
Pura Besakih

ランプヤン寺院
Pura Lempuyang

ヌガラ
Negara

ジャティルイ
Jatiluwih
→P.160

シドゥメン
Sidemen

スマラプラ
Semarapura

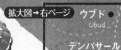
拡大図→右ページ　ウブド
Ubud

パダンバイ
Padangbai

デンパサール
Denpasar

グラライ国際空港

レンボガン島
Nusa Lembongan

ペニダ島
Nusa Penida
→P.62

N

バリ南部

♪

観光地やホテルのほとんどが、グラライ国際空港を起点としたこのエリアに集中している。州都デンパサールは政治と経済の中心。

バリ東部

聖峰アグン山やブサキ寺院、ランプヤン寺院は、バリ有数のパワースポット。長期滞在者に人気のリゾートエリアやダイビングスポットも点在する。

バリ東部スピリチュアルスポット →P.52

バリ東部で塩作ってます！

A ウブド Ubud
伝統が息づく芸能の街　→P.28, 36, 60, 146

ライステラスや渓谷など豊かな自然に囲まれた、昔ながらの村のたたずまいを残す街。伝統芸能や芸術の中心として知られ、バリの文化に触れることができる。

伝統芸能を楽しむ　→P.150

B チャングー Canggu
人気上昇中の注目スポット　→P.24

クロボカンの北西に広がるエリア。おしゃれなカフェやショップ、ビーチクラブなどが続々とオープンし、サーファーをはじめ欧米の若者やノマド族が集まる。

C スミニャック＆クロボカン Seminyak & Kerobokan
バリのトレンド発信地　→P.136, 138

夕日が美しいビーチとのどかな田園風景の間に、高級ホテルや隠れ家的なヴィラが点在する。外国人が経営する店も多く、バリで最もオシャレなエリア。

D クタ＆レギャン Kuta & Legian
活気あふれる無国籍タウン　→P.140

サーフィンのスポットとして発展した、昔からの繁華街。表通りにはブティックやレストラン、ナイトクラブなどが建ち並ぶが、路地裏は下町の風情。

E サヌール Sanur
のんびりとした老舗リゾート　→P.142

バリで最初に開発された、古きよき風情が漂うビーチエリア。美しいサンゴ礁の海とのんびりとした村の情緒が楽しめ、長期滞在者やリピーターに人気がある。

N

タマン・アユン寺院

タバナン
ムングウィ

ウブド A

リゾートも楽しそ〜

タナロット寺院

バトゥブラン

チャングー B
クロボカン
スミニャック C
スミニャック・ビーチエリア
デンパサール　→P.144

レギャン
クタ D

E サヌール

のんびり過ごせるよ

グラライ国際空港
ブノア港
ブノア

ジンバラン F
G
ヌサドゥア

ウルワツ寺院
ウンガサン

F ジンバラン Jimbaran
のどかな漁村の風情が残る

ビーチに沿って世界的に有名な高級ホテルが点在する。リゾートエリアとして開発されたのは比較的最近のことなので、素朴な漁村の雰囲気も色濃く残る。

BBQ屋台でシーフード　→P.50

G ヌサドゥア＆ブノア Nusa Dua & Benoa
大型ホテルが並ぶリゾートエリア

ヌサドゥアは政府によって開発された、大型ホテルが並ぶバリ随一のリゾートエリア。その北に位置するブノアは、マリンスポーツの中心地として知られる。

マリンスポーツを楽しむ　→P.148

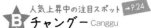

aruco バリ島 最旬 TOPICS

INFORMATION

バリ島を訪れる外国人旅行者への『観光税』Love Bali システムが開始！

バリ州は2024年2月14日から、バリ島を訪問する外国人旅行者に対して「外国人観光客徴収金」の徴収を開始した。金額は1回の訪問につき1名Rp.15万。支払い方法は以下の2とおり。支払い後、QRコード付きの証明書がeメールで送られてくるので、帰国まで保存しておこう。

自然や文化の保護に使われる

① バリ島に到着する前に、右記の「Love Bali」サイトやアプリから支払う。
URL lovebali.baliprov.go.id

② バリ島到着後、ングラ・ライ国際空港（→P.179）の到着ロビーにある観光税のカウンターで支払う（ルピアの現金またはクレジットカードのみ）。
※システムは変更されることもあるので、渡航する際には最新情報を確認すること。

サイトのトップ画面にある「Pay Tourist Levy」をクリック。

姓名（パスポートと同じに）、eメールアドレス、パスポートナンバー、バリ島到着日を入力し「Submit」をクリック。クレジットカードで支払う場合は、カード番号、有効期限、3桁のセキュリティコードを入力する。

Whats App ワッツアップ
バリで最も使われている通信アプリ。無料でチャットや通話ができ、レストランやスパの予約などに便利。

Klook クルック
香港に本社をおく旅行・レジャー予約サイト。空港送迎、現地発ツアーやアクティビティが簡単に予約できる。

Google 翻訳
文字翻訳はもちろん、テキストを自動的に読み上げたり、カメラで読み取った文章を翻訳してくれる機能も。

旅行中に使える！便利なアプリ6選

GrabとGojekはP.181も参照して！

バリ島で活躍するアプリを厳選してご紹介。

Grab グラブ
東南アジアでNo.1のシェアを誇る配車アプリ。簡単に車やバイクを手配でき、料金は事前確定なので安心。

Gojek ゴジェック
インドネシア生まれの配車アプリ。食事のデリバリーや荷物の配達など幅広く展開し、生活に根づいている。

My Blue bird マイブルーバード
ブルーバードが運営するバリ・タクシー（→P.180）の専用アプリ。呼び出しのほか、料金の予測も可能。

NEW OPEN

東南アジア最大級のカフェがキンタマーニ高原に登場！

近年おしゃれなカフェが増えて話題になっているバリ有数の観光地キンタマーニに、2023年8月にオープン。約500人を収容できる店内からは、火山とカルデラ湖が織りなす大パノラマを楽しめる。コーヒーは地元キンタマーニ産をはじめ、国産アラビカ豆を使用した本格派。バーガーやパスタなどのフードメニューも充実している。

おしゃれなレストランにも注目！

1. 地下の2フロアを使用した全面ガラス張りの店内　2. テラス席からバトゥール山と湖を一望できる　3. 名産のオレンジなどフルーツを使った創作コーヒーが人気

スペシャルなコーヒーを味わって♪

パディ Pahdi
Map 別冊P.3-C2 キンタマーニ

🏠 Jl. Raya Penelokan, Kintamani
☎ 0811-3971-277（携帯）
🕐 5:30～19:00（金・土・日～20:00）　無休　税&サ+21%
Card A.J.M.V.　ウブドから車で1時間
URL pahdispecialtycoffee.com

人気バティックブランドがインドネシアの文化を紹介する複合施設をオープン！

「インドネシア文化の再発見」をコンセプトにしたブランド「ビテカントロプス」（→P.99）のオーナーが手がける複合施設。スマトラ島から17世紀の邸宅を移築し、ショップとレストラン「マサマサ」を展開している。「ビテカントロプス」がある建物の2階はギャラリーになっており、インドネシア各地のバティックやイカットなど貴重なコレクションを無料で見学できる。

マサマサ Masa Masa
Map 別冊P.3-C3 サヌール郊外

🏠 Jl. Subak Telaga No.9, Ketewel, Kec. Sukawati
☎ 0819-4630-5122（携帯）
🕐 9:00～22:00　無休　税&サ+21%
Card J.M.V.　サヌールから車で20分

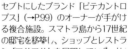

1. ギャラリーの建物も必見。展示は定期的に変更される　2.「マサマサ」ではインドネシア料理とアジアの食文化が溶けあうプラナカン料理を提供　3. レストランを挟んで「ビテカントロプス」とアンティークを扱う「プサカ」がある

バリの最新情報をお届け！

お役立ちニュースからNewオープン、
話題のスポットまで、最新情報をピックアップ。

美しいビーチが点在するウルワツは欧米人に人気

こちらも Check! →P.40

サーフィンもできる!

TREND

おしゃれスポットが続々と登場 人気急上昇中のエリア、ウルワツに注目!

バリ島に長期滞在しているサーファーやデジタルノマドたちが、今最もホットなエリアであるチャングー（→P.24）の混雑を避けて、ウルワツに移動中。それにともなって有名店が次々とオープンし、リピーターの注目を集めている。なかでも人気の3店をご紹介。

緑に囲まれた広い空間でくつろげる

アルケミー・ウルワツ
Alchemy Uluwatu

ウブド発のベジタリアンレストランがウルワツに進出。オーガニックのサラダバーやビーガン対応のヘルシーメニューを求めて欧米人が集まる。ショップも併設。

[Map] 別冊P.4-A3 ウルワツ

⌂Jl. Pantai Bingin No.8, Pecatu ☎0811-3888-143（携帯） 🕘8:00～22:00 [休]無休 [料]税&サ+16% [Card]M.V. [交]ウルワツ寺院から車で15分 [URL]www.alchemybali.com

ヘルシードリンクやスイーツも販売

ワルン・ローカル
Warung Local

チャングーの人気ワルンの2号店。ナシチャンプルはセットでRp.3万5000～。ローカルフードのほか、スムージーやパンケーキなど朝食メニューも充実している。

[Map] 別冊P.4-A3 ウルワツ

⌂Jl. Labuansait No.10A, Pecatu ☎0811-380-3310（携帯） 🕘8:00～22:00 [休]無休 [Card]M.V. [交]ウルワツ寺院から車で15分

1.ナシチャンプルの総菜は自分で選ぶスタイル 2. 食事時は行列ができることもある

おいしくてヘルシー♪

ビージーエス
BGS

チャングーやウルワツなどに6店舗を展開するサーフショップ＆コーヒーバー。長期滞在者の憩いの場となっている。おしゃれなファッションアイテムも要チェック。

[Map] 別冊P.4-A3 ウルワツ

⌂Jl. Labuansait, Pecatu ☎0878-6181-3103（携帯） 🕘6:30～22:00 [休]無休 [Card]M.V. [交]ウルワツ寺院から車で10分

1.店内ではサーフグッズも販売している
2. コーヒー豆はスマトラ島マンダリン産を使用

バリに日本の喫茶店ブームが到来？ 話題の2店舗をチェック！

寿司やラーメンなど日本料理はバリ島でも大人気。次にはやるのは日本の喫茶文化かも？

1. バリでもシロノワール（Rp.6万8000）が味わえる！ 2. 外観や内装は基本的に日本と同じ

おなじみのログハウス調の外観が目印

コメダ珈琲店
KOMEDA'S Coffee

名古屋発祥の喫茶店チェーンがインドネシア1号店として2023年にオープン。コメダブレンドやシロノワールなど、日本と同じ看板メニューを味わえる。11:00までにワンドリンク注文すると、トーストまたはおにぎり＆味噌汁が無料で付いてくるサービスも。また、2024年3月にはデンパサールのセセタン・エリアに2号店がオープン。（⌂Jl. Raya Sesetan No.271, Sesetan, Denpasar）

[Map] 別冊P.5-C1 レギャン

⌂Jl. Dewi Sri No.108K, Legian, Kuta ☎0813-3733-8068（WA） 🕘7:00～23:00 [休]無休 [料]税&サ+16.5% [Card]M.V. [交]ベモ・コーナーから車で15分

キョート・カントリークラブ
Kyoto Country Club

2023年にオープンしたフュージョン日本料理の店。京都の長屋をイメージした外観と店内が、地元っ子に話題となっている。スペシャルティコーヒーや自家製スイーツのほか、寿司や焼き鳥、ラーメンなど居酒屋風メニューも楽しめる。

[Map] 別冊P.17-C1 デンパサール

⌂Jl. Arjuna No.25, Denpasar ☎0812-3972-2668（携帯） 🕘9:00～22:00（金～日7:00～） [休]無休 [料]税&サ+15% [Card]M.V. [交]ププタン広場から車で7分

キョート・アイスクリームRp.3万5000とパームシュガー・アイスコーヒーRp.4万

1.バリの町並みに突如、和風の古民家が出現 2. 昭和レトロをイメージした店内

バリ島3泊5日 aruco的 究極プラン

本場のインドネシア料理やおいしいスイーツ、そして極上スパ、
ナチュラル雑貨に伝統芸能など、短期間でぜ〜んぶ制覇したい！
そんなよくばり女子のために、arucoがオススメする究極プランをご紹介。

Day 1 バリに到着！ スミニャックでさっそく夜まで遊んじゃお！

到着日は、ゆっくりホテルでなんてもったいない。
さっそく街へ繰り出して夜までフルスロットル！

17:20 グララライ国際空港に到着
送迎車またはタクシーでホテルへ
（送迎車40分）
フラワーバスも！

19:00 スミニャックのヴィラ P.166
「ザ・アマラ」にチェックイン

街の中心にありながら、静かに過ごせるスモールヴィラ

（タクシー5分）

20:00 「キンバリー・スパ」の
マッサージで旅の疲れを解消！ P.129
足のむくみも解消〜♪

（徒歩10分）

21:00 「マデス・ワルン・スミニャック」で
ちょっと遅めの夕食 P.76

（徒歩7分）

22:30 「バリ・ジョー」のドラァグ
クイーンショーで盛り上がる！ P.93

テンションUP！

（タクシー10分）

24:00 ホテル到着。明日に備えてお休みなさ〜い！

Day 2 南部リゾートエリアでやりたいコトぜ〜んぶ制覇！

旬のマリンスポーツや海辺の絶景グルメ、
夕日＆ケチャ鑑賞など海リゾートを大満喫！

9:00 バドゥン半島で
秘密のビーチ探し♪ P.40

海からの風が気持ちいい〜♪

（車30分）

12:00 「サリ・デウィ・ババ・
ドビール」で
バビグリンのランチ P.81

（車30分）

14:00 話題のフライボードなど
マリンスポーツに挑戦！ P.148
海の上をおさんぽしちゃお♪

感動をお約束！

（車50分）

17:30 サンセットで有名な
ウルワツ寺院で
ケチャを鑑賞 P.156
ケチャッ ケチャッ

（車40分）

20:00 ジンバランのBBQ屋台でシーフードを堪能！ P.50

夜の海を眺めながらディナー

アレンジ plan ツアーを利用してパワスポや離島へ

☑ バリ東部スピリチュアルスポット
バリ最大の聖地ブサキ寺院や、天空の
寺院ランプヤンでお参り体験♪ P.52

☑ ペニダ島フォトジェニックツアー
人気上昇中のペニダ島で、シュノーケ
リングと美景スポット巡りを満喫！ P.62

16

クバヤ
着てみない？

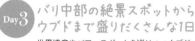

プチぼうけん体験プライス

● 渓谷ブランコに乗る…Rp.40万
● 旬のおしゃれエリア、チャングー
　をとことん楽しむ…Rp.50万〜
● ウブドの裏道さんぽ…Rp.50万〜
● サンセットに感動…無料〜
● 幻のコーヒーを飲む…Rp.5万
● ペニダ島でシュノーケリング＆
　美景スポット巡り…US$150

移動のヒント

私がバリをご案内いたします

バリでは公共の交通手段が発達していないため、旅行者が島内を移動する場合はタクシーを利用するか、旅行会社などで車をチャーターするのが一般的。詳細は→P.180。

Day 3

バリ中部の絶景スポットから
ウブドまで盛りだくさんな1日

世界遺産やパワースポットを巡りつつウブドへ。
ドライバー付きの車をチャーターすると便利。

車 1時間

8:30 ホテルをチェックアウト

9:30 **タマン・アユン寺院**で良縁を祈願 P.33

縁結びに効く！

車 45分

11:00 ウブドで**人気ショップ**をはしご＆
裏道さんぽも楽しんじゃお P.36

おしゃれな雑貨をゲット！

徒歩 10分

12:00 「**サンサン・ワルン**」で
ナシチャンプルの昼食 P.73

食べにきてね

車 20分

13:30 「**アロハ・ウブド・スウィング**」でブランコに乗る♪
P.21

ジャ〜ン！私が主役よ

車 20分

写真映えもばっちり♪

沐浴して身も心もすっきり！

バリで最も大きな石窟遺跡

15:00 聖なる泉
ティルタ・ウンプルとグヌン・カウィにお参り P.35

車 20分

17:00 幻のコピ・ルアクを
「**アラス・ハルム**」で試飲 P.46

世界いち高いコーヒーだよ！

車 20分

18:30 渓谷ビューが素敵な「**マヤ・ウブド・リゾート＆スパ**」にチェックイン P.168

徒歩 20分

19:30 **ウブド王宮**で華麗な**バリ舞踊**の
世界に浸る♪
P.152

徒歩 10分

20:30 老舗「**カフェ・ワヤン**」で
インドネシア料理の夕食 P.147

ボリュームたっぷり

ウブド情緒を満喫できる

Day4 帰国前のラストスパート！
最後の最後までバリを満喫

バリの最旬スポット、チャングーとクロボカンで街ブラのあとはサンセットディナーで旅をしめくくろう！

8:00 朝活で元気に1日をスタート！ P.28

緑がいっぱいで癒やされる

車 1時間30分

11:00 ホテルをチェックアウト。車でチャングーへ

12:30 チャングーでランチ＆お買い物を楽しんだらビーチをおさんぽ P.24

車 30分

15:00 クロボカンやスミニャックでおしゃれカフェ巡り＆ショッピング P.90,136,138

お買い物天国♪

車 5分

17:00 「スミニャック・ロイヤル・スパ」で旅の疲れを癒やす♪ P.126

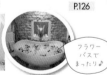

フラワーバスでまったり♪

車 10分

18:30 極上ダイニング「ブリーズ」でロマンティックディナー P.82

自分用も買わなくちゃ！

車 30分

20:30 「ハイパーマート」でおみやげ＆コスメをGet！ P.114 P.132

車 15分

22:00 帰国便に乗るため、グラライ国際空港へ

Day5 日本着

ビューーン

こんなの食べちゃいました！

「ワルン・タマン・バンブー」のナシチャンプル Rp.4万7000 P.72

「カフェ・オーガニック」のアサイー・ココ Rp.7万5000 P.88

「ワルン・コレガ」のエス・チャンプル Rp.2万 P.95

「アートカフェ・ブンブバリ」のバリニーズ・リスタフル Rp.67万5000（2名分） P.74

こんなの買っちゃいました！

「アシタバ」のアタバッグ Rp.50万 P.102

「プスピタ」のワンピース Rp.39万 P.98

「ルーシーズ・バティック」のスカーフ Rp.62万5000 P.106

「ジェンガラ・ケラミック」の陶器 各Rp.13万 P.110

「コンフィチュール・デ・バリ」のジャム Rp.5万と「コウ・キュイジーヌ」のシーソルト Rp.3万 P.116

🐄 **旅づくりのヒント**

ツアーと個人手配旅行 どっちが正解？

バリへのツアーは、航空券とホテルがセットになったフリープランがほとんど。1週間以内の滞在なら、ツアーのほうが安くなることが多い。ただ特別なこだわりがあるなど自分に合うツアーが見つからなければ、多少割高になっても個人手配が◎。

ツアーの上手な選び方

リゾートを満喫したいならビーチエリア、ナイトライフやショッピングに重点をおくならスミニャックやクロボカン、バリの文化に触れたいならウブドなど、ホテルの立地を考慮して。最近はボロブドゥール（→P.64）を組み合わせたツアーも人気。

ホテルにこだわるなら

エコノミープランのツアーでも、追加料金を払えばホテルをアップグレードできることが多い。また個人手配旅行なら、現地の旅行会社（→P.183）を通して予約したほうが、自分でホテルを予約するより安くなることもあるのでチェックしてみて。

18

新しいバリ
見〜っけ♪

楽園でよくバリに
ドキドキわくわく体験♥
とっておきのプチぼうけんへ

初めてのバリはもちろん、もう何回目かなぁ？という
リピーターさんも意外に未体験の、あんなコトやこんなコト。
いろんなバリに出合える、arucoのとっておきプランで
もっとバリへの愛を深めましょ。

L E T'S G O !

プチ
ぼうけん
①

フォトジェニックな楽園を満喫♡
バリ中部の映えスポットへGO！

緑の渓谷に飛び込むかのようなブランコ、雄大な火山と湖、
神秘的な滝など、豊かな自然が残るバリ中部にはSNSで話題の
写真映えスポットが盛りだくさん。車を1日チャーターして、
感動間違いなしの絶景ツアーに出かけよう！

バリ中部フォトジェニックツアー　　**TOTAL 10時間**

オススメ
時期　9:00〜19:00　　予算　150万〜

🚗移動は車チャーターが便利

途中でショッピングに立ち寄ってもらっ
たりと、チャーター車ならアレンジが自
在。旅行会社などで運転手付きの車を手
配してもらうのが一般的で、料金は所要
10〜12時間で1台Rp.80〜100万。

Photogenic Tour in Central Bali

③
バトゥール湖

④
②①
ウブド
⑤⑥

ヤシの木の
ブランコよ

鳥の巣で
ポーズ♪

絶景も癒やしもかなう♪
とっておき1日プラン

人気の観光地ウブドを起点にして、自
然豊かなフォトジェニックスポットを
巡るプランをご紹介。話題のカフェや
レストランなどにも立ち寄りながら、
ベストショットを狙おう！

かわいく
撮ってね

ウブド周辺の
ブランコ施設
に は写真映えす
るスポットがた
くさんあり観光
客に人気

シャッター
チャンス！

Spot 1

9:00

ブランコで緑の渓谷にダイブ！

空を飛んでるみたい！

バリ中部の映えスポットへGO！

point

同行しているガイドさんや施設のスタッフにお願いして写真や動画を撮影してもらおう。

SNSで話題沸騰中！

アロハ・ウブド・スウィング
Aloha Ubud Swing

コーヒーやお茶をテイスティングできるサービスも

テガラランの渓谷沿いに登場した、大型ブランコに乗って写真を撮影できるアクティビティ施設。カップルで楽しめるタンデムやロマンティックスイングなど、5タイプのブランコに乗り放題のパッケージがおすすめ。入場料のみでも一部の撮影ポイントで写真が撮れる。更衣室やロッカー、レストランも完備。

Map 別冊P.3-C2 ウブド郊外

🏠Jl. Raya Tegallalang, Ubud ☎0819-9933-3462(携帯) ⏰8:00〜18:00(入場は〜17:00) 🈺無休 💰入場のみRp.10万、ブランコ乗り放題パッケージRp.40万（各エリアからの往復送迎付きRp.50〜65万）Card M.V. ✈空港から車で2時間、ウブドから20分 URLalohaubudswing.com

南側の敷地にある渓谷を望むレストラン

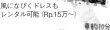

風になびくドレスもレンタル可能（Rp.15万〜）

ランチ付きのパッケージプランもある

ブランコに乗るならこちらもオススメ！

車約10分

ブランコ施設の先駆的存在
バリ・スウィング
Bali Swing

「アロハ・ウブド・スウィング」の姉妹施設。アユン渓谷に位置し、滝、ジャングル、エコパークとロケーション別に3つの施設がある。

Map 別冊P.18-A1

ウブド郊外

🏠Jl. Dewi Saraswati, Br. Tegal Kuning ☎0878-8828-8832(携帯) ⏰8:00〜18:00(入場は〜17:00) 🈺無休 💰入場のみRp.10〜15万、パッケージRp.25〜56万 Card M.V. 🚗ウブドから車で30分 URLbaliswing.com

コーヒー作りの見学もできる
アラス・ハルム
Alas Harum

Map 別冊P.3-C2 ウブド郊外

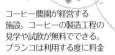

コーヒー農園が経営する施設。コーヒーの製造工程の見学や試飲が無料でできる。ブランコは利用する度に料金を支払うシステム。

詳しくは→P.46

I ♥ BALI
LOVE

Spot 2

10:30 芸術的なライステラスに感動する

棚田のビューポイント

テガラランTegallalang

バリ島でも有数の美しい棚田が見られることで有名。ライステラス内を散策することもできる。バリの稲作は二期作が一般的で、水田ごとに収穫時期が異なるため、訪れるたびにさまざまな表情の棚田ビューを楽しめる。

Map 別冊P.3-C2 ウブド郊外

⌂Jl. Raya Tegallalang, Tegallalang 🕘8:00～18:00（棚田入場）[休]無休 [料]Rp.2万5000（棚田入場）[交]ウブドから車で30分

渓谷の斜面にライステラスが広がっている

point
渓谷に沿ってカフェが並んでおり、ブランコなど撮影スポットを設置しているところも。

車約45分

インテリアもおしゃれ♪

リタットカラ・カフェ

Ritatkala Cafe

料理も本格的

バリ島を代表する景勝地キンタマーニ高原に近年増加中のおしゃれカフェのなかでも、ひときわ人気なのがここ。壮大なパノラマを眺めながら、おいしい料理と地元産のキンタマーニ・コーヒーを味わって！

Spot 3

11:45 絶景カフェでランチタイム♪

Map 別冊P.3-C1 キンタマーニ

⌂Jl. Raya Kintamani, Kintamani ☎0819-9943-7179（携帯）🕘6:00～18:00（土・日～19:00）[休]無休 [料]予算Rp.15万～、税＆サ+15% Card M.V. [交]ウブドから車で1時間

モカチーノRp.3万5000

point
バトゥール山と湖を真正面に望むテラス席がおすすめの撮影スポット。天気は運次第！

雄大な風景！

こちらもCheck! →P.34

point
比較的すいている平
がおすすめ。神聖
場所なので、マナー
守って真剣に
祈ろう。

Spot 4

13:45 聖なる泉でムルカッを体験

車約40分

沐浴の人気スポット

スバトゥの滝 Air Terjung Sebatu

ムルカッとは、沐浴をして心身を清めるバリの伝統的な浄化儀礼。知る人ぞ知る場所だったが、浄化力が高いとして評判が広がり、今では満月や新月、休日には行列ができるほどに。清らかな水を浴びて祈れば、心も体もすっきり。

沐浴の服装

クバヤ（Tシャツでも OK）
お供え物
サロン
スレンダン

バリの正装は→P.159

Map 別冊P.3-C2 スバトゥ

⌂Br. Sebatu, Tegallalang 🕘日の出～日没 [休]無休 [料]寄進のみ（Rp.2～3万程度）[交]ウブドから車で40分

沐浴の仕方 →P.35

Spot 5
16:00
神秘的なスパで癒やしのひととき

緑に包まれてリラックス♪
チャンプアン川の渓谷を望むトリートメントルーム

point
敷地内にそびえるブリンギン（ベンガル菩提樹）は神気を放つスピリチュアルスポット。

渓谷に面した癒やしの楽園
アユシャ・ウエルネス・スパ Ayusha Wellness Spa

ヨガや瞑想の手法を取り入れ、ヒーリングに重点をおいたスパ。敷地内の寺院前で聖なる湧き水で全身を清めてから、マッサージとボディスクラブ、シンギングボウル&マントラなどを体験できるシグネチャー・スピリット・オブ・バリニーズ・ヒーリング・リチュアル（Rp.85万／150分）もおすすめ。

Map 別冊P.18-B2 ウブド

Jl. Raya Penestanan Kelod, Sayan, Ubud ☎（0361）979279 🕘10:00～21:00 [休]無休 [料]バリニーズ・マッサージRp.40万（60分）、税&サ+21% [Card]A.J.M.V. [予]前日までに要予約 [交]ウブド王宮から車で7分 [URL]ayushawellnessubud.com

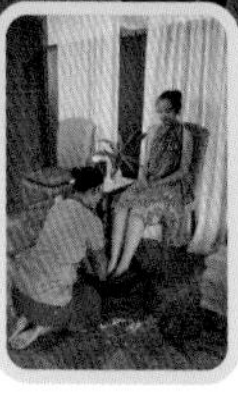
花びらを浮かべた水で清めのフットセレモニー

車約20分

Spot 6
17:30
「天女の園」で幻想的なディナー

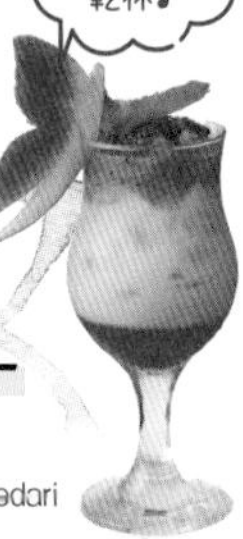
カクテルで乾杯♪

とっても幻想的♪

美しい天女たちに会える
タマン・デダリ Taman Dedari

ウブドの王族が経営するラグジュアリーホテル「ロイヤル・ピタマハ」の敷地内にあるレストラン。店名のタマン・デダリは「天女の園」という意味。ジャングルを望む庭園に優美な天女像が並び、撮影スポットとして話題を集めている。

1. バリの総菜を盛り合わせたクデワタン・イエローライスRp.7万5000 2. ゆったりとした雰囲気のなかリーズナブルに食事ができる 3. チキン・コルドンブルーRp.5万9000（手前）など洋食メニューも充実

point
日没後の空がピンクに染まる時間が◎。引きで撮影すると天女像の大きさがわかりやすい。

Map 別冊P.18-A1 ウブド

Kedewatan, Ubud（The Royal Pitamaha内） ☎（0361）977801 🕘10:00～23:00 [休]無休 [料]予算Rp.15万～、税&サ+21% [Card]A.J.M.V. [交]ウブド王宮から車で20分 [URL]tamandedari.com

注目のおしゃれビーチエリア チャングーをとことん楽しむ！

サーフィンも楽しい！

かつてはサーファーのみが知る穴場スポットだったチャングーは、近年急速に開発が進み、おしゃれなカフェやショップが続々と誕生中。流行に敏感な若者が集まる、今バリで最も旬なエリアを満喫しよう！

グルメも買い物も絶景も欲張って楽しんじゃお♪

最新のおしゃれカフェやビーチクラブから、人気ショップでのお買い物、さらには絶景のサンセットまで。チャングーをめいっぱい満喫できるスポットをご紹介します！

海を眺めながらのんびり過ごせる♪

Canggu

チャングーを楽しむ

TOTAL 5~6時間

オススメ時間 10:00~19:00　予算 Rp.50万~

移動は徒歩かバイクで
中心部だけなら徒歩で回れるが、離れた場所へは配車サービス（→P.181）を利用しよう。車は一方通行で遠回りすることがあるので、バイクタクシーが便利。

チャングーってどんなところ？
バリ島を代表する繁華街スミニャックとクロボカンの北西に位置するエリア。近年はサーファーや観光客に加え、長期滞在者や移住者も増えており、特に世界中からデジタルノマドが集まる場所として知られる。また、おもに欧米で流行しているベジタリアンやビーガン対応のカフェ、自然派ショップが充実している。

H アイズ・チャングー
iZE Canggu

エコー・ビーチ
Echo Beach

アストン・チャングー・ビーチリゾート
Aston Canggu Beach Resort

バトゥボロン・ビーチ
Batu Bolong Beach

チャングー
Canggu

Map 別冊 P.12~13

ビーチをおさんぽ！

カフェでブランチ♪

クラブもある！

How to enjoy! **1**

おしゃれカフェを巡る♪

> ビーガンスイーツもあるわ

1. キュートな店内。開放的な2階席もある　2. 全粒粉パンにビーツやフェタチーズをのせたピカソRp.6万（手前）とマンゴータンゴ　3. スムージーに自家製グラノーラをトッピングしたパープルレインRp.7万5000

朝食やブランチにおすすめ

A マイ・ハッピー・プレイス My Happy Place

2023年にオープンした、オーストリア人女性が経営するかわいらしいカフェ。アンティーク調のインテリアやカラフルな料理は写真映えもバツグン！

Map 別冊P.12-B2 チャングー

🏠 Jl. Nelayan No.19, Canggu　☎0877-6534-6919（携帯）　⏰7:30〜17:00　休無休　予予算Rp.10万〜、税&サ+16%　Card A.M.V.　交ラブ・アンカーから徒歩10分　URL myhappyplacebali.com

B ペニーレイン Penny Lane

緑に囲まれた癒やしの空間

植物と白い花で覆われた店内はとても開放的。15:00まで朝食メニューを注文できるほか、バーガーや地中海料理などのフードメニュー、カクテルも充実。

Map 別冊P.12-B1 チャングー

🏠 Jl. Munduk Catu No.9, Canggu　☎0851-7442-7085（携帯）　⏰8:00〜24:00　休無休　予予算Rp.15万〜、税&サ+16%　Card A.M.V.　交ラブ・アンカーから徒歩8分　URL www.pennylanebali.com

> グリーンがいっぱい♪

1. アボカドオープンサンドRp.7万5000（左）とアサイーボールRp.8万5000（右）　2. まったりくつろげるコロニアル風の店内

C ミルー・バイ・ヌーク Milu by Nook

気持ちのよい風が吹き抜ける

のどかな田園風景を眺めながらくつろげるコロニアル風カフェ。朝食メニューからインドネシア料理まで、すべてヘルシー志向なのもうれしいポイント。

Map 別冊P.13-D2 チャングー

1. バリニーズ・シーフードカレーRp.8万5000　2. 天井が高く開放的な雰囲気　3. 田んぼに面したテラス席も人気

> リラックスしてね！

🏠 Jl. Pantai Berawa No. 90 XO, Canggu　☎0822-4711-4441（携帯）　⏰8:00〜23:00　休無休　予予算Rp.10万〜、税&サ+16%　Card M.V.　交ラブ・アンカーから車で10分

D フォールド Fold

おいしいパンとケーキならここ

フランス人シェフによるベーカリーカフェ。クロワッサンからハード系まで焼きたてのパンが並ぶほか、本格的なスイーツやサンドイッチも食べられる。

Map 別冊P.12-B2 チャングー

🏠 Jl. Nelayan No.31, Canggu　☎0877-7727-6634（携帯）　⏰7:00〜18:00　休無休　予税&サ+15%　Card A.J.M.V.　交ラブ・アンカーから徒歩15分　URL foldbali.com

1. ケーキRp.5万〜、カフェラテRp.3万8000　2. モダンな店内ではイートインもOK　3. ユニークな名前のフレッシュジュースも

1. オープンエアの中庭に屋台のようなお店が並ぶ　2. リゾートウエアから水着まで幅広い品揃え

How to enjoy! 2

人気ショップでお買い物

こちらもcheck!
アスマラ→P.98
バンガロー・リビング→P.108
イシャ→P.130

E
チャングーのランドマーク

ラブ・アンカー　Love Anchor

チャングーの中心に位置する、ファッションと雑貨を扱うマーケット。アクセサリーや民芸品の出店が並び、いつもにぎわっている。値札が付いていない店も多いので、買い物するときは値切り交渉を。

[Map] 別冊P.12-B1　チャングー

⌂Jl. Pantai Batu Bokong No.56, Canggu
☎0811-3888-557（携帯）◷9:00〜21:00
[休]無休　[Card]店舗によって異なる
[URL]loveanchorcanggu.com/pages/bazaar

F
クールなサーフショップ

デウス・エクス・マキナ　Deus Ex Machina

日本でもおしゃれ男子に人気の、オーストラリア生まれのサーフ＆バイクのブランド。日本未入荷のTシャツやファッションアイテムは、彼へのおみやげに喜ばれること間違いなし！

[Map] 別冊P.12-B1　チャングー

⌂Jl. Pantai Batu Mejan No.8, Canggu
☎0811-288-150（携帯）◷8:00〜24:00
[休]無休　[Card]A.J.M.V.　[交]ラブ・アンカーから徒歩1分　[URL]id.deuscustoms.com

1. ロゴ入りキャップRp.52万5000　2. メンズTシャツRp.45万5000　3. クールな店内。カフェも併設されている

1. ユニセックスで着られるシャツRp.54万9000　2. ロゴ入りエコバッグRp.15万　3. こぢんまりとした店内にキュートなアイテムがぎっしり

G
サブカル系ファッション

フラックス＆フレンズ　Flvx & Friends

のんびりとした島暮らしを愛する人のためのアパレルブランド。Tシャツや水着、バッグや帽子など、レディスやメンズ、ユニセックスともにカジュアルなアイテムが揃っている。

[Map] 別冊P.12-B1　チャングー

⌂Jl. Pantai Batu Mejan No.3, Canggu　☎0857-3970-0472（携帯）◷10:00〜20:00　[休]無休　[Card]J.M.V.　[交]ラブ・アンカーから徒歩7分　[URL]flvxco.shop

H
洗練されたセレクション

ショップ・バイ・ジン
The Shop by ZIN

2023年にオープンしたセレクトショップ。外国人デザイナーによるバリ発のファッションブランドから、アクセサリーや雑貨まで、センスのよい品が揃う。隣にはカフェレストランも併設。

[Map] 別冊P.12-B2　チャングー

⌂Jl. Nelayan No.78A, Canggu　☎0813-3980-1807（携帯）◷10:00〜18:00　[休]日　[Card]A.M.V.　[交]ラブ・アンカーから徒歩20分　[URL]zin.world/the-shop

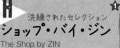

1. リサイクル素材を使ったポーチRp.35万5200　2. ローズクオーツのピアスRp.99万9000　3. エスニック柄のインド綿スカートRp.72万1500　4. 人気ブランド「WE-AR」のワンピースRp.260万8500　5. 冷房完備の広い店内

話題のビーチクラブで遊ぶ

こちらもcheck!
フィンズ・ビーチクラブ →P.84

リゾート感満点〜

イベントが盛りだくさん！

アトラス・ビーチクラブ　Atlas Beach Club

2022年にオープンしたバリ島最大級のビーチクラブ。プールで泳いだり、デイベッドでくつろいだり、クラブで盛り上がったりと、さまざまな楽しみ方ができる。デイベッドはロケーションや大きさによって6タイプあり、13:00前の入場で半額になるので、帰国日にホテルをチェックアウトして直行するのも◎。

Map 別冊P.13-C3　チャングー

🏠 Jl. Pantai Berawa No.88, Desa Tibubeneng　☎ (0361) 3007222
🕐10:00〜24:00　休無休　入場料Rp.25万、デイベッドの使用は1グループRp.150万〜
CardJ.M.V.　望ましい　ラブ・アンカーから車で20分　URLatlasbeachfest.com

1. プライベート感満載のアイランドデイベッド　2. パブリックスペースの利用だけでもリゾート気分を満喫できる　3. 海沿いに浮かぶラグーンベッドは最大4名で利用可能でRp.200万〜　4. 入場チケットは1ドリンク付き　5. レストランでの食事代は別途で軽食Rp.9万〜

きれいな夕日ね♪

壮大なサンセットに感動！

ビールを飲みながらまったり

砂浜を散歩したりサーフィンをしたりと思いおもいに過ごせる

燃えるようなサンセット！

火山灰からなる黒い砂浜

バトゥボロン・ビーチ　Batu Bolong Beach

チャングーは美しいサンセットが見られることで知られ、夕暮れ時になるとビーチは大勢の人で埋め尽くされる。バトゥボロン・ビーチから北西のエコー・ビーチにかけて、海の家のようなカフェレストランが並んでいるので、ビールやカクテルを飲みながら美しい夕日を目に焼きつけよう。

Map 別冊P.12-B2　チャングー

Sunset

Hotel 泊まるならここがおすすめ！

便利な立地の大型ホテル

アストン・チャングー・ビーチリゾート
Aston Canggu Beach Resort

レストランやショップが並ぶメイン通りにあり、バトゥボロン・ビーチへも徒歩1分。海を見渡すルーフトップレストランで取る朝食も◎。

Map 別冊P.12-B2　チャングー

🏠 Jl. Pantai Batu Bolong No.99, Canggu　☎ (0361) 3023333　スーペリアRp.250万〜、デラックス・ガーデンRp.278万〜、デラックス・ラグーンRp.305万〜（税&サ+21%）CardA.J.M.V.　93室　ラブ・アンカーから徒歩12分　URLastonhotelsinternational.com

1. ルーフトップのプール　2. スーペリアとデラックスは同じサイズだが眺めが異なる

レストランもハイレベル

アイズ・チャングー　IZE Canggu

チャングーのなかでものんびりとした風情が残るペレレナン地区にある。冷房完備のコワーキングルームを併設し、宿泊客は無料で利用できる。ビーチも近い。

Map 別冊P.12-A1　チャングー

🏠 Jl. Pantai Pererenan, Br Pengembungan No.135, Badung　☎ (0361) 3357788　デラックスRp.137万〜、コートヤードRp.177万4000〜、ロフトRp.286万〜（税&サ、朝食込み）CardA.M.V.　37室　ラブ・アンカーから車で20分　URLize-canggu.com

1. 南国感あふれるプール　2. レストランのみの利用も可

食事もおいしい！

プチ
ぼうけん
3

絶景ウオークとモーニングヨガ
ウブドで朝活にチャレンジ♪

ORDER WESTS
BUKIT CAMPUHAN

さわやかな空気と小鳥のさえずりで、思わず早起きしたくなるウブドの朝。
緑に包まれながらウオーキングしたり、ヨガのレッスンに参加したり。
自然のなかで体を動かせば、爽快な気分で1日をスタートできるはず！

絶景ウオーキング

TOTAL 1〜2時間

オススメ時間 **7:00〜10:00**　予算 **無料**

⏰ 早起きがおすすめ
日が高くなる10:00頃には気温も上がるので、なるべく涼しいうちに出かけよう。ウブドの日の出時間は、最も早い12・1月で5:50、遅い6・7月で6:30頃。

緑が美しい朝の散歩道
聖なる丘チャンプアンへ

ウブド発祥の地に立つグヌン・ルバ寺院からスタートして、渓谷の風景を見ながら尾根道を歩く「チャンプアン・リッジウオーク」。平坦な道がほとんどなので、体力にあまり自信がない人でも気軽に楽しめる。

Map 別冊P.18-B2

G
バンキアン・シダム村
ネカ美術館
F
E
N
D
0　　300m
C
ブランコ美術館
B
H IBAH
ウブド王宮へ
A

朝のおさんぽ
気持ちいい〜♪

緑のなかで
深呼吸！

CAMPUHAN RIDGE WALK

ウブド散歩の心得

☑ 日焼けが気になる人は長袖がおすすめ

☑ 道はよく整備されているので、スニーカーのほかスポーツサンダルでもOK

☑ 帽子と飲み物は必須

☑ 雨が降りそうなときは傘も用意して

28

START

A

この看板が目印!

ホテル・イバの入口へ

ウブド王宮がある交差点から Jl. Raya Ubud を東へ。10分ほど歩くと坂道の右側にホテル「IBAH」の看板が見えるので、そこを右に折れる。

徒歩1分

プチぼうけん3

ウブドで朝活にチャレンジ♪

ヒンドゥー教で聖地とされる、ふたつの川の合流地点にたたずむグヌン・ルバ寺院

ウォス川に架かる小さな橋

グヌン・ルバ寺院へと続く坂道

朝夕はウオーキングを楽しむ人も多い

徒歩7分

B

グヌン・ルバ寺院にお参り

ホテル・イバのゲート手前を左へ。うっそうとした木々が茂る道を下り、橋を渡るとグヌン・ルバ寺院がある。寺院は普段は閉鎖されているので、外からお参りしよう。

グヌン・ルバ寺院　Pura Gunung Lebah

ウォス川とチュリッ川が合流する谷間に立つ由緒ある寺院。8世紀、ジャワ島の高僧がアグン山（→P.54）に詣でようと、数百人の信徒を連れてやってきたときのこと。美しい渓谷に目を留めた高僧は、この地で瞑想し、グヌン・ルバ寺院を建立した。その後、信徒の一部はこの場所にとどまり、林を切り開いて村を造ろうとした。その最中、渓谷の周辺が薬草の宝庫であることがわかり、ウブドUbad（薬草）と名づけた。現在のウブドという地名は、この名がなまったものだともいわれている。　**Map 別冊P.18-B2**

C

緑の尾根道を歩く

「Campuhan Ridge」と書かれた看板に従い、寺院の脇を右へ。石畳の小道を上っていくと、見晴らしのよい尾根道に出るので、真っすぐ歩いていこう。1本道なので迷う心配もなし!

徒歩7分

リッジウオークから見る渓谷の風景

パパイヤの木も!

D

絶景と自然を満喫♪

チャンプアン・リッジウオークは、ふたつの渓谷に挟まれた丘の上にあるので、眺めもバツグン! 季節によっては自生のハーブや可憐な野の花も見られる。

徒歩5分

聖なる道であることを示す割れ門

E

GOAL

バンキアン・シダム村に到着

グヌン・ルバ寺院から歩いて20分ほどで、村の入口に立つ割れ門が見えてくる。ここからは来た道を引き返してもいいし、そのまま村のなかを15分ほど歩くと「カルサ・スパ」があり、周囲には美しいライスフィールドが広がっている。

立ち寄りスポット

お座敷席もあってくつろげる

F

休憩におすすめ♪

ワルン・ブキッ・サリ
Warung Bukit Sari

バンキアン・シダム村の割れ門を入ってすぐ右側にあるワルン。渓谷に面した席で、ドリンクのほか食事メニューも楽しめる。

ココナッツジュースで水分補給

Map 別冊P.18-B2 ウブド

◇Jl. Bangkiang Sidem ☎0878-5669-5779（携帯）◯8:00～20:00 ㊡無休 Card不可 ◇ウブド王宮から徒歩30分

G

田園風景にたたずむ

カルサ・スパ
Karsa Spa

田んぼに囲まれた敷地にはスイレンが咲き乱れ、まるで桃源郷のよう。池に浮かぶ小屋で受けるマッサージは開放的で心地よい。

スパだけなら車でもアクセス可能

Map 別冊P.18-B1 ウブド

◇Jl. Markandiya II ☎0813-5339-2013（携帯）◯9:00～19:00 ㊡無休 ⊕フットリフレクソロジー（60分）Rp.14万、バリニーズマッサージ（60分）Rp.24万 CardM.V. ㊂前日までに要予約 ◇ウブド王宮から車で15分 URLwww.karsaspa.com

歩き疲れた足をリフレッシュ!

初心者もウエルカム 朝ヨガで気分爽快！

美しい自然とスピリチュアルな気に包まれたウブドは、ヨガをするのにぴったりのスポット。スタジオが充実していて、初心者から上級者まで楽しめるのも◎。気持ちのいい汗を流して、体と心をデトックスしちゃおう！

自然のパワーを感じる〜

Downward Dog

Upward

Triangle Pose

Half Lord of the Fishes pose

TOTAL 1〜2時間

ヨガレッスンに参加する

オススメ時間 7:00〜11:00　予算 Rp.14万〜

参加前の準備
ヨガマットは無料で借りられるところが多いが、汚れや匂いが気になる場合はラグタオルなどを持参するとよい。レッスンは基本的に英語で行われるので、簡単な英単語を覚えておくとベター。

ヨガは呼吸が大事じゃよ

ヨガに役立つプチ単語

吸う	吐く	曲げる
inhale	exhale	bend
インヘイル	エクスヘイル	ベンド
広げる	緩める	集中する
expand	loosen	concentrate
エクスパンド	ルースン	コンセントレイト

TYPE

田園ヨガ

カリスマヒーラー・アルサナ氏のヨガを体験！

オム・ハム・リゾート＆リトリート
Om Ham Resort & Retreat

アルサナ氏が経営するホテルで行われる。エネルギーを活性化させるクンダリーニ・タントラヨガが特徴で、土曜の夕方のみアルサナ氏の直接指導が受けられる。初心者はレギュラークラスがおすすめ。ウブド・ボディワークス・センター（→P.134）でも開催。

クトゥ・アルサナさん
若い頃から瞑想とヨガを実践。カリスマ・マッサージ師＆ヒーラーとしても知られる。

施設の充実度
アクセスのよさ
レッスン難易度
映え・開放感
プライベート感
ローカル度

Map 別冊P.19-C1外 ウブド郊外

🏠 Jl. Tirta Tawar, Br. Junjungan, Ubud
☎ (0361) 9000352　⏰レギュラークラス（所要75分）＝毎日7:30と17:00（土は7:30のみ）、アルサナ氏のクラス（所要90分）＝土16:00　💰Rp.15万（アルサナ氏のクラス＝Rp.20万）Card不可　㉠アルサナ氏のクラスは予約が望ましい　🚗ウブド王宮から車で15分
🔗omhamretreat.com

ホテル情報は → P.169

ホテル情報は → P.169

レストランもCheck!

RESTAURANT

ヨガのあとは田んぼを臨む開放的なレストランでブランチもおすすめ。オーガニック野菜を使った料理もヘルシー。

シェイプアップ効果も

TYPE 街ヨガ

ウブドでヨガといえばここ

ヨガ・バーン
Yoga Barn

カフェやスパ、ゲストハウスを併設するウブド最大のヨガスタジオ。初級から上級まで日替わりで毎日10回以上のヨガレッスンが行われるほか、瞑想やダンスのクラスも。スケジュールは毎月変更されるのでホームページでチェックして。

Map 別冊P.21-D1 ウブド南部

🏠Jl. Raya Pengosekan, Ubud ☎（0361）971236 🕘7:00～22:00 [休]無休 [料]1レッスンRp.15万、3レッスンRp.42万 [Card]M.V. [予]不要 [交]ウブド王宮から徒歩30分 [URL]www.theyogabarn.com

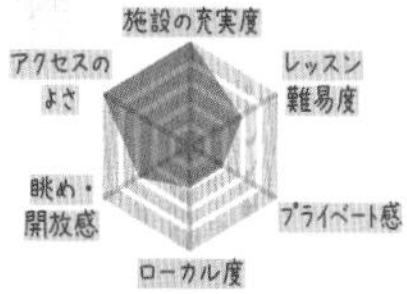
施設の充実度
レッスン難易度
プライベート感
ローカル度
眺め・開放感
アクセスのよさ

yoga barn

緑に囲まれた敷地に、ふたつのヨガパビリオンが立つ

☑カフェもCheck!

緑に囲まれたガーデンカフェはヨギーニたちの憩いの場。マクロビやローフード、アーユルヴェーダメニューが充実。

CAFE

TYPE 渓谷ヨガ

モダンな設備が整う

ウブド・ヨガ・センター
Ubud Yoga Centre

3つのスタジオのほか、シャワーとロッカー、キッズセンター、カフェやショップを備えた大型施設。さまざまなタイプのヨガやピラティスを、毎日6～9クラス開講している。

Map 別冊P.18-B3 ウブド南部

🏠Singakerta Raya No.108, Nyuh Kuning, Ubud ☎（0361）981782 🕘6:00～18:00（土・日7:00～13:00） [休]無休 [料]1レッスンRp.14万 [Card]M.V. [予]不要 [交]ウブド王宮から車で10分 [URL]ubudyogacentre.com

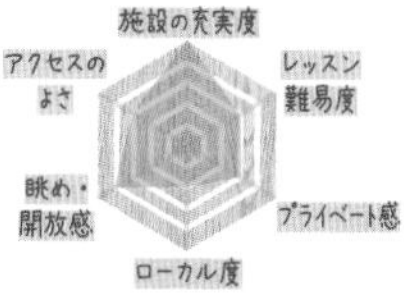
施設の充実度
レッスン難易度
プライベート感
ローカル度
眺め・開放感
アクセスのよさ

少人数制なので、事前にホームページから予約するのが◎

田んぼの真ん中にある！

TYPE 田園ヨガ

田んぼの中にたたずむ

ウブド・ヨガ・ハウス
Ubud Yoga House

世界各地でヨガを教えてきた西洋人女性によるアットホームなスタジオ。レベルや年齢に関係なく楽しめるがコンセプトで、特に9:30～11:00のクラスは初心者向け。日曜を除く毎日3～4クラス開講。

Map 別冊P.18-B2 ウブド

🏠Jl. Subak Sokwayah, Ubud ☎0813-5348-7009（携帯） [休]日 [料]1レッスンRp.15万 [Card]不可 [予]望ましい [交]ウブド王宮から徒歩20分 [URL]ubudyogahouse.com

汗を流してすっきり～

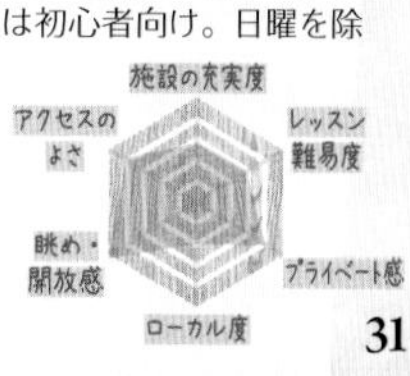
施設の充実度
レッスン難易度
プライベート感
ローカル度
眺め・開放感
アクセスのよさ

ココロの浄化とLOVE運アップ↑
最強パワスポ&世界遺産巡り

「神々の島」と呼ばれ、強力なパワースポットが点在するバリ。
世界遺産に登録されている寺院やエネルギーに満ちた自然など、
訪れるだけで元気になれて、運気がアップする場所がいっぱい!

パワースポット巡り

TOTAL 8〜10時間

オススメ時間 9:00〜19:00頃　予算 Rp.150万〜（車チャーター代含む）

♡ ウブドと組み合わせて
クタ地区やヌサドゥア地区など南部のリゾートエリアから出発する場合は、車を1日チャーターし、ウブド観光と合わせて訪れるのがオススメ。

ここがPoint!
根がドームのようになっている木の下をカップルで一緒にくぐると、幸せになれるというウワサも

神秘的なパワーを感じる

聖なる菩提樹にお参り♪

14:30

④ バリ植物園
Kebun Raya Bali

植物園の一角にあるブヌッBunut（バンヤンツリーの一種）は、願いをかなえてくれる木として知られる。さまざまな植物が生い茂る広大な園内は、車で移動するのがオススメ。

Map 別冊P.3-C2 バリ中部

⏰8:00〜16:00　🏠無休　💰Rp.2万（土・日・祝Rp.3万）※園内への車乗り入れは土・日・祝のみ可能で1台Rp.2万

約2時間

17:00

GOAL! 夕日の絶景スポット
⑤ タナロット寺院
Pura Tanah Lot
Map 別冊P.4-A1 バリ南部

海の神を祀るバリ6大寺院のひとつ。寺院が立つ岩場には聖水が湧き、干潮時にはお参りすることもできる。日没は18:00〜18:30頃。

詳細は→P.157

夕焼けたパワーをもらう!

START! ルート①

恋の願いがかなうかも？
縁結びのお寺＆聖木詣で♥

ここで紹介するスポットは、バリの人々にとって神聖な場所。土地の神さまや信仰に対して敬いの心をもち、訪れることができた感謝の祈りを捧げよう。

スタート地点のタマン・アユン寺院へは、南部リゾートエリアから1時間〜1時間30分、ウブドから45分ほど。ブラタン湖があるブドゥグルは標高約1200mに位置し、高原野菜や熱帯果物の一大産地。珍しいスパイスなどが並ぶ市場にも立ち寄ってみよう。

10:00 1 世界遺産
バリで2番目に大きなお寺
タマン・アユン寺院
Pura Taman Ayun

かつてこの一帯を治めていたムングウィ王国の国寺として、1634年に建てられた（1937年に改修）由緒正しい寺院。アグン山を模したメル（塔）が10基並んでいる。

Map 別冊P.3-C2 バリ中部

- ❸8:00〜18:00 ❹無休 Rp.3万
- ❿クタ地区から車で1時間、ウブドから車で45分

観光客は寺院の境内に入れないので水堀を囲む回廊からお参りしよう

ここがPoint!
良縁祈願に効き目が！カップルや夫婦でお参りすればさらに絆が強くなる

バリ島の世界遺産

2012年に「バリ州の文化的遺産／トリヒタカラナの精神を象徴するスバックの水利システム」として、5つの寺院やエリアが世界遺産に登録された。「トリヒタカラナ」はバリ・ヒンドゥー教の中心をなす哲学で、神と人間と自然が互いに調和することで幸せな生活を送ることができるという考え方。また「スバック」は、田んぼの所有者と労働者で構成される水利組合のこと。水の分配や農道の整備、神々に豊穣を祈願する儀式を共同で行うなど、まさにトリヒタカラナの精神を具現化している。

約1時間

11:30 2 世界遺産
絶景のライステラス
ジャティルイ
Jatiluwih

「バトゥカル山保護区スバックの景観」として世界遺産に登録された、広大なエリアの中心がここジャティルイ。棚田の中の農道を散歩することもできる。

Map 別冊P.3-C2 バリ中部

詳細は→P.160

03分

13:45 3
湖の女神を祀る
ウルン・ダヌ・ブラタン寺院
Pura Ulun Danu Bratan

チャンディクニン公園内にあり、11層のメルをもつ寺院が湖に浮かぶ姿は神秘的。バリ島で最も美しい寺院のひとつとされ、5万ルピア札の絵柄にもなっている。

Map 別冊P.3-C2 バリ中部

- ❸6:00〜17:00 ❹無休
- Rp.7万5000

約45分

ここがPoint!
公園の敷地内にある大きな仏塔が最大のパワースポット。写真に撮ってお守りにするとよいそう♪

LUNCH SPOT

いい眺めだね〜

田んぼが一望できる
ゴン
Gong

地元産のオーガニック野菜や赤米など素材にこだわった料理を提供。郷土料理のビュッフェも味わえる。

Map 別冊P.3-C2 ジャティルイ

- 🏠 Jl. Jatiluwih Kawan No.88 ☎0858-5860-2674（携帯）
- ⏰9:00〜18:00 ❹無休 予算Rp.10万〜 Card M.V.

START! ルート2

聖なる水のパワーで ココロとカラダを浄化☆

ウブドから車で15分ほどのゴア・ガジャからスタート。バリ随一の景勝地キンタマーニ高原を訪れたあとは、「パクリサン川流域スバックの景観」として世界遺産に登録されているティルタ・ウンプルとグヌン・カウィへ。

服装のアドバイス

寺院の境内に入るときはサロン（腰布）が必要。入口で貸し出しをしているが、マイサロンを1枚用意しておくと便利。肌を大きく露出した服装や、生理中の女性が寺院内に立ち入るのもNG。またルート1、2ともに標高1000mを超える高地を訪れるので、長袖やショールなどがあると安心。

ヒンドゥー3大神を表すリンガ

ボマ像が彫られた入口を入ると、洞窟の奥にヒンドゥーの神様が祀られている

10:00 1 ミステリアスな遺跡 ゴア・ガジャ

Goa Gajah

ウブド中心部から東へ約4km、11世紀頃に造られたと推測される謎の多い遺跡。敷地内には沐浴場があり、また洞窟の中にはかつて僧侶たちが瞑想をした横穴が残されている。

Map 別冊P.19-C3 ウブド郊外

◷8:00～18:00
[休]無休 [料]Rp.5万
[交]ウブドから車で15分

ここがPoint! ヒンドゥー教で聖地とされるふたつの川の合流地点にあり、自然のパワーに満ちた瞑想スポット

🚗 約1時間

11:30 2 キンタマーニ高原にある [世界遺産] バトゥール湖

Danau Batur

大自然のパノラマ

Map 別冊P.3-C1～C2

バトゥール山（標高1717m）の噴火によってできたカルデラ湖で、島の重要な水源となっている。湖周辺は地球に13ヵ所あるチャクラのひとつといわれ、強いエネルギーを発するパワースポットとして人気。

LUNCH SPOT

写真映えもバッチリ
リタットカラ・カフェ
Ritatkala Cafe

ウルン・ダヌ・バトゥール寺院のすぐ南側にあり、テラス席からバトゥール山と湖を一望できる。

テラス席もあるよ！

Map 別冊P.3-C1 キンタマーニ

データは→P.22

🚗 約5分

12:00 3 ふたりの女神を祀る [世界遺産] ウルン・ダヌ・バトゥール寺院

Pura Ulun Danu Batur

バトゥール湖を見下ろすようにして立つ巨大な寺院。かつてはカルデラの中にあったが、1926年のバトゥール山の噴火により被害を受け、現在の場所に再建された。

Map 別冊P.3-C1 バリ中部

◷9:00～17:00 [休]無休 [料]Rp.5万
[交]ウブドから車で1時間

🚗 約3

ここがPoint! 境内中央にあるバトゥール湖の守護神デヴィ・ウルン・ダヌを祀る寺院で、美を祈願しちゃおう♪

寺院の脇に立つ、水ガメを持つ女性の像

バトゥール湖の守護神を祀る寺院。向かって左（写真上）には、中国から来たカン・テン・ウィ妃を祀る仏教寺院がある

聖なる泉が湧く伝説の寺
世界遺産 ⑤ ティルタ・ウンプル
Tirtha Empul

インドラ神が大地を杖でたたき、不老不死の水アムリタを湧き出させたとされる場所。寺院の外側に聖水を引いた沐浴場があり、祭礼時や満月・新月の日には大勢のバリ人が沐浴にやってくる。

Map 別冊P.3-C2 バリ中部

🕐8:00〜18:00 休無休 料Rp.5万
🚗ウブドから車で30分

聖水で体と心を清めます！

ここがPoint!
沐浴で心身を浄化。またパワーストーンなど身に付けているものを聖水で洗うと、清められてさらにパワーがUP！

パワーちゅーだい！

すべてを清め、心を強くする

ここが最強！

最強パワスポ&世界遺産巡り

沐浴の仕方

1 着替え 境内にある更衣室で、沐浴用の衣類（クバヤまたはTシャツとサロンなど）に着替える。

2 お供え お供え台にチャナン（→P.60。市場などでひとつRp.1000くらいで買える）を捧げる。

3 お祈り 神さまにごあいさつ。この場所に来させてもらったことを感謝して心静かに手を合わせる。

4 沐浴 靴や荷物（貴重品は更衣室のロッカーに預けて）は置いて沐浴場へ。手前から順番に水を浴びる。タオルも忘れずに。

沐浴MAP

特殊な場所に浴びない	物を清める浴びない	心身を浄める	特殊な場所を浄める	悪夢をはらう	疑いを晴らす浴びない	特になし
バリアンに浴びるように言われた、など						

履物・荷物置き場 → 3 ← 2 供物台 祈る場所 → 1 更衣室へ

約10分

パワーストーンを清めちゃお☆

沐浴しなくても、脇から手を伸ばして水に触れるだけでもOK！

巨大な岩の表面を切り出したチャンディと呼ばれる王家の陵墓

清らかな水の流れに癒やされる〜

14:00 世界遺産 ④ グヌン・カウィ
バリ最大の石窟遺跡
Gunung Kawi

ワルマデワ王朝第6代アナック・ウンス王家の陵墓として、11世紀に造られたといわれる遺跡。長い石段を下ると、まず左側に王妃のチャンディが4基、パクリサン川を渡った先には5基の王のチャンディが並んでいる。

Map 別冊P.3-C2 バリ中部

🕐8:00〜18:00 休無休 料Rp.5万

ルート③
アレンジPlan

ルート1と2の両方を1日で回るなら、以下のプランがオススメ。

9:00	タマン・アユン寺院
10:30	ジャティルイ or バリ植物園
12:30	ランチ
14:30	バトゥール湖&ウルン・ダヌ・バトゥール寺院
16:00	ティルタ・ウンプル

ランチはここで！
バグース・アグロ・プラガ Bagus Agro Pelaga

広大な敷地にオーガニック農園をもつナチュラルリゾート。併設のレストランでは、名産のアスパラガスをはじめ、採れたて野菜がたっぷり味わえる。ここに宿泊し、1泊2日でルート1と2の両方を巡るのもオススメ！

Map 別冊P.3-C2 バリ中部

🏠 Jl. Raya Puncak Mangu, Desa Pelaga, Kecamatan Petang ☎081-7933-9090（携帯）🕐7:00〜22:00 税税&サ+21%
Card M.V. URL www.bagusagropelaga.com

名物のスチームボートはRp.15万〜（2名以上、前日までに要予約）

裏道をジャラン・ジャランしながら ウブドの人気アイテムをぜ〜んぶGet!

有名店や個性的なショップが並ぶデウィ・シタ通りとハノマン通り。
のんびりとした風情が残る路地を歩いたり、かわいいカフェに立ち寄ったり。
ウブドでは、おさんぽしながらのショッピングクルーズが楽しい!

カワイイがいっぱい! 注目ショップをハシゴ♪

人気のショッピングエリアから、日本人のセンスに合う7店をarucoがセレクト。町の中心にあるウブド市場からスタートして、ジャランジャラン（さんぽ）しながらお買い物を楽しんで!

ウブドお買い物クルーズ

TOTAL 3時間

🕐 オススメ時間　10:00〜13:00、16:00〜19:00
💰 予算　Rp.50万〜

❗ 暑さ対策も忘れずに
日中は日差しが強いので、帽子や日傘があると◎。カフェなどで水分補給しながらのんびり歩こう。お買い物終了後にランチまたは夕食を取るのがおすすめ。

買い過ぎ
注意☆

ウブドおさんぽMAP
こちらも
Check! →P.146
ジャラン・ラヤ・ウブド

ウブド王宮
→P.146

●ウブド市場
→P.146

裏道❶
市場の裏から延びるローカルなみやげ物屋が並ぶ道

ウブド・セラミックス →P.111
コウ →P.146
イン・ジュエリー →P.105
リルノ・ビアビア →P.79

裏道❷
人気のレストランや食堂が連なるグルメストリート

ジャラン・デウィ・シタ

N　0　100m

→P.103　ナナン

START! 1 ワラン・ワヤンの ファッション雑貨

arucoの推し
内側に貼ってある着物の生地がおしゃれ

おしゃれ雑貨にひとめ惚れ
Warang Wayan
ワラン・ワヤン

ファッションやアクセサリー、インテリア雑貨、カトラリーまで、センス抜群のアイテムが見つかる。特に自然素材で編んだカゴは軽くて、町歩きに重宝すること間違いなし！

Map 別冊P.20-B2 ウブド

🏠 Jl. Dewisita, Ubud ☎ (0361) 972089 ⏰10:00〜20:00
🈺無休 💳A.J.M.V. 🚶ウブド市場から徒歩7分
🔗warangwayanindonesia.stores.jp

1. 革の持ち手のラタンバッグ Rp.50万 2. バンブーバッグ Rp.65 3. バティック生地のポーチ Rp.25万 4. シルバーリング Rp.38万 5. 木製スプーン Rp.9万

arucoの推し
手編みのぬくもりとシックな色合いがステキ

2 クンチの手編みバッグと アクセサリー

胸キュンなアイテムが満載
Kunoi クンチ

Map 別冊P.20-B2 ウブド

クロシェ（かぎ針編み）のバッグやポーチ、繊細なアクセサリーなどを扱う。女性オーナーがデザインする商品はどれもていねいに作られているので、長く愛用できるはず。

🏠 Jl. Dewisita, Ubud
☎0821-4462-7669（携帯）
⏰9:30〜21:00
🈺無休 💳A.J.M.V.
🔗www.kunciubud.com

1. ビーズのリング Rp.10万5000〜 2. パールのネックレス Rp.55万
3. ショルダーバッグ Rp.59万 4. 手提げバッグ Rp.28万5000

3 ニルマラの オリジナルTシャツ

バリらしいモチーフが人気
Nirmala ニルマラ

ハスの花やガネーシャ、スピリチュアルな文様など、ユニークなモチーフのTシャツが揃う。好みのプリントと素材を選んでオーダーメイドも可能（通常は半日で対応OK）。

Map 別冊P.20-B2 ウブド

🏠 Jl. Dewisita, Ubud ☎ (0361) 9083193 ⏰9:00〜21:00 🈺無休 💳A.J.M.V. 🚶ウブド市場から徒歩8分

1. サルをプリントしたキッズ用 Rp.19万 2. ヤモリがアクセント Rp.34万5000 3. レディス用ストーンウォッシュ Rp.34万5000

arucoの推し
上質な天然素材を使用していて着心地も◎

エコバッグもあります

37

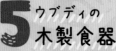

arucoの推し
子供用の小さめ
サイズで旅行に
も便利！

1. ドラゴンフルーツ柄の
タオルRp.26万　2. 花模
様のプレートRp.9万
3. バナナとマンゴー柄の
コースター（2枚セット）
Rp.5万　4. バリらしい柄
のミニポーチ各Rp.4万

5 ウブディの木製食器

手彫りのエコな器
Ubdy ウブディ

建築で余ったチーク端材を利用し、
職人さんたちが一つひとつ手作り。
化学塗料を一切使わず、オリーブオ
イルで仕上げている。きちんと手入
れすれば、長期の使用もOK。

Map 別冊P.20-B2　**ウブド**

🏠 Jl. Hanoman No.29, Padang Tegal,
Ubud　☎089-7096-0709（携帯）
🕙10:00～21:00　休無休　**Card**M.V.　🚶ウ
ブド市場から徒歩10分　**URL**www.ubdy.jp

arucoの推し
ほっこりとした
手作り感がいと
おしい♥

ギフトにも
おすすめ

かわいい〜

1. ハート形の小皿
Rp.12万～　2. 左
からスプーンRp.
15万、フォーク
Rp.14万、デザー
トフォークRp.9万
3. セットで揃えた
くなる

4 カナニのデザイン雑貨

キュートな雑貨の玉手箱
Kanani カナニ

ホームウエアから小物まで、オーナ
ーのドイツ人女性がバリ島中の「カ
ワイイ」をセレクション。リーズナ
ブルな商品が多いので、おみやげ探
しの強い味方になってくれるはず！

こちらも
Check! →P.113

Map 別冊P.20-B2　**ウブド**

🏠 Jl. Goutama Selatan No.25c, Ubud　☎0812-1774-1971（携帯）
🕙10:00～21:00　**Card**M.V.
🚶ウブド市場から徒歩10分

買い物途中におすすめの休憩カフェ

1. ケーキはひ
とつ Rp.3万
5000～
2. ショップの
2階が小さな
カフェになっ
ている

Ⓐ 本格スイーツが味わえる
Caramel キャラメル

南国フルーツをたっぷり使ったケーキや、カ
ラフルなマカロンが人気。通りを見下ろすカ
フェでのんびりとティータイムを楽しもう。

Map 別冊P.20-B2　**ウブド**

🏠 Jl. Hanoman No.4B, Ubud　☎0812-
8881-1768（携帯）　🕙10:00～18:00
休無休　**Card**不可　🚶ウブド市場から徒歩5分

Ⓑ 民家の庭でくつろぐ
Balistar Coffee バリスター・コーヒー

自家焙煎がウリの小さなコーヒーショップ。伝
統的な民家の中にあり、庭の東屋にすわっての
んびりとコーヒーが味わえる。

Map 別冊P.20-A2　**ウブド**

1. 通りから少し奥に
入る　2. 1杯ずって
いないにドリップ
3. バリ・アラビカ
Rp.2万5000

🏠 Jl. Kama No.14, Ubud　☎0812-3871-9590
（携帯）　🕙10:00～18:00　休無休
Card不可　🚶ウブド市場から徒歩5分

こちらも
Check! →P.47

7 ボーツリーの バティックファッション GOAL!

伝統布をモダンにアレンジ

Bo Tree ボーツリー

オリジナルのバティック布で作った服と小物の店。バティックは古典的な柄ではなく、ドットやストライプなどモダンでユニークな作品ばかり。かわいいアクセサリーも扱う。

Map 別冊P.20-B2 ウブド

🏠 Jl. Hanoman No.6, Ubud ☎0819-9915-4276（携帯）🕙10:00〜20:00 ⊘無休 Card A.J.M.V. 🚶ウブド市場から徒歩7分

*aruco*の推し
ククイナッツオイル配合で髪の毛がしっとり

6 ブルーストーンのアロマグッズ

1. ティーツリー・シャンプーRp.12万 2. ルームフレグランスとして使えるレインミスト各Rp.12万 3. ラベンダーのアロマオイルRp.16万5000 4. バージンココナッツオイルRp.7万5000

本格志向のアロマショップ

Blue Stone ブルーストーン

アロマテラピー理論に基づいて作られたナチュラルコスメの店。厳選されたエッセンシャルオイルやバージンココナッツオイルを使用したボディケア製品はどれも高品質。

Map 別冊P.20-B2 ウブド

🏠 Jl. Dewisita, Ubud ☎0852-0551-7097（携帯）🕙9:00〜21:00（土・日11:00〜）⊘無休 Card A.J.M.V. 🚶ウブド市場から徒歩8分
🔗bluestonebotanicals.com

1. ゆったりシルエットのワンピースRp.59万 2. カラフルなタンクトップRp.46万 3. バティック布で包んだ石けん各Rp.7万 4. コットンスカーフ各Rp.9万

*aruco*の推し
長く愛用できるシンプルなデザインが◎

ランチorディナーにおすすめのレストラン

C ウブドの人気イタリアン

Citta Ovest チッタ・オベスト

デウィ・シタ通りに面した、15席ほどのこぢんまりとした店。ピザやパスタの種類が豊富で、おいしくて、しかもリーズナブル。

Map 別冊P.20-B2 ウブド

🏠 Jl. Dewi Sita, Ubud ☎0813-3793-2484（携帯）🕙10:00〜22:00 ⊘無休 💴予算Rp.7万〜、税&サ+10% Card M.V. 🚶ウブド市場から徒歩7分

1. ピザはRp.3万6000〜 2. 小さなテラス席もある

D 創作アジアン料理が人気

Melting Wok メルティング・ウォク

ラオス人のご主人とフランス人のマダムが経営。カレーやハーブたっぷりの料理のほか、クレームキャラメルなどデザートも◎。

Map 別冊P.20-B2 ウブド

🏠 Jl. Gootama No.13, Ubud ☎0821-4417-4906（携帯）🕙10:00〜22:00 ⊘無休 💴予算Rp.10万〜 Card不可 🚶ウブド市場から徒歩6分

1. 具材が選べるカレーはRp.6万5000 2. 2階にあり開放的な店内

ここはまるで天国?!
バリ南部で秘密のビーチ探し

バリ南部のバドゥン半島には、日本人にはあまり知られていないビーチが
いっぱい! 海に入らなくても、砂浜を散歩したり、真っ青な海を眺める
だけでも爽快な気分に。心地よい潮風に吹かれながら、
お気に入りのビーチを探しにいかない?

N
空港 ✈
6
5
バドゥン半島 ●ヌサドゥア
4 3 2 1

PANTAI PANDAWA

滞在中に一度は行きたい
おすすめビーチBest6

エメラルドグリーンの海をひとり占
めできるビーチから、サーファーし
か知らないシークレットビーチ、サ
ンセットがきれいなビーチまで、
aruco取材班が徹底リサーチ!

秘密の
ビーチで
のんびり♪

マリンブルーとコーラル
グリーンが入り混じった
パンダワ・ビーチ

秘密のビーチへ

TOTAL 3~6時間

オススメ 時間 9:00~18:00 ・ 予算 Rp.50万~(車代など)

ルートと持ち物
数ヵ所のビーチを巡るなら、1から6の
順番がおすすめ。日差しが強いので、
帽子やサングラス、日焼け止めは必須。
海に入る人は水着と着替えも忘れずに。

Secret Beach!

白砂が
きれいな穴場スポット

3

1. 遊歩道の東端にある「ルースターフィッシュ・
ビーチクラブ」 2. 約1kmにわたって砂浜が続く
3. ビーチにはマッサージおばさんも出没

1

どこへ
行こうかな

パンダワ・ビーチ
Pandawa Beach

ホワイトサンドが広がる、バリ島で最も美
しいビーチのひとつ。穏やかな波打ち際に
は簡素な海の家が立ち並び、おしゃれな
ビーチクラブもある。

Map 別冊P.4-B3 ヌサドゥア郊外

● 毎日7:00~19:00 ● Rp1万5000、車1台
Rp.5000 ● ヌサドゥア中心部から車で30分

おすすめ度 …… ★★★
秘密度 …… ★★
施設の充実度 …… ★★★
夕日の美しさ …… ★

PANDAWA
PANORAMA
"LAUT NICARAGUA"
Secaria PACIFIK
Serada Atlantik
Serada Hindia
"LAUT KARIBIA"
Serada INDONESIA
"PANTAI PANDAWA"
TELUK
MEKSIKO

アイコンについて ⬜ 売店 ⬜ トイレ ⬜ シャワー ⬜ 駐車場

2 知る人ぞ知る隠れビーチ

映えスポットとして有名に！

バトゥ・バラ・ビーチ
Pantai Batu Barak

1. 干潮時は泳ぐことも可能
2. 切り立った崖の先にビーチがある

パンダワ・ビーチからムラスティ・ビーチへ向かう途中にある小さな砂浜。石灰岩を削って造られた壮大な風景が、近年SNSで話題を呼んでいる。

おすすめ度……★
秘密度……★★★
施設の充実度…★
夕日の美しさ…★

🚪 🚻 🚿 [P]

Map 別冊P.4-B3 ウンガサン

◔24時間 [料]無料 [交]パンダワ・ビーチから車で5分

3 ローカルの観光客が多い

おすすめ度……★★
秘密度……★
施設の充実度…★★★
夕日の美しさ…★★

🚪 🚻 🚿 [P]

ムラスティ・ビーチ
Melasti Beach

海の家やプール付きのビーチクラブもあり、リゾート気分を満喫できる。「バリ島最南端の地」と呼ばれる埠頭は撮影スポットとして人気。

Map 別冊P.4-A3 ウンガサン

◔毎日7:00～19:00 [料]Rp1万、車1台Rp.5000 [交]バトゥ・バラ・ビーチから車で15分

断崖を下っていくときの風景も印象的

Photo Spot!
ビーチクラブでまったり♪

4 超穴場のサーフスポット

おすすめ度……★★
秘密度……★★★
施設の充実度…★★
夕日の美しさ…★★

🚪 🚻 🚿 [P]

サーファーに人気のビーチ

ニャン・ニャン・ビーチ
Nyang Nyang Beach

最近まで車道がなく、約110mの断崖を歩いて下りないといけなかったため、知る人ぞ知る秘境ビーチだった。ビーチへのアクセスはバイクか徒歩のみ。

1. インド洋の大波が押し寄せる　2. 訪れる人も少なくとても静か

Map 別冊P.4-A3 ウルワツ

◔24時間 [料]無料 [交]ムラスティ・ビーチから車で30分

6 ウルワツの人気スポット

おすすめ度……★★
秘密度……★
施設の充実度…★★★
夕日の美しさ…★★★

🚪 🚻 🚿 [P]

パダン・パダン・ビーチ
Padang Padang Beach

以前からサーフポイントとして知られていたが、アクセスのよさもあり、近年は観光客が増加中。マリンアクティビティやサーフレッスンもできる。

Map 別冊P.4-A3 ウルワツ

◔毎日7:00～19.00 [料]Rp.1万5000（駐車場は別途） [交]ウルワツ・ビーチから車で10分

サーファーも海水浴客も訪れる美しいビーチ

コバルトブルーの海がきれい！

砂浜には大きな岩が！

5 美しいサンセットで有名

1. カフェバーでくつろぎながら夕日を観賞できる　2. 波に浸食された洞窟のような空間

おすすめ度……★★★
秘密度……★
施設の充実度…★★★
夕日の美しさ…★★★

🚪 🚻 🚿 [P]

ウルワツ・ビーチ
Uluwatu Beach

ウルワツの有名カフェバー「シングルフィン」から階段を下りていくと、岩に囲まれた小さなビーチにたどり着く。ブルーポイント・ビーチとも呼ばれる。

Map 別冊P.4-A3 ウルワツ

◔24時間 [料]無料（駐車場は有料） [交]ニャン・ニャン・ビーチから車で15分

プチぼうけん 7

インドネシア伝統の美の処方箋♥ ジャムーで体の中も外もキレイになる！

ジャムーとは、ハーブやスパイスなどを調合して作られる、
インドネシアに古くから伝わる漢方薬のようなもの。
バリ女子の美と健康の源、ジャムーの奥深い世界を体験しちゃお！

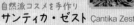

ジャムー教室に参加する TOTAL 2時間

オススメ時間 10:00～12:00、14:00～16:00　予算 Rp.30万

服装のアドバイス
途中でスクラブを背中に塗るのに用意されているベアトップに着替えるため、ワンピースではなく、上半身は脱ぎ着のしやすいブラウスなどがおすすめ。

バリのハーブの達人から ジャムーの作り方を伝受

ナチュラルショップの店内で、薬草エキスパートのリリールさんからジャムードリンクとコスメの作り方を習う。完成品は持ち帰れるので、ホテルでセルフスパを楽しもう！

私も作りたい！
スクラブでお肌つるつる
コスメも買えるよ！
Face Cream
Bali Moon
Nadis Herbal
Frangipani
Body Cream
Nadis Herbal
Ayurvedic
Hand Cream

フェイスクリームとボディクリーム各Rp.10万、ハンドクリームRp.6万

ジャムーってどんなもの？

古代インド発祥の伝統医学アーユルヴェーダの流れをくむ、インドネシアの民間薬。植物の根や薬草から作られ、健康ドリンクとして飲まれるほか、化粧品に配合されるなど美容法にも取り入れられている。

気軽に参加して♪

オーナーリリールさん

ハーブを使ったコスメが人気！

ナディス・ハーバル Nadis Herbal

すべて自然素材から作られたソープやコスメ、乾燥ハーブなどを販売する小さなショップ。品質には定評があり、ファンも多い。ジャムー教室のほかに、田園を歩きながら薬草について学ぶハーバルウオークも開催している。

こちらもCheck! →P.131

Map 別冊P.20-B1 ウブド

⌂Jl. Suweta No.15, Ubud ☎0857-3794-2436（携帯）🕘9:00～18:00（ジャムークラスは10:00～12:00と14:00～16:00、ハーバルウオークは9:00～11:00）[休]無休 [料]ジャムークラスとハーバルウオークRp.30万（いずれも1名当たり）[Card]M.V. [予]前日までに要予約 [英] [交]ウブド王宮から徒歩3分 [URL]www.nadisherbalbali.com

こちらもオススメ！

自然派コスメを手作り

サンティカ・ゼスト Çantika Zest

人気スパでナチュラルコスメ作りを学ぶ。フェイシャルに使うクリームやスクラブなどを製作したあと、完成品を使って1時間のトリートメントも受けられる。毎日10:00～12:30、Rp.49万5000／1名、要予約。

DATAは→P.126

健康によい
ウコンを使用

スパイス
がたっぷり

材料
- ●ターメリック
- ●ショウガ
- ●タマリンド
  ペースト
- ●ヤシ砂糖

スライスしたターメリック(ウコン)とショウガ、水をミキサーにかける。ヤシ砂糖とタマリンドペーストを細かく切って鍋に入れる。さらにミキサーの中身を入れ、よくかき混ぜながら加熱する。

Recipe 1
Jamu Drink
ジャムードリンク

作り方
水に浸して柔らかくした米、細かく切ったショウガとガランガル、スパイスをすり鉢で滑らかになるまですりつぶす。

Recipe 4
Body Scrub
ボディスクラブ

2時間で
4種類のジャムー
を手作り！

材料
- ●アロエベラ
- ●トウモロコシ

Recipe 2
Body Mask
ボディマスク

作り方
皮をむいてカットしたアロエベラ、トウモロコシの実をミキサーにかけて滑らかにする。

Recipe 3
Body Oil
ボディオイル

アロエには
美白効果も！

材料
- ●米
- ●ショウガ
- ●ガランガル
  (ショウガ科の
  食物の地下茎)
- ●コリアンダー
- ●クローブ
- ●ナツメグ

甘～い
花の香り♪

作り方
細かく切ったパンダンの葉と花びら、ココナッツオイルを鍋に入れて加熱する。沸騰したら火を止め、しばらく置いてざるで漉す。

材料
- ●香りのよい花
  (イランイラン、
  チュンパカなど)
- ●パンダンの葉
- ●ココナッツオイル

できあがり～!

ボディスクラブ
体を温めるほか、殺菌作用やリラックス効果も

ジャムードリンク
血液をきれいにし、疲労回復や美肌に効果あり

ボディオイル
感染症予防、心を落ち着かせバランスを整える

ボディマスク
解毒作用のほか、肌に活力を与えつるつるに

健康ドリンク、ジャムーを飲んでパワーアップ☆

暮らしにジャムーが根付いているバリ島では気軽に飲めるスタンドがあったり、粉末のものがスーパーで売られていたり。ウブド周辺でジャムーが体験できるスポットをご紹介。

本格的なジャムーショップ
ジャムー・スハティ・ウブド
Jamu Sehati Ubud

地元農家から仕入れた自然素材のみを使い、伝統的なジャムーを生産販売している。すぐに飲めるボトルタイプは7種類あり、小サイズがRp.4万、大サイズがRp.6万。

Map 別冊 P.20-B2 ウブド

🏠 Jl. Hanoman, Ubud　☎0811-388-025（携帯）
🕘9:00〜21:00　⊕無休　Card M.V.　🚶ウブド王宮から徒歩10分　URL jamusehatiubud.com

「試飲もできるわ♪」

バランス
血流やコレステロール値を正常に保つ。風邪やのどの痛みにも

イエロー・デトックス
抗炎症作用があり、生理中の痛みを和らげる。免疫力アップに

ダルマ
抗酸化作用が強く、血液をきれいに。免疫力や肝機能をアップ

ジンジャー・タマリンド
血流を改善。頭痛や咳、腹部臓器などに起こる痛みを和らげる

袋入りのパウダータイプはおみやげに。各 Rp.5万（100g）

こちらもCheck!

最近のバリ島はヘルシーブーム。美容と健康に敏感な旅行者に人気のカフェやショップで、ジャムーを扱っているところが増えている。

1,2.「ダプール・ウサダ」（→P.89）のジャムードリンク。レモングラス（右）とガランガル（左）各Rp.2万　3.「クリア・カフェ」（→P.88）のジャムードリンクRp.2万5000　4,5.「ウタマ・スパイス」（→P.131）の粉末ジャムー。ジャヘ・ワンギ（左）とクニッ・アサム（右）各Rp.7万8000

「自家製ジャムーだよ」

血液をきれいにするクニッ・アサム、風邪気味のときもいいジャヘ・メラなど各Rp.6000〜8000

気軽に立ち寄れるジャムースタンド
クダイ・ジャムー・ウブド・セハッ
Kedai Jamu Ubud Sehat

素朴な建物がかわいいジャムー屋さん。常時5種類の手作りジャムーを用意しており、体調に合わせたオーダーも受け付けている。

Map 別冊 P.19-C2 ウブド

🏠 Ndalem Kertonegaran-Daya putih, Jl. Andong No.1, YZ, Ubud
☎0878-3860-7987（携帯）　🕘8:00〜16:00　⊕日　Card不可
🚗ウブド王宮から車で5分

「ホテルで飲んでね！」

ハーブの専門店
ジャムクー
Djamoekoe

ボトル入りフレッシュジャムー＆ヘルシードリンクが買えるユニークな専門店。レアな生ハチミツや薬草なども販売している。

Map 別冊 P.18-B3 ウブド

🏠 Jl. Made Lebah No.4, Br. Kalah, Peliatan
☎0821-4528-1148（携帯）
🕘9:00〜20:00（日〜19:00）　⊕無休　Card不可
🚗ウブド王宮から車で10分

1. 健康増進、疲労回復に効くミスター・ターボRp.4万
2. 美肌、血液をきれいにするクニッ・アサムRp.4万
3. スンバワ島のジャングルハニーRp.14万5000

ジャムーで体の中も外もキレイになる！

手軽に飲める粉末ジャムーいろいろ♪

ジャムー屋台のほか、スーパーや薬局などで手軽に買える粉末ジャムー。良薬は口になんとやら。
白湯と混ぜて一気に飲もう！　レモン汁やハチミツを入れればもっと本格的。

スリミング
体を引き締めてスリムにするジャムーは女性に人気のシリーズ。

血液をきれいに
血液の濁りからくるとされている吹き出物や肌荒れのための処方。

制汗デオドラント
固形のパウダー入り。ローズウォーターで溶かして顔や首に塗る外用薬。

足や腰の痛みに
体の痛みのほか、手足の冷え、肉体疲労やよく眠れない場合にも◎。

お手軽ドリンク
スーパー＆コンビニで買える

体のコリに

血行を促すことによって、肩や背中のコリを緩和してくれるジャムー。デスクワークで疲れたときの心強い味方。Rp.8000前後。

生理痛に

ウコンやタマリンドなどを使った伝統的なレシピで、生理時の不快感を緩和。飲む前によく振って沈んだ成分を混ぜて。Rp.8000前後。

若々しさを保つ
健康で若々しい体をキープ。ティーンの頃から飲むのがおすすめだそう。

バストアップ
粒タイプで飲みやすい。効果を出すためには、毎日2回、1ヵ月服用を。

ジャムー屋台にtry!

Jamu stand

夕暮れ時になると市場や町の片隅に出没するジャムー屋台。その場でドリンクにしてもらうこともできる。

> シンドゥー市場のナイトマーケット（→P.96）やデンパサールのパサール・クレネン（→P.145）、ウブド南部のプンゴセカン交差点 **Map 別冊P.21-D2** に出るジャムー屋台は、毎晩16:30頃から23:00頃まで営業。

ジャムー屋台で役立つプチ会話

ダイエット※に効くジャムーをください。
Minta jamu untuk diet.
ミンタ ジャムー ウントゥッ ディエッ

卵は入れないでください。
Jangan pakai telur.
ジャガン パカイ トゥルール

※は「風邪＝masuk angin マスッ ノキン」「疲れ＝kecapean クチャペアン」「美肌＝kulit halus クリッ ハルス」に入れ替えてもOK

❶注文する
まずは屋台のおばちゃん（お兄さんのことも）に、どんなジャムーを探しているのか伝えよう。

❷調合する
その場で飲むなら「ミヌム・ディ・シニ」とひと言。生卵を混ぜることがあるので、いらないなら言っておこう。

❸できあがり！
どろっとしていて効きそうな匂い！　一気に飲んでしまいましょう。付け合わせのショウガ湯とキャンディはお口直しのため。

これでキレイになっちゃおう！

※ジャムーの効能や品質は日本の薬機法のような厳格な法令で管理されているものではないけど、インドネシアでは日常的に使用されているので、必要以上の心配は無用。効き目には個人差もあり「効く！」と信じる気持ちの強さも影響するかも？

世界いち高価な「幻のコーヒー」コピ・ルアクをコーヒー農園で初体験

特殊な製法で作られ、独特の風味をもつインドネシアのコピ・ルアク。コーヒー好きなら、一度はその名を聞いたことがあるはず。農園ツアーに参加すれば、作り方を見学＆試飲もできちゃう！

コーヒー農園を見学する

TOTAL 1時間

オススメ時間 7:00〜19:00　予算 Rp.5万〜

1日ツアーに組み入れて
農園はライステラスで有名なテガララン（→P.22）にある。バリ中部フォトジェニックツアー（→P.20〜23）や、パウスポ＆世界遺産巡り（→P.32〜35）の途中に立ち寄るのがオススメ。

KOPI LUWAK

まろやかな味わい♪

散歩気分で農園ツアー ルアクにも会えちゃう♪

映画『最高の人生の見つけ方』や『かもめ食堂』にも登場する幻のコーヒー、コピ・ルアクはインドネシア産。バリにはルアクを飼育するコーヒー農園が点在し、見学もOK！

コピ・ルアクKopi Luwakって？

ジャコウネコ（＝ルアク）の糞から採取されるコーヒーのこと。ジャコウネコが食べた果実のうち種子にあたる豆は消化されずにそのまま排泄され、腸内の酵素や細菌による発酵で独特な風味が加わるとされる。特に野生のジャコウネコから作られるものは希少で、「世界いち高価なコーヒー」として知られる。

棚田にはユニークな遺跡風スポットも！

渓谷沿いの緑豊かな施設
アラス・ハルム
Alas Harum

ライステラスで名高いテガララン地区にあるおすすめ農園。南国の緑あふれる敷地内をのんびり巡りながら、ガイドさんが伝統的なコーヒー作りやコピ・ルアクができるまでのプロセスをていねいに説明してくれる。

ルアクがお出迎え

写真映えスポットもあるよ！

人気の鳥の巣は混雑時には行列ができる

Fresh Brewed COFFEE SERVED HERE Have it cup!

Map 別冊P.3-C2 ウブド郊外
🏠 Jl. Raya Tegallalang, Ubud
☎ 0812-3802-1174（携帯）
⏰ 7:00〜19:00　休 無休　料 入園料Rp.5万　Card 不可　交 ウブド王宮から車で25分　URL alasharum.com

こちらも →P.21 Check！

ブランコにも乗れる！
敷地内にスウィング施設を併設している。料金は1回につき、高さ15mのエクストリームがRp.17万5000〜、25mのスーパーエクストリームがRp.22万5000〜。

1 ルアクとご対面!

見学用ケージにいるフワフワのルアクにごあいさつ。夜行性だからちょっと眠そう?

普段は広い農園内にすんでるよ

2 コーヒーの作り方を見学

コーヒーの実がコーヒー豆になるまでの、洗浄プロセスを説明してくれる。

きれいになった豆をじっくりとかまどで焙煎。昔ながらの手法をあえて再現。

つぶした豆をふるいにかけてうす皮や不純物を除けば、コピ・バリのできあがり!

伝統のコピ・バリ作りに挑戦。香ばしく炒った豆をパウダー状になるまでつぶす。

3 試飲もできちゃいます♪

ちょっと酸味があってまろやかな味
コピ・ルアクは1杯Rp.5万

14種類のコーヒーとお茶が無料で試飲できる!

渓谷を望むカフェ席でゆったりと試飲タイム。コピ・ルアクも注文できる。

4 ショップでおみやげGet!

最後にはショップでお買い物。試飲したお茶などのほか、農園産コピ・ルアクの豆もある。

コーヒーやお茶、香辛料が種類豊富!

こちらもオススメ♪

人なれしたルアクがお出迎え
バリスター・コーヒー
Balistar Coffee

かわいいルアクに会える♪

バリの伝統的な民家を利用したカフェ。ルアクコーヒーをはじめ、インドネシア産のコーヒーを楽しめる。

Map 別冊P.20-A2 ウブド

DATAは→P.38

豆知識コーナー バリ島のコーヒー事情

◆ コーヒー豆の種類

コピ・バリ(バリコーヒー)に代表されるように、ロブスタ種の豆がメインに生産されていたが、最近はアラビカ種が増加傾向にある。

ふたつの品種比べ

	ロブスタ種	アラビカ種
特徴	苦味が強く酸味は少ない	香り豊かで酸味がある
カフェイン	多め	少ない
値段	安価	高め
用途	インスタントコーヒーや缶コーヒー	レギュラーコーヒー

◆ コピ・バリ Kopi Bali の飲み方

バリコーヒーは、ドリップせずにそのままグラスに粉を入れて飲むため、パウダー状になるまで豆をひいてあるのが特徴。

1 グラスにティースプーン山盛り1杯のコピ・バリ、好みで砂糖またはコンデンスミルクを入れる

2 熱湯を注ぎ、よくかき混ぜる

3 そのまま2~3分おいて、粉がカップの底に沈んだらできあがり

◆ カフェメニューについて

バリ島では日本とは呼び名が異なることがあるので、覚えておくと便利。

ショートブラック いわゆるエスプレッソのこと。小さなデミタスカップでサーブされる

ロングブラック エスプレッソをお湯で割ったもので、日本のブラックコーヒーに近い

マキアート エスプレッソに泡立てたミルクを少量加えたもの

コーヒーを楽しんで

フラットホワイト ラテやカプチーノとは異なり、泡立てないミルクを入れたもの

モカ 豆の種類ではなく、コーヒーとココア(ホットチョコレート)を割ったもの

V60 ひいた豆にお湯を注ぎながら入れるドリップコーヒー。日本の耐熱ガラスメーカー「ハリオ」のV60ドリッパーを使うため、この名で呼ばれる

プチ
ぼうけん
7

感動のパノラマビューがお待ちかね
絶景のサンセットを見に行こう！

水平線に沈む夕日、黄金色から紅色まで刻々と変化する空の色……
バリ島には美しいサンセットが見られる絶景ポイントがいっぱい！
aruco編集部が厳選した、感動間違いなしのスポットをご紹介。

定番から穴場まで☆
絶景夕日スポット7選

夕日観賞に適しているのは、インド
洋に面したバリ島の南西部。クール
なバーで、ケチャを見ながら、また
はビーチでまったりと……あなたは
どのロケーションがお好み？

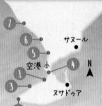

サヌール
空港 ▲
N
ヌサドゥア

夕日ウオッチを楽しむ

TOTAL
1時間

オススメ
時間　18:00〜
　　　19:00　　予算　無料〜
　　　　　　　　　　Rp.50万

💡 サンセットタイムをチェック！
バリ島の日没時間は季節によって少しず
つ異なるので注意して。目安は乾季（5
〜10月）が18:10〜18:20、雨季（11〜
4月）が18:20〜18:45。乾季のほうが美
しいサンセットを見られる確率が高い。

サンセットに
乾杯〜♪

SPOT バリでいちばん有名な絶景バー

ロックバー　Rock Bar

アヤナ リゾート＆スパ バリの敷地
内にあり、断崖絶壁の下、海にせり
出すように造られたデッキ席が人
気。カクテルでも飲みながらサン
セットタイムを待とう。

絶景度	★★★
混雑度	★★★
穴場度	★☆☆
アクセスのよさ	★★☆
予算	2500円〜

予約不可なのでオープ
ンと同時に訪れたい。
ホテルの宿泊客は優先
的に席に案内される。

Map 別冊P.4-A2 ジンバラン

🏠 Jl, Karang Mas Sejahtera, Jimbaran
📞(0361)702222　🕐16:00〜24:00　⏰無
休　💳税&サ+21%　Card A.J.M.V.　予約不
可　👔スマートカジュアル　✈空港から車で20
分　URL www.ayana.com

軽食メニューが充実。
カクテルはRp.22万〜
崖下にあるバーへは
専用のゴンドラで行く

SPOT 2 ケチャと夕日を同時に楽しむ!

ウルワツ寺院
Pura Luhur Uluwatu

バリ島を訪れたら一度は鑑賞したいのが、大勢の男性がリズミカルに声をかけ合う合唱舞踊ケチャ。断崖絶壁の上で、海と寺院とサンセットを背景に行われる公演は大迫力!

[Map] 別冊P.4-A3 ウルワツ

DATAは→P.156

絶景度	★★★
混雑度	★★★
穴場度	☆☆☆
アクセスのよさ	★★☆
予算	2000円~

開演1時間前には到着し良席を確保しよう。上段席から全景を撮影するとダイナミック。

SPOT 3 秘密にしておきたい夕日スポット

エル・カブロン
El Kabron

リゾートエリアから離れた、知る人ぞ知る隠れ家的ロケーションのスパニッシュレストラン。本格的なスペイン料理を楽しみながら、ダイナミックなサンセットを堪能して。

[Map] 別冊P.4-A3 ウンガサン

🏠Jl. Pantai Cemongkak, Pecatu ☎0813-3723-5750(携帯) 🕘11:00~24:00 [休]無休 [料]税&サ+20% [Card]J.M.V. [予]望ましい [交]空港から車で40分 [URL]elkabron.com

1. インド洋を見下ろす高台から正面に夕日が望める。クッション席でまったりくつろぐのもおすすめ 2. サングリアやカクテルで乾杯! 3. スペイン人の経営で、シーフードパエリャ(1人前Rp.25万、注文は2人前から)や小皿料理タパスなど本場の味が自慢

絶景度	★★★
混雑度	★☆☆
穴場度	★★★
アクセスのよさ	★☆☆
予算	4000円~

レストランエリアでのミニマムスペンドはRp.40万(12/15~1/15はRp.60万)。

夕日が沈んでも
ロマンティック！

SPOT 4

浜辺でシーフードBBQを満喫！

ジンバラン・ビーチ

Jimbaran Beach

素朴な漁村のたたずまいを残すジンバランの名物は、「イカン・バカール（焼き魚）」と呼ばれるビーチレストラン。サンセットを眺めながら食べる新鮮なシーフードは格別！

Map 別冊P.14-A2
ジンバラン

絶景度	★★☆
混雑度	★★☆
穴場度	☆☆☆
アクセスのよさ	★★★
予算	2500円～

浜辺に沿って数十軒のレストランが並ぶ。店先で魚介類を選び調理してもらうスタイル。

aruco おすすめはココ！

テバ・カフェ

Teba Cafe

メニューに値段が明記してあり、しかもリーズナブル。カップルにおすすめのセットメニューも用意されている。

Map 別冊P.14-A3 ジンバラン

🏠Jl. Pantai Muaya, Jimbaran ☎0821-4640-5155（携帯） 🕘9:00～23:00 [休]無休 [料]税&サ+15% [Card]J.M.V. [予]不要 [交]空港から車で20分

ひとりRp.25万～が目安

SPOT 5

世界的に有名なサーフスポット

クタ・ビーチ

Kuta Beach

インド洋に沈む夕日の美しさで知られ、サンセットタイムになると国内外からの観光客が大勢集まってくる。名物の物売りも多く、ピープルウオッチングするのも楽しい。

Map 別冊P.6-A2 クタ

🏠Pantai Kuta, Kuta [交]空港から車で25分、ベモ・コーナーから徒歩10分

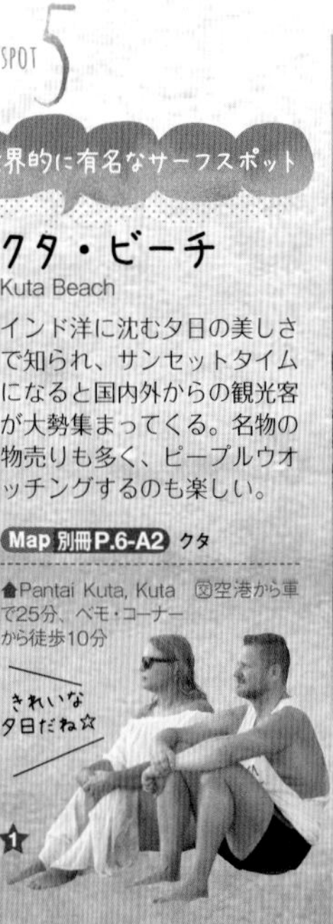
きれいな
夕日だね☆

マットは
いらんかえ～

1. 砂浜に座れば無料。タオルなど下に敷く物があると便利 2. ビーチには物売りやマッサージおばさんがいて、しつこく声をかけてくる場合も。必要なければきっぱりと断ろう

絶景度	★★☆
混雑度	★★☆
穴場度	☆☆☆
アクセスのよさ	★★★
予算	無料～300円

ビーチカフェと呼ばれるパラソルと簡易イスを並べた物売りがいて、飲み物を買えば無料でイスに座れる。

絶景のサンセットを見に行こう！

ビーチでまったりチルアウト♪

ラ・プランチャ
La Plancha

スミニャック海岸にある、海の家風の陽気なビーチバー。ビーズクッションにゴロゴロ寝そべり、チルアウト音楽を聴きながら過ごすサンセットタイムは最高に気持ちいい！

Map 別冊P.8-B3 スミニャック

🏠Jl. Mesari Beach, Seminyak
☎0878-6141-6310（携帯）
🕙10:00～24:00 ㊡無休 ㊟税＆サ+15% **Card**J.M.V. ㊌不要
🚗スミニャック・スクエアから車で15分

1

2 3

タパスもおいし〜☆

1,2. カラフルなパラソルとクッションが並ぶ様子はもはやスミニャック名物 3. イカリングやフライドポテトなど、お酒に合うタパスが揃う。ミニマムスペンドはRp.15万

絶景度	★★☆
混雑度	★★☆
穴場度	★☆☆
アクセスのよさ	★★★
予算	1500円〜

サンセットタイムは非常に混雑する。海に近い席を確保したい場合は17:00前に入店を。

神秘的な寺院のシルエット！

ドラマティックな風景に感動！

タナロット寺院
Pura Tanah Lot

海の中に浮かぶように立つ、バリ島6大寺院のひとつ。水平線に沈む太陽をバックに、寺院のシルエットが浮かび上がる光景は、「バリでいちばん美しい夕日」ともいわれる。

Map 別冊P.4-A1 バリ南部

DATAは→P.157

絶景度	★★★
混雑度	★☆☆
穴場度	☆☆☆
アクセスのよさ	★★☆
予算	500円〜

ビュースポットに数軒のカフェがあるので、ビールでも飲みながらサンセットを待とう。

バリ東部2大スピリチュアルスポットへ
荘厳なる"幻の世界遺産"ブサキ寺院と
"天空の寺院"ランプヤンでお祈り体験♪

聖なるアグン山を挟んで、西にブサキ寺院、東にランプヤン寺院と
バリ有数のパワースポットであるふたつの寺院がそびえ立つ。
昔ながらの素朴な風景が残るバリ東部へ、祈りの旅に出かけよう！

ブサキ寺院　アグン山　ランプヤン寺院
バンリ＆
プンリプラン村
ウブド
クタ

憧れの
バリ衣装♪

バリの伝統が残るプンリ
プラン村も訪れるよ！

服装アドバイス＆注意
バリ衣装に着替える際、クバ
ヤとサロン、スレンダン（バ
リの正装→P.159）は貸して
もらえる。クバヤの下に着る
ブラトップかチューブトップ
を用意しておこう。靴は足首
の見えるサンダルが○。なお、
生理中は寺院内への立ち入り
がNGなので注意して。

似合う
かしら～？

TOTAL
9.5時間

ブサキ寺院＆バリ衣装体験

オススメ
時間　7:30～
　　　17:00

予算　US$85
（バリ倶楽部ツアー）

個人で回るときは車チャーターで
ブサキ寺院はライセンスを持ったガイド
と一緒でないと入れないので、トラブル
を避けるためにもツアーに参加するのが
おすすめ。車をチャーターする場合は
ガイドも一緒にお願いしよう。料金は10
時間でRp.80～100万が目安。

スピリチュアルツアー①
バリ最大の聖地ブサキ寺院で
バリ衣装を着てパチリ☆

「神々の島」と呼ばれる
バリ島で、島民の9割以
上が信仰するバリ・ヒン
ドゥー教の総本山がブサ
キ寺院。きらびやかなバ
リ衣装を着てのお祈り体
験＆記念撮影は、旅のい
ちばんの思い出になるこ
と間違いなし！

「幻の世界遺産」って？
バリ・ヒンドゥーの総本山として、歴史
的・文化的価値の高いブサキ寺院。イ
ンドネシア政府は何度か世界遺産候補
のリストに入れようとしたが、寺院側が
「世界遺産になるとさまざまな規制がか
かり、独自の宗教文化を守れない」と猛
反対したため、申請を断念したという。

バリ文化を体験！盛りだくさんツアー
ブサキ寺院＆バリ衣装体験
Pura Besakih & Penglipuran Tour

「バリの魅力を伝える」をコンセプトに、ユニークなツ
アーを企画しているバリ倶楽部が主催。ブサキ寺院で
は通常は観光客が入れない本殿でバリ式のお祈り体験がで
きるほか、市場や伝統村、絶景スポットも訪れる。

申し込み先 バリ倶楽部

☎081-1398-8488（日本人スタッフ直通）　困無休　料US$85、子供
US$45（ホテル送迎、日本語ガイド、昼食、飲み物、バリ衣装レンタル、
各入場料、傷害保険込み）2名より催行　Card A.J.M.V.　予前日17:00
までに要予約　URL oji-baliclub.com

7:30 ホテル出発 >>>

宿泊ホテルまで専用車が迎えにきてくれるので、移動も楽ちん♪

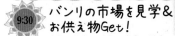

9:30 バンリの市場を見学＆お供え物Get！

バリ中部に位置するバンリは、11世紀にバンリ王朝の国寺が建てられた山あいの町。その中心にある市場は、生鮮食品や日用雑貨がぎっしりと並び、見るだけでも楽しい！ ガイドさんと一緒に、プサキ寺院にお供えするチャナン（→P.60）をお買い上げ。

Map 別冊P.3-C2

10:00 バリでいちばん美しい村 プンリプランでお宅拝見

バンリ市街から車で約10分、バリの伝統的な集落と生活習慣を残す村。美しく保存されたメインストリートやバリ最大の竹林を散策したあとは、昔ながらの様式で建てられた民家を訪問。村人の暮らしを垣間見ながら、手作りのお菓子とバリコーヒーでひと休み♪

Map 別冊P.3-C2

1. 紫イモのクレポン（黒蜜の入った団子）とバリコーヒー 2. 昔ながらのかまどが残る台所 3. 民家の庭先で休憩タイム 4. 道の両側に伝統家屋が並ぶ村の風景 5. ちょっぴりシャイな村の子供たち 6. 村の周囲には竹林が広がる

幻想的な
竹林の風景

12:00 絶景レストランでランチ♪

プサキ寺院へ向かう途中、絶景ビューで知られるレストラン「マハギリ」へ。雄大な景色を眺めながらランチを楽しんだあとは、レストランの女性スタッフに手伝ってもらってバリ衣装にお着替え。

景色も
ごちそう！

壮大な眺めが自慢
マハギリ Mahagiri

目の前にアグン山とライステラスのパノラマが広がる、観光客に人気のレストラン。食事はビュッフェスタイル。

Map 別冊P.3-C2 バリ東部

☎0812-3814-775（携帯）
Card M.V.
◉毎日9:00〜20:00

1. ナシゴレンをはじめ定番のインドネシア料理が揃う 2,3. 景色を楽しめるテラス席 4. 好きなものを選べるビュッフェスタイルがうれしい

※ツアーの時間はだいたいの目安

寺院では毎日のように宗教行事が行われる
清らかな心で祈ろう

13:30 ツアーのハイライト！ ブサキ寺院でお祈り体験

いよいよ、バリ島最大のパワースポットともいわれるブサキ寺院を参拝。シヴァ神を祀るプナタラン・アグン寺院の境内で、用意したチャナンをお供えし、ガイドさんの説明に従ってお祈りする。お供え物の意味やバリ式の祈りの作法について教えてもらい、バリ文化への理解が深まったみたい。お参りしたあとは気分もすっきり！

寺院の前で記念撮影♪

1. 階段を上った割れ門の先がプナタラン・アグン寺院　2. アグン山を模した11層のメル　3. プナタラン・アグン寺院の境内

どんなことを祈るの？
自分中心のお願いではなく、神に感謝し「世界が平和でありますように」と祈ろう。

Goal!

人々の信仰に守られる神聖な場所

ブサキ寺院 Pura Besakih

聖なるアグン山の中腹、標高900mほどのところに立つバリ・ヒンドゥーの総本山。8世紀頃から仏教僧の修行の場として使われ、16世紀のゲルゲル王朝時代には王家の葬儀を行う寺院としてその名を知られるようになった。ヒンドゥー3大神のシヴァ、ブラフマー、ヴィシュヌを祀る寺院を中心に、大小30あまりの寺院からなる複合寺院で、石畳の階段を上り下りしながらそれぞれの寺院を巡ることができる。

Map 別冊P.3-D2 バリ東部

🕘8:00〜18:00　[休]無休　[料]Rp.6万（ガイド料込み）※入場料はツアー料金に含まれる

17:00 ホテル到着

ブサキ寺院の見学終了後、私服に着替えて帰路につく。お疲れさまでした〜！

古代からバリの人々が崇拝する山

聖なる山アグン

バリ島の最高峰で標高3142m。火の神アグニがすむとされる聖なる山で、今もときおり煙をはく活火山。バリ人はこの山を世界の中心地と考えていて、家庭の神棚や寺院はアグン山の方角を向いて建てられ、日々のお祈りもアグン山に向かって行う。

Map 別冊P.3-D2

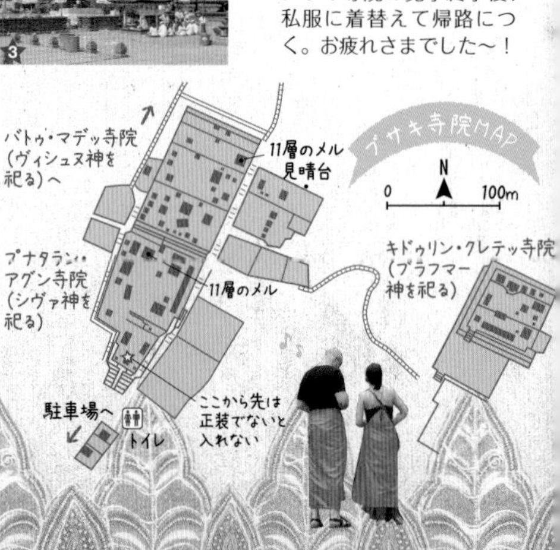
ブサキ寺院MAP
N
0
100m
バトゥ・マデッ寺院（ヴィシュヌ神を祀る）へ
11層のメル
見晴台
プナタラン・アグン寺院（シヴァ神を祀る）
11層のメル
キドゥリン・クレテッ寺院（ブラフマー神を祀る）
駐車場へ
トイレ
ここから先は正装でないと入れない

天空の寺院ランプヤンへ！
絶景の朝日とヨガを体験

パワースポットとして人気のランプヤンで、朝日を浴びたあとは、寺院で太陽の神さまに参拝。さらにヨガのレッスンとヘルシーブランチで、心も体もきれいになっちゃおう♪

ランプヤン寺院サンライズ＆ヨガ

TOTAL 11時間

オススメ時間	3:00〜14:00
予算	US$149（バリ倶楽部ツアー）

🌸 ガイド付きツアーが楽ちん♪
申し込みはバリ倶楽部（→P.52）へ。大人2名より催行。持ち物は、ヨガに適した服とはおれるもの、帽子、日焼け止めや虫除けなど。必要な人は朝食（ホテルの朝食ボックスなど）も用意しておこう。

ランプヤン寺院って？
バリ東部にそびえる標高1175mのスラヤ山に点在する8つの寺院を指す。「ランプ」は光、「ヤン」はバリ・ヒンドゥー教のシンボルである最高神「サンヒャンウディ」を意味し、バリ島6大寺院にひとつに数えられる。

Map 別冊P.3-D2

Start!

3:00 ホテルにお迎え ▶▶▶

ちょっと眠いけど、ここはがんばって早起き！ 専用車なので、移動中に寝ることもできる。

日の出の時間は季節によって異なり、夏は6:30頃、冬は6:00頃

朝日がきれい〜

5:30 朝日ポイントに到着

バリ倶楽部のスタッフがランプヤン周辺を歩き回って見つけた、秘密のサンライズスポットにご案内。正面に神々しい朝日、後ろには聖なるアグン山を一望できる。絶景を眺めながら、お菓子とコーヒーで軽い朝食。

ブサキ寺院とランプヤンでお祈り体験♪

7:00 天空の寺院でお祈り

スラヤ山の麓にある、美しい割れ門で有名なプナタラン・アグン寺院へ。割れ門の間からは天気がよければ正面にアグン山が見え、まるで天空にいるかのよう！ お祈り体験では日本語ガイドさんが作法やお供え物の意味なども教えてくれ、バリの文化に触れることができる。

1. 寺院から見る雄大なアグン山 2. お祈り時に使うサロン（腰布）などは貸してもらえる

空に浮かんでるみたい♪

9:30 海を眺めながらヨガタイム

バリ東部のビーチエリア、チャンディダサにあるリゾートホテル「アリラ・マンギス」に到着後、海辺の東屋でヨガレッスン。ゆったりとしたスタイルのハタ・ヨガなので、未経験者や初心者でもOK。

専門のインストラクターと日本語ガイドが付くので安心

10:30 ヘルシーブランチ

料理も自慢のホテルのレストランで、庭の緑を眺めながらツアー特製の贅沢ブランチ。体を動かしたあとのごはんはおいしい〜♪

楽しかった〜

▶▶▶ Goal! ホテル到着 14:00

魚と野菜がメインでヘルシー

※ツアーの時間はだいたいの目安

女子ひとり旅にもおすすめ♪
隠れ家ホテルで究極のリトリート

日常から離れて、身も心もリフレッシュする旅がしたい！
そんな願いをかなえてくれる、癒やしのリゾートホテルをご紹介。
ビーチと緑の渓谷、どちらのロケーションがお好み？

セガラ・ヴィレッジ・ホテルに泊まる　TOTAL 1泊2日

オススメ時期　通年　　予算　US$200〜

🕒 早めの予約がおトク♪
本書に掲載している宿泊料金は、いわゆるラックレート（正規料金）。シーズンにもよるけど、実際はもっと安く泊まれることが多いので、ホテルのホームページや予約サイトなどをチェックしてみて！

リゾート感満点〜

By the Beach

朝日とともに目覚めたい！
ビーチリゾートを満喫♡

バリ島でいちばん古い歴史をもつリゾート地として、今も根強いファンが多いサヌール。女子ひとり旅歓迎の老舗ホテルで、青い海を眺めながら、ゆったりと流れる時間を楽しんで。

ようこそ
いらっしゃいませ！

ビーチ沿いに立つ1957年創業の老舗
セガラ・ヴィレッジ・ホテル
Segara Village Hotel

Map 別冊P.16-B1　サヌール

ヴィレッジ（村）をコンセプトに、緑あふれる広々とした敷地内には、5つのレストランやプール、スパなどの施設が。あたたかなホスピタリティにも定評がある。サヌールの1等地に位置し、街歩きも楽しめる（→P.142）。

🏠 Jl. Segara Ayu, Sanur
☎(0361)288407　🛏デラックスルームUS$200〜、バンガローUS$250〜、ファミリーバンガローUS$300〜　💳A.M.V.
🏨120室　🚗空港から車で30分
URL www.segaravillage.com

Day 1
14:00

チェックイン
受付を済ませたらお部屋へ。宿泊は広いテラスが備わる2階建てバンガローがおすすめ。

1.明るく広々としたバンガローのベッドルーム 2.大きなバスタブで1日の疲れを癒やして 3.アメニティグッズやバスローブなども完備

バスルームもひろびろ〜

  マークが付いているプログラムは無料
（時間などは変更されることがあるので要確認）

15:00

散歩＆ハイティー

広い庭を散策しながら、ビーチサイドにある「アミューズ・ゴール・パティスリー」へ。潮風に吹かれながら、優雅な午後のひとときを楽しんで♪

ハイティーをどうぞ♪

敷地内にある樹齢100年以上の菩提樹

ボクたちもお散歩中

16:00

プール

敷地内にはプールがふたつとジャクージがある。プールサイドで昼寝をしたり、ジャクージバーでオリジナルカクテルを飲みながらくつろぐのも◎。

プチぼうけん 11

隠れ家ホテルで究極のリトリート

お料理もおいし〜♪

19:00

ディナー

日によってライブ演奏を開催。月曜の20:00〜21:00には、レゴンダンスなどバリ舞踊を鑑賞しながらインドネシア料理のビュッフェディナーが楽しめる。

17:00

スパ

ガラス張りの開放的なトリートメントルームで、極上のマッサージやトリートメントを。チェックインの際に予約を入れておこう。

More Info 1

毎週火曜19:00からガーデンシネマが開催される。星空の下、大きなクッションに身を委ねながら映画鑑賞を。

7:00

ヨガレッスン FREE

さわやかな朝の空気を吸いながらヨガをすれば、体も心もすっきり。初心者でも気軽に参加できる。火・木曜の7:00〜8:00開催。

Day 2

6:00

ビーチで朝日を見る

少し早起きして、ビーチ沿いの遊歩道を散歩しよう。朝日を浴びてエネルギーチャージ！

10:00

チャナン作り体験

バリのお供え物チャナンを作って、お寺に参拝する。料金Rp.15万＋税＆サ／1名（前日までに要予約）。

8:00

朝食

体を動かしたあとは、プールサイドのレストランでボリューム満点の朝食を。フルーツたっぷりでヘルシー。

12:00

チェックアウト

More Info 2

伝統的なインドネシア料理をホテルシェフから学べるクッキングクラス（有料）もある。

arucoスタッフ体験談
欧米人客が多く落ち着いた雰囲気。オーナーやスタッフは親日的で、女子ひとりでも安心して滞在できました♪

聖なる森で心と体の休息
日常からのエスケープ♪

古くから神聖とされる土地に立ち、高原の清々しい空気に包まれた「バグース・ジャティ」。無料で参加できるアクティビティが充実しているので、ひとりでのんびり過ごしたい女子にぴったり！

バグース・ジャティに泊まる

TOTAL 1泊2日～

| オススメ時期 | 通年 | 予算 | Rp.204万～ |

🛏 パッケージプランもおすすめ
のんびりと過ごしたいなら連泊がおすすめ。食事やスパトリートメントが含まれる各種パッケージプランも用意されているので、詳細は問い合わせを。

緑が多くて癒やされる～

緑の森に抱かれた隠れ家ヴィラ
バグース・ジャティ
Bagus Jati

宿泊ゲストはウブドへの無料シャトルバスを利用できるので、滞在中にウブド観光やショッピングに出かけることもできる。また宿泊なしのスパやレストランだけの利用、ヨガレッスン（要予約）への参加もOK。

Map 別冊P.3-C2 テガララン

🏠 Banjar Jati, Desa Sebatu, Kecamatan, Tegallalang
☎(0361)901888　🛏スーペリアシャレーRp.204万～、スーペリアヴィラRp.238万～、デラックスヴィラRp.342万～（インターネット予約料金、7～9月は1室1泊につきRp.35万をハイシーズン料金として加算）**Card**A.D.M.V.
🛏34室　🚗空港から車で2時間（片道1台Rp.55万で送迎可）、ウブドから車で30分（1日2往復の無料シャトルサービスあり）**URL**bagusjati.com

Day 1　13:30

チェックイン

通常は14:00からだけど、部屋の用意ができるまで荷物を預かってもらえる。

リラックスできますよ

14:00　**FREE**

アクティビティ

ジャムーやお供え物作り、バリニーズダンスなど毎日ワークショップを開催。3時間前までに予約が必要なので、チェックイン当日に参加を希望する場合は事前に連絡しておいて。

FREE マークが付いているプログラムは無料（時間などは変更されることがあるので要確認）

15:00 FREE
アフタヌーンティー
プールサイドにある
カフェで、ハーブティ
ーとスイーツを。
プールで泳いだり、デ
ッキチェアに寝そべっ
て読書を楽しむのも◎。

16:00
メディテーション
FREE

ジャングルに囲まれた瞑想用のパビ
リオンで、静かに自分と向き合う。
自然と一体となって心を解放すれ
ば、日頃のストレスも解消！

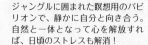

19:00
ディナー
高台に立つメインダイニ
ングは、渓谷の眺めとキ
ャンドルライトがロマン
ティック。自家菜園のオ
ーガニック野菜を使った
料理もおいしい！

17:00
スパ
渓谷を正面に望むスパセンターは、個室のトリー
トメントルームやジムなど設備が充実。宿泊客は
温水ジャクージを自由に使えるのもうれしい♪

Day 2

7:30 FREE
モーニングヨガ
生命力あふれる
渓谷の緑に包ま
れて、心地よく
1日をスタート。
ストレッチを取
り入れた簡単な
ポーズを中心に、
英語と日本語を
交えながら行う
ので初心者でも
安心。

11:00 FREE
アクティビティ
日によって、ネイ
チャーウオー
クかアクアエア
ロビクスのどち
らかが行われる。
ウオーキングに
はスニーカーな
ど歩きやすい靴
と長ズボン、虫
除けを用意して。

12:30
チェックアウト

8:30
朝食

ヨガですっきりと目覚めたら、
鳥のさえずりを聞きながら朝ご
はん。豆腐を使ったヘルシー料
理のほか、ウエスタンやインド
ネシアのメニューも選べる。

arucoスタッフ体験談
盛りだくさんで大満足の
2日間。短い滞在だった
けど、ココロもカラダも
リフレッシュできました！

59

ウブドの2大ミュージアムで学ぶ★
プチレッスンで伝統文化を体感

芸術の街ウブドでは、観光客が気軽にバリの文化に触れられるよう、ミュージアムなどでさまざまなワークショップが開催されている。伝統文化の奥深さに触れて、あなたもバリ通になっちゃおう！

バリのかわいいお供え物
チャナンを作ってみよう

チャナンとは、寺院やお店、道端などバリのいたるところで見かける、神さまへの小さなお供え物。バリの日常生活に欠かせないチャナンの作り方を教えてもらっちゃお♪

チャナン作りは女性の仕事。毎日50～100個作って、家のあちこちにお供えするのよ。でも最近は外で仕事をする人も増えたから、忙しいときは市場で買ってくることもあるの。

チャナン豆知識
いったい全部で何種類あるのか、先生にもわからないそう。チャナンの形は、四角は地球、丸は月、三角は星を表しているんだって。

こうやって作るのね

チャナン教室

TOTAL 2時間

オススメ時期 毎日 9:00～18:00
予算 Rp.25万

レッスンについて
1名から申し込み可。前日までに要予約。オファリング・メイキング（チャナン作り）のほか、ガムラン、バリダンス、木彫り、絵画など全12種類のワークショップがある。

Let's make canang!

STEP 1

材料（ヤングココナッツの葉、竹串、花、パンダンリーフ）を揃える。

STEP 2

ヤングココナッツの葉を長さを揃えて切り、縁をナイフでカット。

STEP 3

切った葉を重ね合わせ、竹串でホッチキスのように留める。

STEP 4

枠の中にヤングココナッツの葉を敷き詰め、土台となる皿を作る。

できあがり！

花や細く切ったパンダンリーフを載せてできあがり！ 花の色にも、紫はシヴァ、赤はブラフマー、ピンクはヴィシュヌのヒンドゥー3大神を表すなど、意味があるそう。

バリの芸術と文化を紹介
アルマ（アグン・ライ美術館）
ARMA（Agung Rai Museum of Art）

バリ有数の絵画収集家アグン・ライ氏のコレクションを中心に、インドネシア人やバリに深くかかわった外国人画家の作品を展示。近代バリ絵画の祖ウォルター・シュピースの『チャロナラン』など歴史的名画も多い。バリ文化のワークショップも行っており、チャナン作りのほかに、ガムラン、ダンス、木彫りなども習える。

Map 別冊P.21-D2 ウブド南部

🏠 Jl. Raya Pengosekan, Ubud
☎ (0361) 976659 ⏰ 9:00～18:00
無休 入館料Rp.10万（ワークショップだけなら不要）Card不可 ウブド王宮から車で10分 URL www.armabali.com

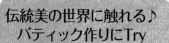

伝統美の世界に触れる♪ バティック作りにTry

ユネスコの世界無形文化遺産にも登録されている、インドネシアが誇る伝統工芸品バティック。アートな空間で、世界にひとつだけのオリジナルバティックを作ってみよう！

バティック教室

TOTAL 7時間

| オススメ時間 | 毎日 9:00〜16:00 | 予算 | Rp.52万 |

📖 レッスンについて

1名から申し込み可。前日までに電話やメールで予約すること。料金はランチとドリンク込み。わかりやすい英語で優しく教えてくれるので、初めてでも安心。

バティックって？
おもにインドネシアやマレーシアで作られる、ろうけつ染めの布地。日常着のサロン（→P.159）として使われることが多い。特にジャワ島のものが有名なため、「ジャワ更紗」と呼ばれることも。産地によって、いろいろな柄やデザインがある。

こちらも→P.106
Check!

プチぼうけん 12

プチレッスンで伝統文化を体感

Let's make batik!

Batik

STEP 1 絵柄を決める

コレ すてき

まずはさまざまなバティックを集めたデザイン見本から、好みのタイプを探す。「こんな花柄が好き」とか「この色遣いがすてき」などを先生に伝えてアドバイスしてもらおう。

こんな感じかな〜

STEP 2 紙で練習する

溶けたロウでモチーフを描くための道具、チャンティンを使う練習。最初はおぼつかない手つきだけど大丈夫。先生のアドバイスでみるみるうちに上達！ 思いっきりが大切みたい。

楽しくなってきた！

STEP 3 布に線を描く

いよいよ本番じみてきました！ 線を一定の太さにしながら、ロウが布にしみ込むようにチャンティンを動かしていく。多少のぶれも味になるからね〜と、先生の優しいお言葉。

ここは精神統一よ

STEP 4 色を付ける

塗り絵の要領で筆で色を塗る。どの色にしようかな〜と考えるのも楽しい。グラデーションや色を重ねるなどのテクニックを駆使しつつも、失敗箇所は先生がしっかりフォロー。

うむ がんばってね

STEP 5 できあがり！

染料が乾いたら布を熱湯につけてロウを落とす。色落ちを防ぐ定着液をつけたあと乾かして、世界で1枚しかない手描きバティックのできあがり。先生ありがとうございました！

繊細な柄

緑豊かなアートスペース

プリ・ルキサン美術館
Museum Puri Lukisan

ウブド中心部にある、バリ絵画の名作を所蔵する歴史ある美術館。ワークショップが開催される中庭の美しさもすばらしい。

Map 別冊P.20-A1 ウブド

🏠 Jl. Raya Ubud, Ubud ☎ (0361) 971159
🕘 9:00〜18:00 休無休 入館料Rp.5万（ワークショップだけなら不要）Card 不可 ウブド王宮から徒歩5分
URL www.purilukisanmuseum.com

離島へのエクスカーション

サンゴ礁の海でシュノーケリング＆
秘境ペニダ島の美景スポットへ！

バリ島からスピードボートで約45分、そこは透き通った海が広がるダイバーズパラダイス！
手つかずの自然が残るペニダ島では、最近SNSで人気上昇中のフォトジェニックスポットを訪れます♪

N
サヌール
レンボガン島
ペニダ島
Map 別冊P.3-D3

美しい海も！ 絶景も！
大自然を遊びつくす

海の色が
キレイ～

美ら海＆秘境を満喫する日帰りツアー

ペニダ島西部シュノーケル＆
フォトジェニックツアー
Nusa Penida Snorkel & Photogenic Tour

コバルトブルーの海でのシュノーケリングとペニダ島
西部の絶景スポットが一緒に楽しめる、よくばり女子にぴった
りのツアー。さらに秘境度の強いペニダ島東部を巡るツアーも
催行している（詳細はウェブで確認を）。

ワイルドな自然の景観が、フォト
ジェニックスポットとして注目さ
れているペニダ島。ただし、開発
途上で道路事情もよくないので、
ツアーで巡るのがおすすめ。

申し込み先 バリ倶楽部

☎081-1398-8488（日本人スタッフ直通携帯）　 無休　 US$150、子供US$100
（日本語ガイド、ホテル送迎、スピードボート、シュノーケリングセット、昼食、飲み物、傷害
保険込み）　 A.J.M.V.　 前日17:00までに要予約　 oji-baliclub.com

こちらも
オススメ！

レンボガン島マングローブ＆シュノーケル
ペニダ島の西に浮かぶ小島、レンボガン島へ。
野生のマングローブの森を小舟またはパドル
ボートで探検したあと、サンゴ礁の海でシュ
ノーケリングを楽しむ。所要約9時間30分、
料金US$115（パドルボートはUS$135）。

ペニダ島1日ツアー

TOTAL
11時間

オススメ
時間　7:30～
18:30　予算　US$150
（バリ倶楽部ツアー）

これだけは持ってきて！
水着の上にシャツ、短パン、サンダル
など、濡れてもいい服装で。そのほか、
タオル、着替え、日焼け止め、帽子、防
水カメラまたはスマホの防水ケースも。

ボクたちが
案内するよ！

START!

1 7:30
ホテルでピックアップ
バリ島の宿泊ホテルに専用車
でお迎え。時間はホテルの場
所によって多少前後する。

2 8:45
スピードボートで
ペニダ島へ出発
ボートの中で1日のスケ
ジュールを確認。ガ
イドさんはみんな日本
語が話せるから安心！

3 10:30
サンゴ礁の海で
シュノーケリング
水着の上にラッシュガードやライフ
ジャケットなどを装着したら（装備は
貸してもらえる）、さっそく海へ飛び込
もう！ 潮の流れに乗って移動するド
リフトシュノーケリングなので、ほと
んど泳ぐ必要なし。透明な海で、熱帯
魚たちとのひとときを満喫して♪

4 11:30
ペニダ島に上陸、
ランチタイム
ボートでペニダ島へ移動後、
海が一望できるリゾートホテ
ルへ。シャワー＆着替えのあ
とはお待ちかねのランチ。イ
ンフィニティプールでの休憩
タイムも楽しめちゃいます。

海を見なが
お昼ごはん

ここは
楽園だね～♪

ペニダ島ってどんな島？

バリ島の南東に浮かぶ面積約200㎢の島。古くよりバリの人々は島には魔物がすむと信じており、かつて罪人の流刑地として使われたこともあった。そうした歴史背景から開発が遅れ、手つかずの大自然が今も残る。

FINISH!

8 16:30
ペニダ島を出発

9 18:30
バリ島に到着後、ホテルへ

ペニダ島

プチぼうけん 13

秘境ペニダ島の美景スポットへ！

自然ってすばらしい！

7 15:00
美景Spot
クリンキン・ビーチ
Kelingking Beach

ブロークン・ビーチからがたがた道を40分ほど走ってたどり着く、ペニダ島の秘境スポット。青い海、緑の岬、白砂のビーチが織りなす光景の美しさは感動もの！

Feel the great nature!

一夜にして穴が空いたという不思議な伝説があるブロークン・ビーチ

こんな撮影スポットも！

美景スポット巡りへGo!

オープンカーなので眺めがいい〜

5 13:30
美景Spot

エンジェルズ・ビラボン

Angel's Billabong

荒波によって削られた岩のくぼみに海水がたまり、天然のプールのようになっている。その美しさは「天使の水たまり」という名前がぴったり！

ANGEL'S BILLABONG
BROKEN BEACH

マンタ発見！

6 14:00
美景Spot

ブロークン・ビーチ

Broken Beach

エンジェルズ・ビラボンから歩いてすぐ。その名のとおり大地と岸壁にぽっかりと穴が空いた、ダイナミックな風景が広がる。運がよければマンタも見られるかも。

ジャワ島へのプチトリップ

世界遺産 ボロブドゥールの仏教寺院と古都ジョグジャカルタの旅

ちょっと足を延ばして、世界最大の仏教遺跡があるジャワ島へ。
世界遺産に登録されている寺院やジョグジャカルタの街を巡って、
バリ島とはひと味違う文化を体験してみましょ♪

異文化体験も楽しい♪ ジャワ島世界遺産巡り

バリ島のお隣にあるジャワ島は、住民のほとんどがイスラム教徒。ヒンドゥー教徒が大半のバリとは文化や習慣もずいぶん異なり、エキゾチックな異国情緒が楽しめちゃう！

曼荼羅の世界を表現した仏教寺院 ボロブドゥール

寺院の大きさに圧倒されるわ！

ジャワ島世界遺産の旅

TOTAL 1泊2日

オススメ時期 通年　予算 Rp.350万〜

● ボロブドゥール寺院のチケット
遺跡保護のため、寺院に上って見学できるのは1時間当たり150人と入場者制限がある。チケットは完全予約制で、1週間前からオンラインで購入可。

Map 別冊P.2-A3

ムラピ山
ボロブドゥール (P.66)
ムンドゥ&パオン寺院 (P.65)
約90分
プランバナン (P.67)
約40分
ボコの丘 (P.67)
ジョグジャカルタ (P.65)

ジャワ島 Jawa

バリ島

N

ジャワ島へのアクセスと交通

バリ島からジョグジャカルタへは、ライオンエア（URL www.lionair.co.id）、ガルーダ・インドネシア航空（URL www.garuda-indonesia.com）、エアアジア（URL www.airasia.com）が1日計7便程度運航。片道70〜80分、料金は往復でRp.100〜300万。

●日本からのフライトアレンジもおすすめ
日本からバリ島までガルーダ航空を利用するなら、プラス1万円程度でジョグジャカルタへのフライトを追加することも可能。詳細は旅行会社や航空会社に問い合わせを。

●空港からのアクセスと交通手段
現地の旅行会社「Javanava Travelcafe」（URL ボロブドゥール・サンライズ.net）では日本語で車やツアーの手配が可能。ジョグジャカルタ国際空港（YIA）からジョグジャカルタ市内へは約1時間30分、Rp.40万。ジョグジャカルタからボロブドゥールへは約1時間、Rp.38万。車チャーターは4時間Rp.50万〜。

1日目

ボロブドゥールの仏教寺院と古都ジョグジャカルタの旅

7:25 ジョグジャカルタ国際空港に到着

バリ島を7:00発のフライトでジョグジャカルタ空港へ（ライオンエア3569便を利用※スケジュールは2024年3月現在）。バリ島とジャワ島の間には1時間の時差があるので注意して！

ジョグジャカルタ中心部
0　500m
N

王宮を守る兵士です！

自転車タクシー
約1時間30分

ベチャに乗るのも楽しい！乗車前に行き先を告げ、料金を交渉する。クラトン～タマン・サリ間でRp.1～2万。

9:30 ジョグジャカルタの中心 クラトン（王宮） Kraton Ⓐ

ジョグジャカルタ王朝の初代スルタン（君主）、ハマンク・ブウォノ1世の宮殿として1756年に建てられた。博物館には歴代スルタンの写真や肖像画、衣装、家具調度品などが展示されている。

1.謁見の間。現在も宮殿内に第10代スルタンが暮らす　2.午前中は伝統芸能が上演される

☎(0274)373721　⏰8:30～14:00（入場は閉館30分前まで）　休月　Rp.2万5500（日本語ガイドは別途Rp.5万ほどのチップが必要）

約5分（ベチャ約10分）

1765年に建てられた離宮。かつては花園に囲まれ、プールでは王に選ばれた美女たちが水浴したという。

11:00 王が遊んだ水の宮殿 タマン・サリ Taman Sari Ⓑ

タマン・サリは花園という意味

⏰9:00～15:00　休無休　Rp.2万5500

約10分（ベチャ約15分）

12:00 マリオボロ通りを散策 Ⓒ

王宮前広場から北へ延びるマリオボロ通りは、バティックショップが並ぶメインストリート。みやげ物はここでゲット☆

1.客待ちのベチャが並ぶ　2.バティックの小物は値段も手頃

約5分（ベチャ約10分）

13:00 郷土料理のランチ Ⓓ

鶏肉やジャックフルーツを甘く煮付けたナシグデッは、ジャワ中部の名物料理。専門店が並ぶ通り、ジャラン・ウィジランで味わってみて！

1.ナシグデッ・スペシャルRp.6万　2.ナシグデッ屋が並ぶジャラン・ウィジラン

約1時間

15:00 彫刻が見事な仏教寺院 ムンドゥ寺院＆パオン寺院 Candi Mendut & Pawon

ボロブドゥールのかつての参道にある。ムンドゥ寺院内に安置されている巨大な石仏三尊像は、ジャワ美術の最高傑作といわれる。

Map 本誌P.64

⏰8:00～17:30　休無休　Rp.2万（共通チケット）

1.中央に如来像が座すムンドゥ寺院内　2.浮き彫りが美しいパオン寺院

約5分

16:00 ホテルにチェックイン＆周辺を散策

夕食はボロブドゥール史跡公園内にある「マノハラ・ホテル」のレストランがおすすめ。寺院を眺めながら食事を楽しめる。

サラスワティ・ボロブドゥール
Sarasvati Borobudur

ボロブドゥール史跡公園の入口まで徒歩5分ほどの所にあるリゾートホテル。サンライズツアー（→P.67）の手配も頼める。

Map 本誌P.66外

🏠 Jl. Balaputradewa No.10
☎(0293)788843
Rp.90～200万
Card A.M.V.　18室
ジョグジャカルタ空港から車で1時間30分　URL sarasvati
borobudur.com

ライトアップも美しい！

世界遺産 ボロブドゥール寺院を徹底解剖！

世界最大の仏教寺院としてギネスに認定されているボロブドゥール。
見どころポイントをさくっと押さえて、遺跡散策を楽しんじゃおう♪

Map 本誌P.64

考古学博物館
サラスワティ・ボロブドゥール(P.65)へ↗
ボロブドゥール寺院
駐車場
入場ゲート
ゾウ乗り場
マノハラ・ホテル(P.65)
ストゥンブの丘(P.67)へ↘
0   500m
N

大ストゥーパ

高さ9.9mの釣り鐘状の仏塔。内部の空洞は、かつて王の遺骨や仏像が納められていたという説や、大乗仏教の思想である「空」を表すという説がある。

円壇（無色界）

仏がすむ悟りの世界。仏像が納められた72基のストゥーパが同心円状に並ぶ。ストゥーパのダイヤ型の穴は不安定、四角は安定を表すといわれる。

円壇への上り口には鬼面カーラが彫られている

大ストゥーパ
第3円壇
第2円壇
第1円壇
無色界
色界
俗界
露壇
第4回廊
第3回廊
第2回廊
第1回廊
隠れた基壇
現在の基壇

回廊（色界）

欲望を離れた清浄な物質の世界。4つの回廊にはそれぞれ仏教説話が描かれ、第1回廊の上段にはブッダが誕生してから初めて説法を行うまでの物語が120面のレリーフに表されている。

基壇（俗界）

煩悩にとらわれた人間が住む世界。人の善業悪業と因果応報を説いた160面のレリーフがあり、大部分は補強のため石組みで覆われているが、南東角のみオリジナルが鑑賞できる。

菩提樹の下に座り悟りをひらいたブッダを描いた第1回廊の95面

ジャングルにそびえる大遺跡
ボロブドゥール寺院 Candi Borobudur

シャイレンドラ王朝によって780〜830年頃に建造された大乗仏教の寺院。王朝滅亡後は密林と火山灰に埋もれ人々から忘れ去られていたが、1814年に当時ジャワ総督代理だったイギリス人のラッフルズによって再発見された。曼荼羅を立体的に表している建物は最下層の一辺の長さが約120m、504体の仏像と1460面のレリーフが残り、ジャワ島に花開いた仏教文化を今に伝えている。

☎0811-2688-000（携帯）　⏰7:00〜17:00（入場は〜16:30）　無休（内部観光は月曜休み）　外部観光Rp.38万7500、内部観光Rp.45万5000　URLticketcandi.borobudurpark.com
※2024年3月現在、寺院に上っての内部観光（最上階への入場は不可）が1日1200人限定で行われている。8:30〜15:30の1時間おきにガイド付きで所要1時間30分。完全予約制で、1週間前から公式サイトでチケット購入が可能。

上から見るとこんな形なのね！

ボロブドゥール豆知識

●寺院の名前は、サンスクリット語の「ボロ（僧房）」と「ブドゥール（高く盛り上がったところ）」に由来するという説がある。
●寺院を発見したラッフルズは、世界最大の花ラフレシアや、シンガポールにあるラッフルズ ホテルの名前のもとになった人物。
●毎年5月の満月の日、ブッダの生誕を祝う「ワイサック」という祭りが行われ、世界中から仏教徒が巡礼に訪れる。

ボロブドゥールと古都ジョグジャカルタの旅

2日目

ジャングルから太陽が昇る!

4:30
サンライズツアー
& 寺院観光へ

サンライズツアーに参加して、ボロブドゥールから3kmほど西にあるストゥンブの丘Punthuk Setumbuへ。朝霧に浮かび上がるボロブドゥール遺跡は幻想的!ホテルに戻って朝食を取ったあと寺院を見学。

サンライズツアー
ボロブドゥール周辺のホテルを4:30頃に出発。所要約3時間でRp.25万〜。各ホテルで手配可。

魚料理が名物!

ランチの予算はRp.15万〜

観光客に人気
カリ・オパック・レスト
Kali Opak Resto
`Map 本誌P.67外`

🏠 JI. Prambanan RT. 07 RW. 31 Desa Pulir Rejo
☎0812-2702-0042(携帯)
🕐7:00〜20:00 無休
`Card`M.V.

約1時間30分

12:00
ローカルレストランでランチ

プランバナン寺院から車で約5分。小川の畔にあり、開放的なテラス席でくつろぎながら食事ができる。

約5分

世界遺産
13:00
華麗なヒンドゥー寺院群
プランバナン寺院
Candi Prambanan

約5kmにわたっていくつもの遺跡が残る巨大な寺院群。なかでもサンジャヤ朝(古マタラム王国)によって9世紀中頃に建造されたロロ・ジョングランは、ジャワ・ヒンドゥーを象徴する壮麗な寺院。敷地が広いので、セウ寺院も見学する場合は1時間以上かかる。

☎0811-2688-000(携帯)
🕐7:00〜17:00(入場は〜16:30)
無休(月曜はロロ・ジョングラン寺院は遠望のみ)Rp.38万7500 `URL`ticketcandi.borobudurpark.com
※チケットは1週間前から公式サイトでも購入可。

壁面は古代インドの叙事詩『ラーマーヤナ』の物語で覆われている

ヒンドゥー3大神を祀る
ロロ・ジョングラン寺院
Candi Loro Jonggrang

①ハンサ堂
ブラフマーの乗り物である白鳥を祀る

②ブラフマー堂
シヴァ堂の南側に立ち、創造神ブラフマーを祀る

③シヴァ堂
高さ47mの主堂。内部には東側に破壊神シヴァ、南側にアガスティア(シヴァの導師)、西側にガネーシャ(シヴァの息子)、北側にドゥルガ(シヴァの妻)が祀られている

④ナンディ堂
シヴァの乗り物である牡牛を祀る

⑤ヴィシュヌ堂
シヴァ堂の北側に立ち、維持神ヴィシュヌを祀る

⑥ガルーダ堂
ヴィシュヌの乗り物である聖鳥を祀る

N
■ セウ寺院
■ ブブラ寺院
■ ルンブン寺院
ロロ・
ジョングラン
寺院 ■ 博物館
カリ・オパック・
レス(P.67)
■ 入場ゲート
0 500m
`Map 本誌P.64`

千ム寺という名の
セウ寺院 Candi Sewu

「千の寺院」という意味で、ひと晩で築かれたという伝説をもつ。正面入口にある2体の像は守護神クベラ。

セウ寺院へは無料のミニバスで行ける!

約15分

14:30
ボコの丘から
遺跡を見る

時間に余裕があれば、プランバナンの南に位置するボコの丘RatuBokoへ。ここから見る寺院群は絶景!
`Map 本誌P.64`

丘の頂に宮殿の遺跡が残る

KERATON RATU BOKO

サンセットの観賞スポットとしても有名!

約2時間

17:55
ジョグジャカルタ
国際空港を出発

17:55発のフライトでバリ島に20:20着(ライオンエア3560便を利用※スケジュールは2024年3月現在)。お疲れさまでした〜!

童心にかえって遊ぼう♪

ゾウさんと ジャングルを おさんぽ

ゾウさんたちが暮らす自然派パークで ショーを見学したり、記念撮影したり。 エレファントサファリも楽しめちゃう!

遊び方 **1** エレファント サファリ

ゾウの背中に揺られ ながらパーク周辺の 森を巡るエレファン トサファリ(所要約 30分)は人気ナン バー1のアクティビ ティ。のんびりとし たリズムには癒やし 効果もあるそう。

ゾウさんの 背中から見る 景色サイコー!

パオ〜ン

遊び方 **2** エレファント ショー

1日5回行われるショーでは、ゾウ さんがお絵かきや算数などの得意技 を披露。一緒に記念撮影もできる!

ゾウさんと バチリ!

足し算も できるんだ!

へへ……

オシリ、シツレイ

遊び方 **3** ジャンボ ウオッシュ

水浴び場でゾウさんのシャ ワーをお手伝い。ブラシで 全身を洗ってあげると、と っても気持ちよさそう♪

気持ちいい ゾウ…

森の中にあるゾウのテーマパーク
メイソン・エレファント・パーク
Mason Elephant Park

ウブド北部のタロ村にある、野生のスマトラゾウを保護す る目的で造られた施設。数十頭のゾウが飼育されている園 内では、エレファントサファリのほか、水浴びやフィーディ ング体験、ショーなどを楽しむことができる。ゾウの博物 館、レストランやギフトショップも完備。

Map 別冊P.3-C2 バリ中部

ゾウ乗りは こちらもCheck! →P.162

🏠 Jl. Elephant Safari Park, Taro
☎ (0361) 721480　⏰9:00〜17:00　🚫無休　💴入場のみRp.39万 5000、入場+ジャンボウオッシュRp.91万5000、入場+エレファントサファ リRp.111万5000(いずれも12歳以下は割引あり)。宿泊は1泊Rp.260万 Card A.J.M.V.　🚗南部リゾートエリアから車で時間30分〜2時間、ウブドか ら30分
※現地にある日本人経営の旅行会社などで申し込むと、割引料金が適用され ることがある。「バリ島エレファントライド」のキーワードで検索してみて。

スマトラゾウを救え!

インドネシアのスマトラ島に生 息するスマトラゾウ。近年、森 林伐採によってすむ場所を失い、 農家を襲い作物を奪ったり住民 が殺される事件も増えている。 メイソン・エレファント・パー クでは、絶滅の危機にあるスマ トラゾウの保護と繁殖にも力を 入れている。

子ゾウとも 触れ合える!

+α お泊まりもできる!

パーク内には快適なロッジ もあり、自然のなかで1泊 するのもおすすめ。翌朝は ゾウさんを見ながら朝食を。

客室に飾られ ている絵はゾウ が描いたもの

宿泊ゲストには ゾウの送迎 サービスも!

URL masonadventures.com

ごはんタイムに
命懸けます！

美食ハンターもご満悦♪
バリ島の
おいしいものたち

世界中のリゾーターを魅了するバリって実は、
インターナショナルな美食天国。
波の音やそよ風も重要なスパイスに。
素朴でおいしいローカルごはんにも感動♪

ひと皿で何度もおいしい♪
バリごはんに迷ったらナシチャンプル!

インドネシア語でナシは「ご飯」、チャンプルは「混ぜる」。バリで日常食としておなじみのナシチャンプルは、
ご飯の上におかずを混ぜ盛った、よくばりワンプレートごはん。人気ワルン（食堂）の
ナシチャンプルをaruco取材班の実食レポ付きで大公開!

実食レポ! by編集N

野菜の総菜が多くてヘルシー!
味付けは、辛過ぎず、濃過ぎずで
日本人の味覚にも合う

野菜の天ぷら

アヤム・ゴレン
（鶏のから揚げ）

ローカル度
お得度　総菜の種類
辛さ　甘さ

Rp.5万
（お好みスタイル）

インゲンと
テンペの煮物

ご飯は
白と黄色も
選べるよ!

おかずの種類が豊富
チャンプル・
チャンプル
Campur〜Campur

ローカルにも在住外国人
にもファンが多い人気ワル
ン。40種類以上もの
総菜が並ぶショーケース
は圧巻! 清潔な店内
で、旅行者でも安心して
ローカルフードが楽しめ
る。化学調味料は使われ
ていないのでヘルシー。

Map 別冊P.4-A3
ジンバラン

🏠 Jl. Raya Uluwatu
No.7, Jimbaran
📞081-5572-2001(携帯)
🕘9:00〜22:00
休無休　Card不可
🚗空港から車で30分

オーナー
ネノさん

ナシ・メラ
（赤米）

もやしの
炒め物

ブロッコリーの
ニンニクソテー

ナスの
サンバルあえ

サテ・アヤム
（焼き鳥）

Let's try
ナシチャンプル!

注文の仕方

まず店で食べるか持ち帰りにするかを
伝え、ショーケースに並んでいるおか
ずの中から食べたいものを指さし、皿
に盛ってもらう。値段は選んだ総菜の
数や種類によって異なる。店のほうで
おかずが決まっている場合は、席に座
り「ナシチャンプル」と言うだけでOK。

テイクアウトなら
「持ち帰りにします」
ブンクス ヤ
Bungkus ya.

店で食べるときは
「ここで食べます」
マカン ディ シニ
Makan di sini.

ワルンで役立つ
プチ会話

足してください
Tolong tambah.
トロン タンバ

減らしてください
Tolong kurangi.
トロン クランギ

辛くしないでください
Jangan terlalu pedas.
ジャンガン トゥルラル プダス

ミネラルウオーターをください
Minta air mineral.
ミンタ アイル ミネラル

✉ 「ワルン・コレガ」はナシチャンプル以外の料理もおいしかった。私のイチ押しはソト・アヤム！（長野県・KN）

ナシチャンプル NAVI！
- ●提供は2スタイル
  A：総菜を自分で選ぶ「お好みスタイル」
  B：店側がベストおかずを盛る「セットスタイル」
- ●提供スタイルの見分け方
  ほかのお客さんが注文している様子を観察して、AかBかを見分けよう！

★★★ 実食レポ！byライター K ★★★

どの総菜もていねいに作られている感じ。オーナーがジャワ島出身なので、味付けもジャワ風で少し甘め。

イカの甘辛煮

野菜のあえ物

バリごはんに迷ったらナシチャンプル！

ジャワ島の味を楽しんでください

厚揚げともやしの炒め物

アヤム・ゴレン（鶏のから揚げ）

アチャール（漬け物）

トウモロコシの天ぷら

Rp.5万（お好みスタイル）

ローカル度／総菜の種類／甘さ／辛さ／お得度

オーナー スゲンさん

ローカルの常連客が多い

ワルン・コレガ
Warung Kolega

午前中からひっきりなしにお客さんがやってくる人気店。40種類ほどあるおかずは、すべて店の奥のキッチンで手作りしている。ご飯は白、黄、赤からチョイス可能。

Map 別冊P.5-D1　クタ郊外

🏠Jl. Dewi Sri 1 No.17, Legian, Kuta
📞081-236-222-363（携帯）🕘9:00〜20:00　🈺日　Card M.V.（Rp.10万以上）
🚗ベモ・コーナーから車で10分

スイーツも →P.95 Check!

支払いは

通常は食べ終わってから支払う。最近はナシチャンプルの値段が書かれたカードをくれる店もあり、会計のときにこれを渡して支払う。テーブルの上に置いてあるスナックやお菓子を食べた場合は自己申告する。

ブンクスする

ブンクスとはインドネシア語で「包む」、つまりテイクアウトのこと。「ブンクス ヤ」と言えば、ナシチャンプルを油紙またはプラスチック容器に詰めてくれる。

ワルンの飲み物

a b c d

a テ・ボトル／どこのワルンにもある、ビン入りの甘〜いお茶
b エス・テ／アイスティー。砂糖抜きはエス・テ・タワール
c エス・ジュルッ／ジュルッ（みかん）のジュース。さわやかな甘さ
d ソーダ・グンビラ／赤いシロップと練乳をソーダで割ったもの

サンバルいろいろ

トウガラシをベースにした、インドネシア料理に欠かせない調味料がサンバル。組み合わせる食材やスパイス、調理法によってさまざまな種類があり、各家庭によって少しずつ味が異なる。手作りが基本だけど、市販品を使うことも。

バリの家庭の味

サンバル・トマッ
トマト入りでマイルド

サンバル・マタ
生サンバル。さわやかな辛さ

サンバル・ソト
トウガラシだけで辛い！

💡 インドネシア語で白飯はナシ・プティ、ウコンを入れて炊いた黄色のご飯はナシ・クニン、赤米はナシ・メラという。

あっさりめの味付けでヘルシー♪
ほかでは滅多に見かけない、
魚やイカを使った総菜がおいしい

ベベス・イカン
（魚のバナナリーフ蒸し）

イカの煮物

毎日
食べても
飽きないよ

チャプチャイ
（野菜炒め）

ポテト
コロッケ

目玉焼き

地元客にも外国人にも人気
ワルン・タマン・バンブー
Warung Taman Bambu

店の奥はオーナー一家が暮らす民家。緑あふれる中庭に面した店内には、お座敷席もあってくつろげる。夜は総菜の種類が少なくなるので、早めの時間がおすすめ。

Map 別冊P.9-C2 スミニャック

🏠 Jl. Plawa No.10, Seminyak
☎ (0361) 4740796 ⏰ 9:00〜20:00
休 日 Card 不可 交 ビンタン・スーパーマーケットから徒歩10分

スタッフ
リアさん

Rp.4万7000
（お好みスタイル）

ローカル度
お得度　総菜の種類
辛さ　甘さ

ジャワの
料理も食べら
れるわよ！

とにかく総菜の種類が多くて、
どれにしようか迷っちゃう！
甘めの味付けなので食べやすい

エビのかき揚げ

サンバル

煮

クタ地区で人気ナンバーワン
ワルン・ニクマッ
Warung Nikmat

午前中から夕方まで客足が絶えることのない人気店。店の奥にもテーブル席がたくさんあるので、表が満席でもあきらめないで！　日本人観光客も多く訪れるので、店の人は片言の日本語を話す。

Map 別冊P.6-B3 クタ

🏠 Jl. Bakung Sari, Gg.
Biduri No.6, Kuta
☎ 081-2383-47448(携帯)
⏰ 8:00〜18:00
休 無休 Card 不可 交 ベモ・コーナーから徒歩10分

オーナー
ノルさん

ローカル度
お得度　総菜の種類
辛さ　甘さ

Rp.4万
（お好みスタイル）

ジャガイモの
ピリ辛煮

ルンダン・サピ
（牛肉の煮込み）

野菜とココナ
フレークのあえ

📨 「ワルン・ニクマッ」は店員さんがとてもフレンドリーでした。(福岡県・めぐみ)

いろいろな味を少しずつ楽しめるのが うれしい。化学調味料を使わない 本物のバリの料理を体験できる！

サンバル・マタ

ゆで卵

ナッツと ナッツ ソース

べと 揚げ

チキンの カレー煮

コーンと野菜の かき揚げ

ウラブ （野菜のあえ物）

サテ・アヤム （焼き鳥）

お店の 雰囲気も 楽しんでね

バリの家を垣間見られる
サンサン・ワルン
Sun Sun Warung

料理は伝統的なレシピで手間暇かけて作られたものばかり。店舗はオーナーの自宅内にあり、バリ人の家に招かれてご馳走になっているような雰囲気が楽しい。

Map 別冊P.20-B2 ウブド

🏠 Jl. Jembawan No.2, Ubud
☎0813-5318-7457 (携帯)
🕐11:00～21:00 無休 Card不可
🚶ウブド王宮から徒歩10分

Rp.4万8000
（セットスタイル）

スタッフ アユさん

バリごはんに迷ったらナシチャンプル！

まんぷく～

ローカル度
お得度 / 総菜の種類
辛さ / 甘さ

濃いめの味付けでご飯が進む！ 手作りの生サンバルはさわやかな味。 民家の中で食べる素朴な雰囲気も◎

昔ながらの バリの味を どうぞ♪

絶品ナシアヤムが評判
ワルン・メッジュエル
Warung Mek Juwel

わざわざ遠くから食べに来る人もいるナシアヤム（鶏肉のナシチャンプル）の名店。村の裏通りにあり、とってものどかな雰囲気。夕方までには売り切れてしまうのでお早めに！

Map 別冊P.18-A2 ウブド郊外

🏠Jl. Melati, Sayan, Kutuh, Ubud
☎(0361)970083 🕐8:00～17:00
無休 Card不可 🚶ウブド王宮から車で15分

オーナー ジュエルさん

Rp.3万
（セットスタイル）

ローカル度
お得度 / 総菜の種類
辛さ / 甘さ

サンバル・マタ （生サンバル）

ゆで卵

サテ・リリッ （つくね）

ミーゴレン （焼きそば）

鶏のフレーク ＆ ピーナッツ

アヤム・ベトゥトゥ （鶏の蒸し焼き）

サユール（野菜）

夕方にはおかずが売り切れてしまうナシチャンプル屋も多い。行くならお昼がオススメ。

やっぱり名店で味わいたい！
必食インドネシア料理 BEST 7

バリに来たら一度は食べてみたい鉄板メニューをピックアップ。
味や雰囲気にもこだわるなら、老舗の有名レストランへ。
本場の味に満足すること間違いなし！

1 ゴージャスな宮廷料理
リスタフル
Rijestafel

リスタフルとはオランダ語で「ライス・テーブル」の意味。オランダ植民地時代のジャワ島で、宮廷料理とオランダ様式がミックスして生まれた、豪華なコース料理のこと。女官が1品ずつ料理を運んでくるのが本来のスタイル。

辛い ◀━━━▶ 甘い
日本人好み度 ★★☆

バリニーズ・リスタフル
Rp.67万5000（2人前）
※ディナーのみオーダー可能。野菜やデザートの種類は日によって多少異なる

イカン・バカール
（魚のグリル）

3種類のサテ
（チキン、豚、魚のすり身）

チキンとインゲンのあえ物

スタービーン

フルーツ盛り合わせ

バリのお菓子

ツナのあえ物

魚とアヒルの肉をバナナの葉で包んで蒸したもの

ルンダン・サピ
（牛肉のスパイス煮込み）

アヤム・ブララ
（チキンをチリとライムであえたもの）

ヤギのココナッツミルク煮

バビ・ケチャップ
（豚肉の甘煮）

ココナッツミルク

緑豆のぜんざい

もち米粉のお菓子

バリ料理の魅力を味わってください

オーナーシェフ
ハインツ・フォン・ホルツェンさん

スイス出身。バリ島の高級ホテルでシェフを歴任したのち「ブンブバリ」をオープン。『The Food of Bali』をはじめ著作も多数ある、バリ料理界の第一人者。

バリ料理の最高峰を味わう
アートカフェ・ブンブバリ
Art Cafe Bumbu Bali

バリ人以上にバリ料理を知り尽くす料理人、ハインツ氏がオーナーを務める店。バリ料理の神髄を体験したければ、一度はここに足を運びたい。ディナータイム限定のフルコース、バリニーズ・リスタフルをぜひ味わってみて。

バリの伝統家屋を模した開放的なレストラン

Map 別冊P.15-C3 ヌサドゥア

🏠 Jl. Pintas Siligita No.101, Nusa Dua
☎ (0361)772344 ⏰ 10:00～15:00、17:00～22:00 😊 無休 💰 予算Rp.30万～、税&サ+21% 💳 A.J.M.V. ✈ ディナーは予約が望ましい ☞ ヌサドゥア・ゲートから車で5分（ヌサドゥア地区内は送迎無料）
URL www.artcafebumbubali.com

「アートカフェ・ブンブバリ」では、ヌサドゥア内なら予約するときに頼むと無料で送迎してくれる。（新潟県・みわ）

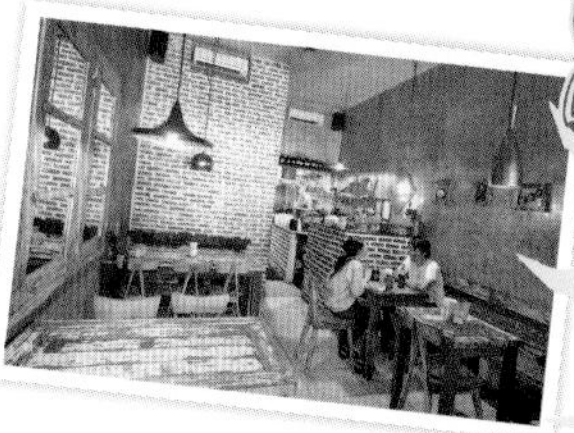

2 インドネシアの「焼き鳥」 サテ Sate

肉や魚介を串に刺して、炭火で焼いたもの。甘辛いピーナツソースをつけて食べるのが一般的。鶏肉や魚のミンチをつくね状にして焼いたものはサテ・リリッと呼ばれる。

辛い ○━━━▼━○ 甘い

日本人好み度 ★★★

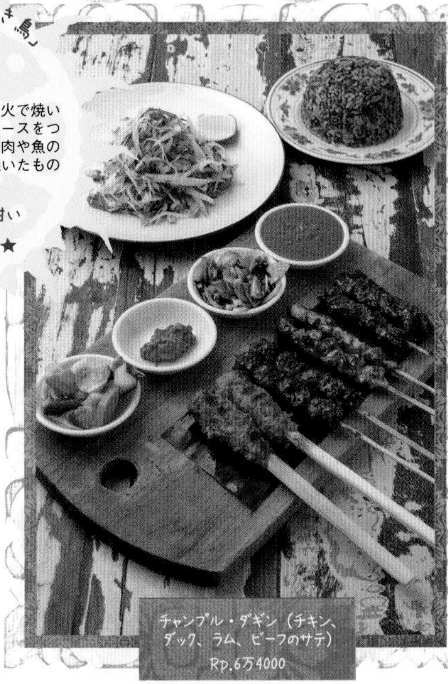

チャンプル・ダギン（チキン、ダック、ラム、ビーフのサテ）
Rp.6万4000

高級店の味をリーズナブルに

グルメ・サテ・ハウス
Gourmet Sate House

注文を受けてから店頭で焼くので、できたての香ばしいサテが食べられる。パパイヤサラダ、トゥミスサユール（コーンとインゲンの炒め物）などサイドディッシュもおいしい。

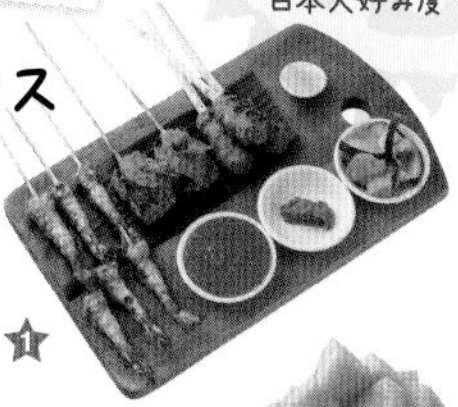

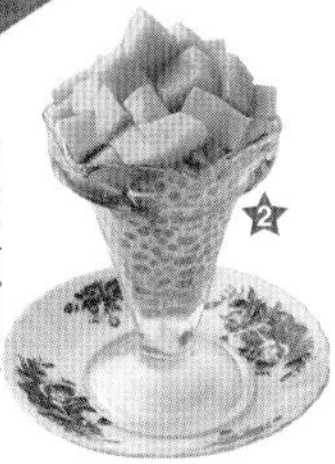

1. エビや魚などを盛り合わせたチャンプル・シーフードRp.8万2000 2. タピオカマンゴー＆アイスクリームRp.3万3000

[Map] 別冊P.5-D1 レギャン

🏠Jl. Dewi Sri No.101, Legian
☎0821-4410-1909（携帯）
🕘11:30～23:00 [休]無休
[料]予算Rp.10万～、税&サ+15%
[Card]M.V. [交]ベモ・コーナーから車で15分

3 さわやかな辛さがやみつきに アヤム・サンバルマタ Ayam Sambal Mata

鶏肉のサンバルマタあえ。サンバルマタは、バワン・メラ（エシャロット）、ココナッツオイル、トウガラシなどを混ぜて作る、バリ料理には欠かせない薬味。

辛い ○━▼━━━○ 甘い

日本人好み度 ★★☆

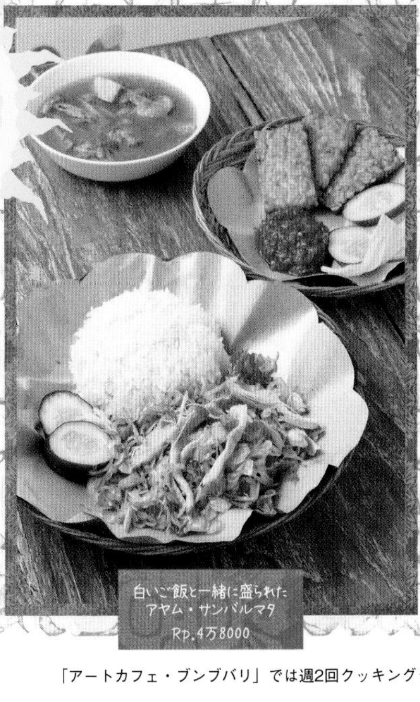

白いご飯と一緒に盛られたアヤム・サンバルマタ
Rp.4万8000

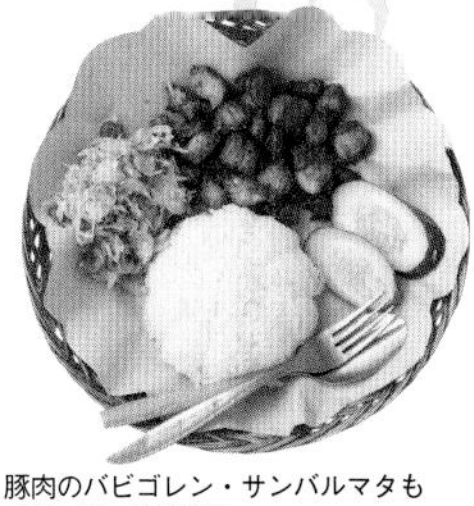

豚肉のバビゴレン・サンバルマタも人気。Rp.4万8000

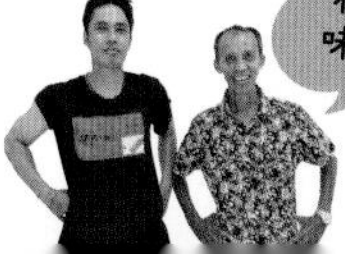

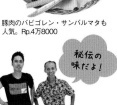

秘伝の味だよ！

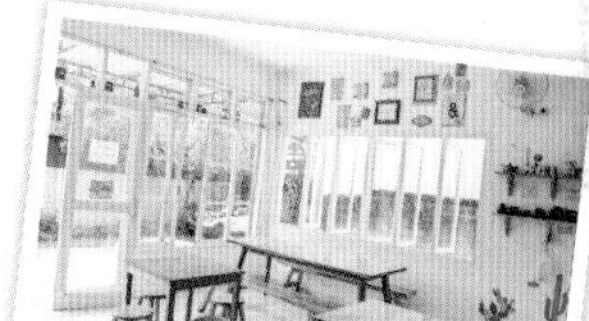

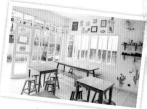

ロコに人気のおしゃれワルン

ワルン・チャハヤ
Warung Cahaya

アヤム・サンバルマタが名物で、食事時は満席になることも。1日に約5kgのトウガラシを使うそう。辛いのが苦手な人は、サンバルを肉に混ぜないで、分けて盛りつけてもらおう。

[Map] 別冊P.5-C1 レギャン

🏠Jl. Dewi Ratih 1A, Behind Sara Hotel, Legian ☎0852-0583-0136（携帯） 🕘9:00～17:00 [休]不定休 [料]予算Rp.7万～、税&サ+5% [Card]不可
[交]ベモ・コーナーから車で15分

「アートカフェ・ブンブバリ」では週2回クッキングクラスを開催。詳細はウェブで。

④ インドネシア風チャーハン
ナシゴレン
Nasi Goreng

ナシはご飯、ゴレンは炒めるという意味。サンバルやケチャップマニス（甘いソース）など現地の調味料を使ったインドネシア風のほか、中華風の醤油味がある。

辛い ●━━○━━ 甘い

日本人好み度 ★★★

1. コロニアル様式の開放的な店内 2. フライドバナナ・ジェラートRp.5万
3. チキンサテRp.5万5000

炒り卵やサテを添えた
ナシゴレン・アラ・マデ
Rp.6万5000

アジアン料理店の草分け
マデス・ワルン・スミニャック
Made's Warung Seminyak

典型的なインドネシア料理のほか、タイ料理や日本料理をアレンジした無国籍なメニューが揃う。木～日曜の夜はバンド演奏やバリ舞踊、サルサダンスなどが日替わりで楽しめる。

Map 別冊P.9-C2　スミニャック

- Jl. Raya Seminyak No.7, Seminyak
- ☎(0361) 732130 ⏰10:00～23:00
- 休無休 予予算Rp.10万～、税&サ+15%
- Card A.J.M.V. 予不要 ビンタン・スーパーマーケットから徒歩10分 URL madeswarung.com クタ店 Map 別冊P.6-B2

アヒル料理が有名な老舗
ベベ・ブンギル　Bebek Bengil

インドネシア元大統領や各国の有名人、日本の芸能人もしばしば訪れる有名老舗レストラン。お店の看板の前で記念写真を撮るローカル観光客の姿も。伝統料理の味付けは辛め。

Map 別冊P.21-D1　ウブド南部

- Jl. Hanoman, Ubud ☎(0361) 975489 ⏰10:00～22:00
- 休無休 予予算Rp.15万～、税&サ+21% Card A.J.M.V. 予不要
- ウブド王宮から車で5分
- ヌサドゥア店 Map 別冊P.15-D3

東屋席でのんびりしていって！

1. 東屋でのんびり食事ができる 2. ファンも多いココナッツクリームパイRp.6万 3 サテの盛り合わせRp.7万8000

---

⑤ 香ばしいアヒルの素揚げ
ベベ・ゴレン
Bebek Goreng

ベベ（アヒル）の肉を素揚げにしたバリの名物料理。英語ではクリスピーダックと呼ばれる。皮はサクサクで肉はしっとり。サンバルで好みの辛さに調整して味わう。

辛い ●━○━━━ 甘い

日本人好み度 ★★☆

クリスピーな皮がやみつきになる
ベベ・ゴレン
Rp.15万5000

「ベベ・ブンギル」の名物スイーツはブラックロシアンパイ。お酒好きにオススメの味です。（香川県・つんく）

激辛チキンの蒸し焼き♪
6 アヤム・ベトゥトゥ
Ayam Betutu

鶏のおなかにスパイスやハーブなどを詰めて、肉が軟らかくなるまでじっくりと蒸し焼きにした、バリ島を代表する料理のひとつ。辛さのなかにもハーブの香りがさわやか。

辛い ●━━━━━━━ 甘い
日本人好み度 ★★☆

1. 数種類のおかずを盛り合わせたナシチャンプル・バリRp.4万5000
2. 地元民向けのローカル色満点の店内

秘伝のソースが自慢のアヤム・ベトゥトゥ
Rp.3万9500（1/4サイズ）

ローカルな雰囲気も◎
アヤム・ベトゥトゥ・カス・ギリマヌッ
Ayam Betutu Khas Gilimanuk

いつも地元客でにぎわっている、アヤム・ベトゥトゥの専門店。鶏肉の身をほぐして、別皿の野菜、サンバル、ピーナッツとともにご飯にのせて食べる。激辛なので注意！

Map 別冊P.5-D3 クタ

🏠 Jl. Raya Tuban No.2X, Kuta ☎ (0361) 757535 ⏰9:00〜21:00 休無休 予算Rp.7万〜、税&サ+10% Card不可 交ベモ・コーナーから車で10分

必食インドネシア料理BEST7

バリの激辛料理を体験して！

スイーツもオススメ！

本格料理をお手頃に♪
ワルン・プラウ・クラパ
Warung Pulau Kelapa

インドネシア中のさまざまな料理がお手頃価格で味わえるレストラン。化学調味料を使わず、家庭料理をていねいに再現している。ホームメイドのアイスクリームやバリならではのご当地スイーツもおすすめ。

Map 別冊P.18-B2 ウブド

🏠 Jl. Raya Sanggingan, Ubud ☎0812-8223-0808（携帯） ⏰10:00〜23:00 休無休 予予算Rp.10万〜、税&サ+15% Card不可 予不要 交ウブド王宮から車で5分

スイーツも →P.95 Check!

1. インドネシアの伝統的なスイーツも味わってみたい
2. ジョグロと呼ばれるジャワの民家のような建物がすてき
3. 店の奥には渓谷に面したテラス席もある

インドネシアのお祝い料理
7 ナシクニン
Nasi Kuning

ウコン（ターメリック）とココナッツミルクで炊いたご飯。ナシクニンとは「黄色いご飯」の意味で、黄色は幸運や繁栄を象徴し、お祝い事の際によく作られる。

辛い ●━━━━▼━━ 甘い
日本人好み度 ★★★

さまざまな総菜を一緒に盛り合わせたナシクニン
Rp.6万5000

必食ローカル
安うまグルメ

定番メニューのナシゴ
知られざるインドネ
安くてうまい地元メシ

サンバルマタの
さわやかな
辛味がクセに
なる！

ご飯 Nasi

ナシゴレン
Nasi Goreng
日本人には食べやすいシンプルな醤油味。エビの揚げせんも付いてくる。

Rp.3万2000

定番
おなじみ
インドネシア風
チャーハン
Rp.2万9000

ナシゴレン・アヤム・サンバルマタ
Nasi Goreng Ayam Sambai Matah
バリの家庭料理に欠かせないサンバルマタがナシゴレンとマッチ。

ヌードル Mie

ミーゴレン
Mie Goreng
インドネシアの麺料理の代表、焼きそば。キャベツと鶏肉が入っているのが定番。

定番
香ばしい
ソース味が
食欲をそそる！
Rp.3万

ビーフンゴレン・エビ
Bifun Goreng Ebi
日本でもおなじみの焼きビーフン。たっぷりの野菜と桜エビでヘルシーに。

クエティアウ・ゴレン
Kwetiau Goreng
もちもちとした食感の平べったい米麺を、エビや野菜と一緒に炒めたもの。
Rp.3万7500

Rp.3万

ミーシラム
Mie Siram
カラリと揚げた麺にあんかけをかけたもの。熱々のうちに食べるのが美味。

Rp.3万7500

aruco オススメ
スープに入った
ワンタンのつるん
とした食感が◎

ミーアヤム
Mie Ayam
甘辛の鶏そぼろをのせた油ソバ。一緒に出されるスープをかけたり別々に食べたりとお好みで。

Rp.3万1000

ワルンで役立つ プチ会話

これをひとつ（ふたつ）ください
Minta ini satu (dua).
ミンタ イニ サトゥ（ドゥア）

その料理は辛いですか？
Masakannya pedas?
マサカンニャ プダス？

いくらですか？
Berapa harganya?
ブラパ ハルガニャ？

おいしかったです
Enak sekali.
エナッ スカリ

A ローカルにも観光客にも人気
グラ・バリ・ザ・ジョグロ Gula Bali The Joglo
ジョグロと呼ばれるジャワ島の伝統家屋を再現。ドリンクやスイーツのメニューも充実している。
Map 別冊P.5-D2 クタ

🏠 Jl. Merdeka Raya No.6, Kuta ☎0813-5325-8299（携帯） ⏰10:00～18:30 🗓無休 💰予算Rp.6万～、税&サ+10% Card不可 🚗ベモ・コーナーから車で10分

B 田んぼビューのヌードル専門店
ミー・ドゥラパンドゥラパン Mie 88
店の奥にはオープンエアの席があり、田園風景を眺めながら食事ができる。バリに計4店舗を展開。
Map 別冊P.11-C1 クロボカン

🏠 Jl. Petitenget No.8A, Kerobokan ☎085-101-866-255（携帯） ⏰10:00～22:00 🗓無休 💰予算Rp.7万～、税&サ+10% Card M.V. 🚗スミニャック・スクエアから車で10分

おなかいっぱい召し上がれ♪

フードはこれ！を食べまくり

レンやミーゴレンからシアの絶品料理まで、はローカル食堂にあり！

野菜&豆腐 Sayur & Tahu

定番

バリではおやつとして食べる

チャプチャイ Cao'Cay C
野菜にエビやイカなどを入れて炒めた、インドネシア風の八宝菜。

Rp.2万8000

arucoオススメ
優しい味わいで野菜たっぷりなのでヘルシー！

ティパット・タフ Tipat Tahu A
厚揚げとティパット（ヤシの葉を編んだ入れ物に米を詰めてゆでたもの）に甘いピーナッツソースをかけて。

Rp.2万5000

Rp.1万5000

ルジャッ Rujak A
果物や野菜を辛くて甘酸っぱいソースであえたインドネシア風フルーツサラダ。

安うまグルメを食べまくり

スープ Sop

ソプ・ブントゥッ Sop Buntut
牛テールをホロホロになるまで煮込んだスープ。ナシ・プティ（白飯）とセットで。（ワルン・ニクマッ→P.72）

arucoオススメ
トロトロに煮込まれたお肉に、ハマる人が続出！

Rp.3万9000

定番

さっぱり味のチキンスープ

ソト・アヤム Soto Ayam C
もやしや春雨、ゆで卵も入ってボリュームたっぷり。食欲がないときにもおすすめ。

Rp.2万5000

ラウォン Rawon
牛肉をじっくり煮込んだスープ。見た目よりあっさり味。（ワルン・コレガ→P.71）

Rp.3万

肉料理 Daging

アヤム・ケジュ Ayam Keju C
中にチーズを挟んであるフライドチキン。淡白な鶏肉にチーズのこってり風味がマッチ。

Rp.5万2000

arucoオススメ
ココナッツミルクたっぷりのまろやかな味

アヤム・ゴレン Ayam Goreng
インドネシア風の鶏のから揚げ。ご飯と生野菜、サンバルを添えて。

カリカリのフライドチキン！

定番

Rp.3万

カレ・アヤム Kare Ayam
ココナッツミルクと香辛料で煮込んだ鶏肉のスープカレー。辛いのが苦手な人も安心。

Rp.3万5000

バリ人の食事タイム

各自めいめい好きなときに好きなものを食べるのがバリ人の食事スタイル。おなかがすいたら台所で作り置きされたものをさっと食べたり、ワルンや屋台でつまみ食いしたり。儀式のときを除き、家族みんなで食卓をかこむことはほとんどないそう。

C 定番のローカル料理が充実
マンガ・マドゥ Mangga Madu
在住者の口コミで評判が広がった食堂。開放的な店内にはお座敷席もありくつろげる。

Map 別冊 P.19-C2 ウブド

🏠 Jl. Gunung Sari No.1, Peliatan ☎ (0361) 977334 ⏰9:00～21:00 🏠無休 📋予算 Rp.5万～ 💳不可 🚗ウブド王宮から車で3分

D ワルン初心者にもオススメ！
ワルン・ビアビア Warung Biah Biah
旅行者にも評判のおしゃれなワルン。バリの家庭料理や伝統的なスイーツが楽しめる。

Map 別冊 P.20-B2 ウブド

🏠 Jl. Gootama No13, Ubud ☎ (0361) 978249 ⏰11:00～23:00 🏠無休 📋予算 Rp.5万～ 税&サ+12% 💳不可 🚗ウブド王宮から徒歩5分

💡 「ワルン・ビアビア」はランチタイムや夕食時は混むので、ピークタイムを少しずらして行くのがおすすめ。

aruco調査隊が行く!! ③

ローカル
バリ名物
おいしい店

パリパリの皮とジュ
バリの人たちが大好き
人気店をarucoスタッ

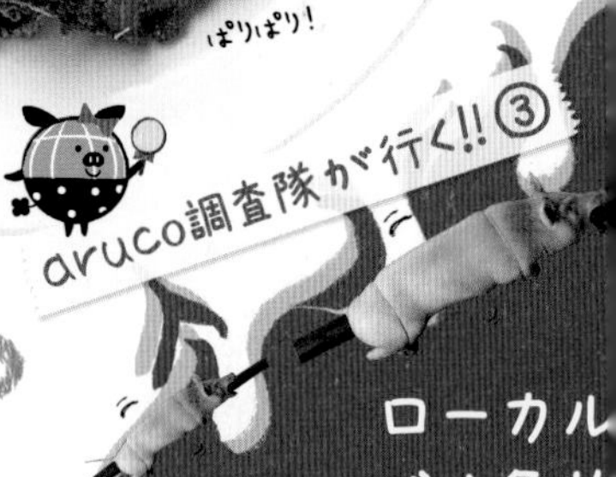

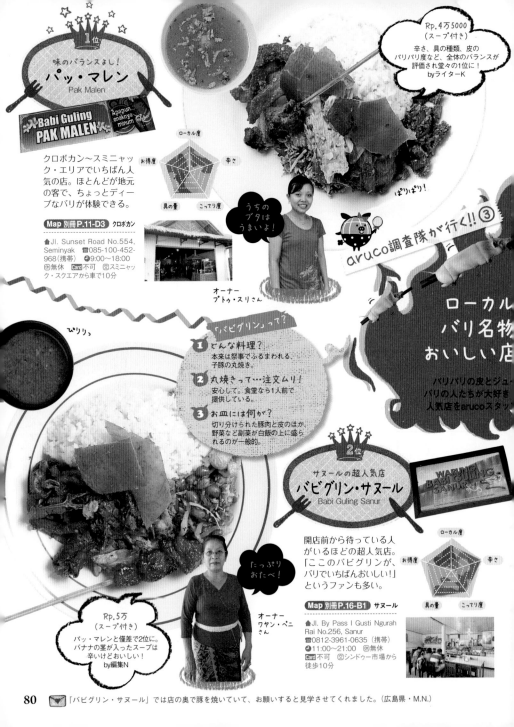

1位

味のバランスよし！

パッ・マレン
Pak Malen

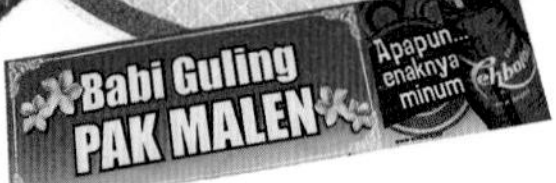
Babi Guling
PAK MALEN
Apapun... enaknya minum

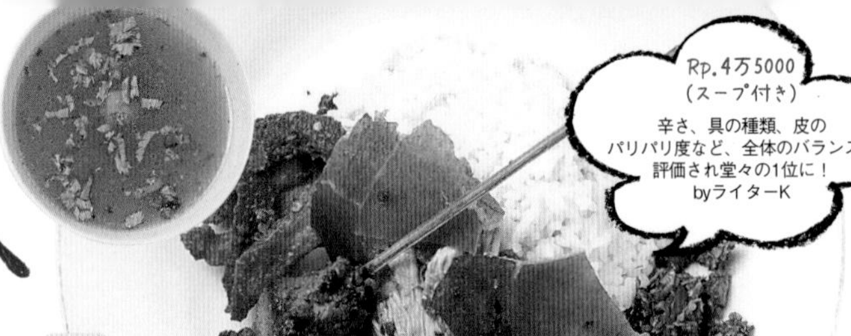

Rp.4万5000
（スープ付き）

辛さ、具の種類、皮の
パリパリ度など、全体のバランスが
評価され堂々の1位に！
byライターK

ぱりぱり！

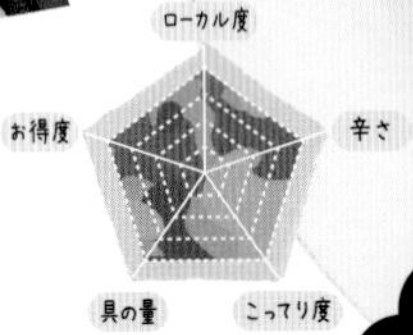
ローカル度
辛さ
こってり度
具の量
お得度

クロボカン〜スミニャック・エリアでいちばん人気の店。ほとんどが地元の客で、ちょっとディープなバリが体験できる。

[Map] 別冊P.11-D3 クロボカン

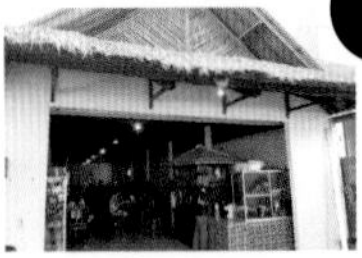

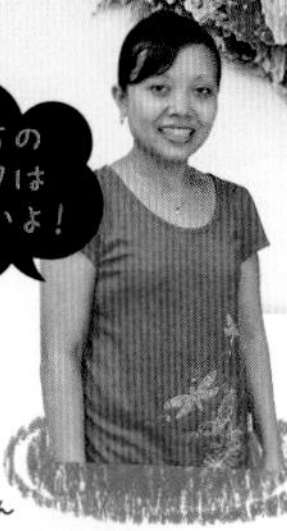

うちのブタはうまいよ！

オーナー
プトゥ・スリさん

🏠Jl. Sunset Road No.554, Seminyak ☎085-100-452-968（携帯） 🕘9:00〜18:00 [休]無休 [Card]不可 [交]スミニャック・スクエアから車で10分

「バビグリン」って？

1 どんな料理？
本来は祭事でふるまわれる、子豚の丸焼き。

2 丸焼きって…注文ムリ！
安心して。食堂なら1人前で提供している。

3 お皿には何が？
切り分けられた豚肉と皮のほか、野菜など副菜が白飯の上に盛られるのが一般的。

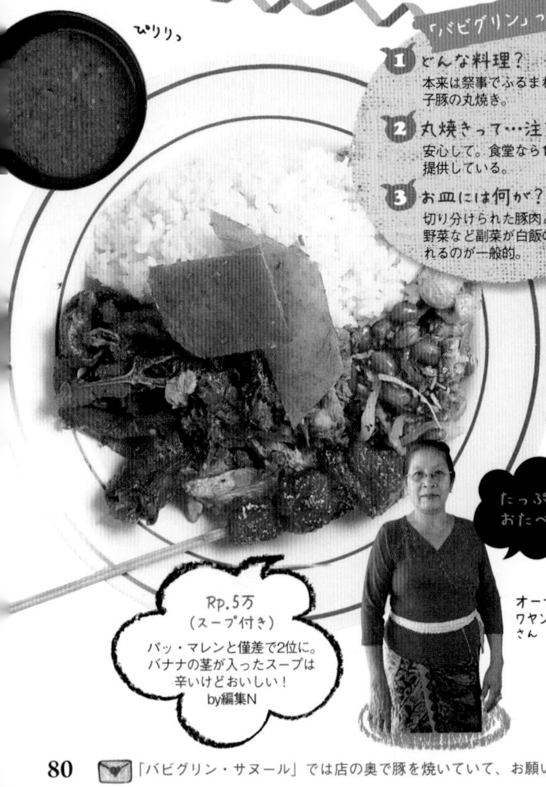

ぴりりっ

Rp.5万
（スープ付き）

パッ・マレンと僅差で2位に。
バナナの茎が入ったスープは
辛いけどおいしい！
by編集N

たっぷりおたべ！

オーナー
ワヤン・ペニさん

2位

サヌールの超人気店

バビグリン・サヌール
Babi Guling Sanur

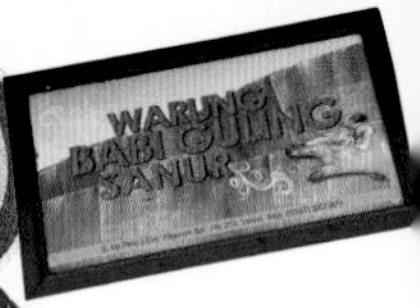
WARUNG
BABI GULING
SANUR

開店前から待っている人がいるほどの超人気店。「ここのバビグリンが、バリでいちばんおいしい！」というファンも多い。

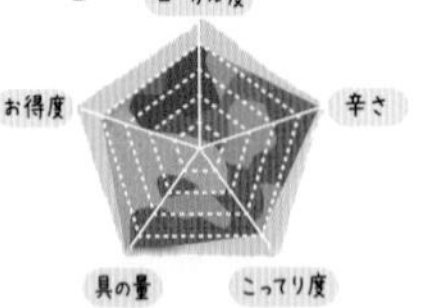
ローカル度
辛さ
こってり度
具の量
お得度

[Map] 別冊P.16-B1 サヌール

🏠Jl. By Pass I Gusti Ngurah Rai No.256, Sanur
☎0812-3961-0635（携帯）
🕘11:00〜21:00 [休]無休
[Card]不可 [交]シンドゥー市場から徒歩10分

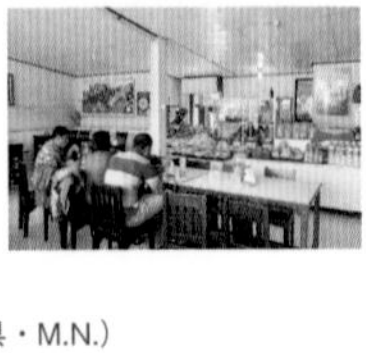

✉「バビグリン・サヌール」では店の奥で豚を焼いていて、お願いすると見学させてくれました。（広島県・M.N.）

激推し！バビグリンのBEST5

ジーな肉がたまらない！
豚の丸焼き、バビグリンの
を勝手にランキング☆

バリでいちばんの有名店！
イブ・オカ
Ibu Oka

3位

WARUNG BABI GULING
Ibu Oka 3
Jl. Tegal Sari No.2 Ubud BEST!
Telp. (0361) 976 345

ひゃあ〜〜
目がまわる〜

ついに
共食い！

いゃ…

Rp.6万
（スープ付きRp.7万5000）
団体客が増えて味が落ちたという
声もあるけど、肉のジューシーさ
ではここがイチバン！
byカメラマンA

感謝して
いただきま
しょー

オーナー オカさん

ウブドにある人気老舗ワルン。
ウブド周辺に来ると必ず立ち
寄るドライバーさんも多い。

Map 別冊P.20-B1 ウブド

🏠 Jl. Tegal Sari No.2, Ubud ☎(0361) 976345 🕙10:00〜
18:30 無休 税+10% Card不可 ウブド王宮から
徒歩3分

バビグリンのおいしい店BEST5

ローカル度
お得度　辛さ
具の量　こってり度

焼きたての味が自慢
サリ・デウィ・バパ・ドビール
Sari Dewi Bp. Dobiel

4位

正統派！

Rp.4万5000
（スープ付き）
食べやすく、ザ・正統派の
お味。超ローカルな
店内も楽しい！
byライターK

地元客で混み合うお店の
裏にある自宅が調理場。
毎日4〜5頭ぶんのバビ
グリンを作るそう。

Map 別冊P.15-D3 ヌサドゥア

🏠 Jl. Srikandi No.9, Nusa Dua
☎0857-3706-3545（携帯）
🕙10:00〜16:00 無休 Card不可
🚗ヌサドゥア・ゲートから車で3分

ローカル度
お得度　辛さ
具の量　こってり度

おじょうさん
一度食べて
みな！

オーナー
ドビールさん

心をこめて
作ってるわ

スタッフ
メプリさん

ローカル度
お得度　辛さ
具の量　こってり度

Rp.5万
（スープ付き）
とにかく激辛なので、
辛いものが苦手な人は注意。
予算に応じて、具の量を
選べるのがうれしい
by 編集N

ローカル御用達
チャンドラ
Candra

5位

MAMPIR YUK!
KITA BUKA DI
TEUKU
UMAR!
SEMETON

BGC
CANDRA
BABI GULING

1984年創業の、バリ島
で5本の指に数えられる
有名店。デンパサール市
内に2店舗ある。

Map 別冊P.17-C3外 デンパサール

🏠 Jl. Pulau Yapen No.14,
Denpasar ☎0878-1833-
9779（携帯）🕙4:00〜19:00
無休 Card不可 🚗ププタン
広場から車で10分

バビグリン屋さんはローカルな店が多い。衛生面が気になる人はウエットティッシュを。💡

Sea breeze blue ocean

とっておき
point
目の前には真っ青なインド洋が広がり、まるで海に浮かんでいるかのよう。サンセットタイムもロマンティック。

さわやかな潮風もごちそう

ディマーレ di Mare

高級ヴィラリゾート「カルマ・カンダラ」内にある、絶景オーシャンビューのダイニング。イタリアンをベースに、地元の新鮮な食材をふんだんに用いた創作地中海料理は、さわやかな潮風との相性も◎。

Map 別冊P.4-A3 ウンガサン

🏠 Jl. Villa Kandara, Ungasan(Karma Kandara内) ☎0811-3820-3360(携帯) ◷7:00〜22:00 (ランチ12:00〜14:00、ディナー17:00〜22:00) 休無休 予予約Rp.50万〜、税&サ+21% CardA.D.J.M.V. ☞ディナーは要予約 ◉空港から車で30分 URLdi-mare-restaurant-karma-kandara.business.site

1. 海に近い席は人気があるので、できれば予約しておきたい 2. レストランの下に見えるプールも印象的 3,4,5. 前菜Rp.10万〜、メインはRp.16万〜。料理のメニューはシーズンごとに変更される

開放感あふれるロケーション

ブリーズ Breeze

高級リゾートホテル「ザ・サマヤ・スミニャック」のダイニング。ビーチに面したオープンテラスは、インド洋に沈む夕日を眺められる特等席。心地よい潮風を感じながら、大人の時間を過ごしたい。

Map 別冊P.10-A3 クロボカン

🏠 Jl. Laksmana, Seminyak (The Samaya Seminyak 内) ☎ (0361) 731149 ◷6:30〜23:00 休無休 予予算Rp.50万〜、税&サ+21% CardA.J.M.V. ☞ディナーは要予約 ◉スミニャック・スクエアから徒歩10分 URLthesamayabali.jp/jp

とっておき
point
ビーチフロントで波音を聴きながら食事を楽しめる。ハネムーナーならロマンティックディナーがおすすめ。

1. ふたりだけの世界に浸れるロマンティックディナー（要予約）2. アジアンからウエスタンまで素材を厳選したメニューが揃う 3. シーフードパエリアRp.35万 4. サンセットの時間に合わせて訪れたい

Beautiful sunset by the sea

✉「ディマーレ」へ行くにはホテルとは別に専用の入口があるので注意して！（佐賀県・みぽりん）

とっておきダイニング

記念日などスペシャルな食事には、料理はもちろんのこと、ロケーションも大切。ちょっぴりドレスアップして、思い出に残る贅沢なひとときを過ごしましょ♪

2

とっておき
point
渓谷に溶けこむようなロケーションがステキ。最高級リゾートホテルの味と雰囲気がリーズナブルに楽しめる！

Twilight time in green valley

1

ウェルカムドリンク♪

森の隠れ家レストラン

ダイニング・コーナー Dining Corner

渓谷に抱かれた大人のリゾート「カユマニス・ウブド」内のダイニング。自然が奏でる音と風景に包まれながらの食事はまさに至福のひととき。タイをはじめとするアジア料理とインターナショナル料理が揃う。

Map 別冊P.18-A2 ウブド

🏠Jl. Raya Sayan, Ubud (Kayumanis Ubud 内) ☎ (0361) 972777 ⏰7:00～23:00 無休 💰予算Rp.40万～、税&サ +21% Card A.D.J.M.V. 🚗ディナーは予約が望ましい 🚗ウブド王宮から車で15分 URL www.diningcornerrestaurant.com

バリを感じるとっておきダイニング

1. ロマンティックな渓谷のテラス席 2. 日没後のトワイライトタイムがおすすめ 3. マグロの前菜イカン・サンバルマタRp.6万5000 4. トムヤムクンRp.8万5000

世界中のグルメを魅了する

モザイク Mozaic

オーナーシェフのクリス・サラン氏と愛弟子たちが華麗なる料理を提供。緑に囲まれたダイニングルームではコースメニューを、またテイスティングルームではカジュアルにバリトップクラスの味を楽しめる。

Map 別冊P.18-B2 ウブド

🏠Jl. Raya Sanggingan, Ubud ☎ (0361) 975768 ⏰18:00～22:00 (テイスティングルーム12:00～翌1:00) 無休 💰予算Rp.80万～、税&サ+21% Card A.J.M.V. 🚗要予約 🚗ウブド王宮から車で8分 URL www.mozaic-bali.com

Romantic dinner in forest

とっておき
point
「アジアのベストレストラン50」に選ばれるなど数々の賞を獲得している、バリ島ファインダイニングの最高峰。

3

4

食のサプライズを楽しんで

1,2,3,4. シェフの腕が存分に生かされた芸術的な料理の数々。コースメニューはRp.95万～ 5. ろうそくの明かりがロマンティックなダイニングルーム

シェフ
クリス・サランさん

5

とっておきダイニングへ行く場合のドレスコードは、レストランの雰囲気をこわさないスマートカジュアルで。

潮風に吹かれてバカンス気分♪
ビーチクラブ＆海カフェ

海を眺めながらリゾート気分を満喫できるビーチクラブが
バリ島で流行中！ プールで泳いだり、デッキチェアでくつろいだり、
1日のんびり過ごしてみては？ 波音と潮風が心地よい、
オーシャンビューの人気カフェも要チェック☆

ビーチクラブって？
レストランやバー、プール、シャワーなどを備えた、ゴージャス版「海の家」。通常は飲食をすれば入場無料だが、デイベッドなどの利用にはミニマムスペンド（最低注文料金）を設けているところが多い。

🏊 ビーチクラブ
🏖 海カフェ

フィンズ・ビーチクラブのプール

リゾート気分満点ね♪

ここが人気！
目の前には雄大なインド洋が広がり、開放感いっぱい！ サンセットタイムには美しい夕日が眺められる。

1. プールに面してレストランがある 2. 庭には食事ができる東屋席もある 3,4. ポークリブやグリルツナなど本格的な料理が味わえる

施設の充実度……★★★
眺めのよさ………★★★
混雑度……………★★★

レストランとバーの利用にはミニマムスペンドなし。デイベッドのミニマムスペンドはシングルRp.90万〜（オンライン予約はRp.65万〜）。

🏊 1日中いても楽しめる！
フィンズ・ビーチクラブ　Finns Beach Club

欧米人に人気のエリア、チャングーに最初にオープンしたビーチクラブ。プールやサーフバーなど施設が充実し、さまざまなイベントも開催される。

Map 別冊P.13-C3 **チャングー**

⌂Jl. Pantai Berawa No.99, Canggu ☎(0361)8446327 ⏰10:00〜24:00 無休 入場は無料、税＆サ+18% Card A.J.M.V. スミニャック・スクエアから車で30分 URL finnsbeachclub.com

ここが人気！
バリ初のティキバーはおしゃれな雰囲気。こぢんまりとしているが、人が少なめなのでゆったりと過ごせる。

夕日もきれいよ！

🏊 レギャン・ビーチの穴場スポット
アズール・ビーチクラブ
Azul Beach Club

ビーチ沿いに立つ高床式のバンブー建築がユニーク。1階はレストラン、2階にプールとジャクージがある。夕景が美しいので、ディナーに訪れるのもおすすめ。

Map 別冊P.7-C2 **レギャン**

⌂Jl. Padma No.2, Legian ☎(0361)765759 ⏰7:00〜23:00 無休 入場は無料、税＆サ+21% Card A.J.M.V. ベモ・コーナーから車で10分 URL www.azulbali.com

料理もおいしい！

1. ルーフトップブールを完備 2. 夕日を眺められる2階席は予約不可なので早めに確保を

施設の充実度……★☆☆
眺めのよさ………★★☆
混雑度……………★★☆

レストランとバーの利用にはミニマムスペンドなし。デイベッドのミニマムスペンドは1名Rp.15万、カバナ（2〜3名）Rp.75万。プールの利用は15歳以上のみ。

✉「アズール・ビーチクラブ」はトイレがとってもかわいかった！（北海道・まりも）

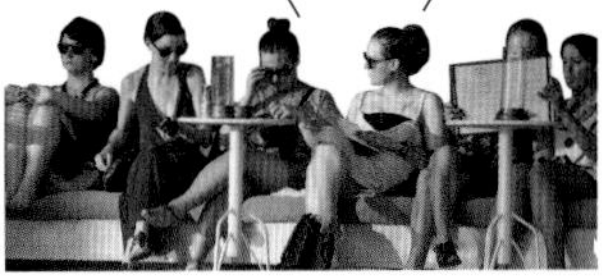
リラックスできるわ!

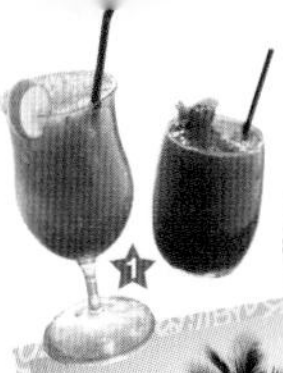

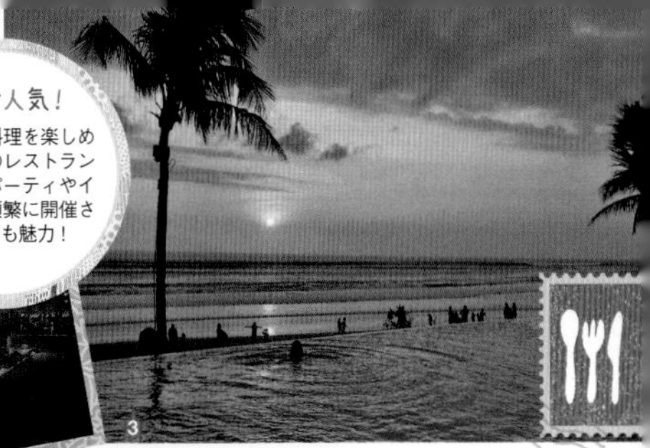

リゾーターが集うクールなスポット

ポテトヘッド・ビーチクラブ

Potato Head Beach Club

シンガポールや香港でおしゃれなレストラン&バーを展開するポテトヘッドが、バリ島にも進出。特にサンセットタイムは混むので、早めの入店がおすすめ。

Map 別冊P.10-A2 クロボカン

🏠Jl. Petitenget No.51B, Kerobokan
☎(0361)6207979 🕘9:00~24:00(金・土~翌2:00) [休]無休 [料]入場は無料、税&サ+17%
[Card]A.J.M.V. [交]スミニャック・スクエアから車で5分
[URL]seminyak.potatohead.co

ここが人気!

本格的な料理を楽しめるふたつのレストランを併設。パーティやイベントが頻繁に開催されているのも魅力!

施設の充実度……★★★
眺めのよさ………★★☆
混雑度…………★★★

デイベッドやマットが予約できるラウンジエリアのミニマムスペンドは2名までRp.50万、5名までRp.100万。予約なしの場合は早めに入場して席を確保しよう。

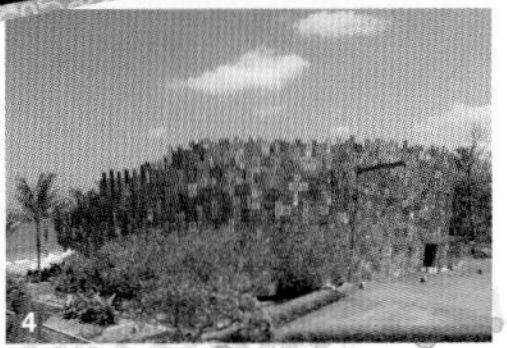

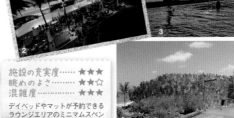

1. オリジナルカクテルを飲みながらくつろぎたい 2. 日が暮れてからもにぎわう 3. インド洋を望むインフィニティプール 4. 古い窓枠を再利用した外観がユニーク

海辺のカフェレストラン

マノ・ビーチハウス

Mano Beach House

ビーチ沿いにあり、小さなプールも完備。庭にはビーズクッションが置かれ、海を眺めながらまったり過ごせる。料理のメニューも充実しているので、ランチやディナーにもおすすめ。

Map 別冊P.10-A3 クロボカン

🏠Jl. Pantai Pura Petitenget, Kerobokan ☎(0361)4730874
🕘11:00~23:00 [休]無休 [料]予算Rp.10万~、税&サ+17% [Card]M.V.
[交]スミニャック・スクエアから車で5分
[URL]www.manobali.com

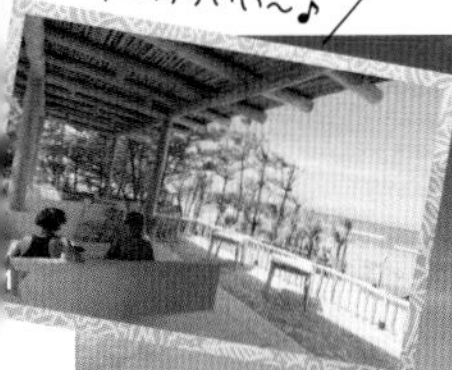
海からの風が気持ちいい~♪

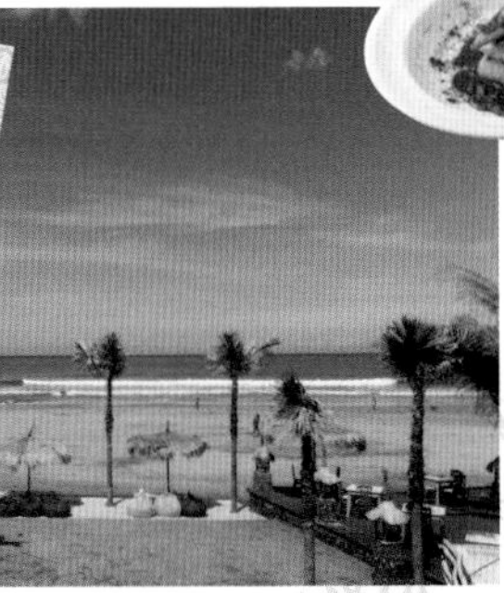

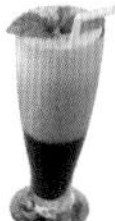

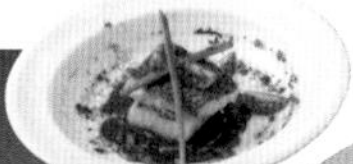

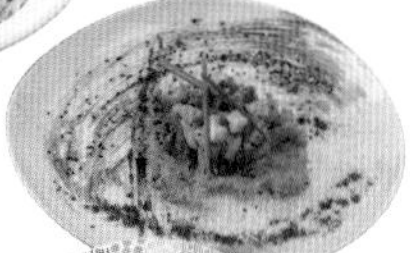

ここが人気!

ビーチに面した開放的なロケーションが◎。特にインド洋に夕日が沈むサンセットタイムはドラマティック!

1. 開放的な2階席からはビーチと海を一望できる 2. サンセットが美しいことで知られるプティトゥンゲッ・ビーチに面している 3. マグロとアボカドのタルタル(手前)など、新鮮なシーフードを使った料理を楽しめる

オンザビーチの人気カフェ

ルートゥス Luhtu's

ビーチ沿いの遊歩道に面した、サヌールでいちばん人気のコーヒーショップ。雨季シーズン限定のマンゴーケーキをはじめ、20種類ほどのケーキが用意されている。

Map 別冊P.16-B1 サヌール

🏠Jl. Pantai Sindhu, Sanur ☎0821-4605-0576(携帯) 🕘7:00~22:00
[休]無休 [料]予算Rp.5万~、税&サ+15% [Card]M.V. [交]シンドゥー市場から徒歩10分

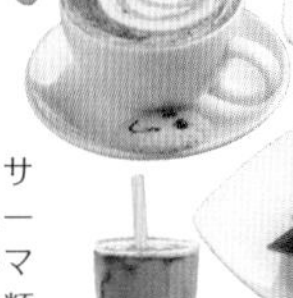

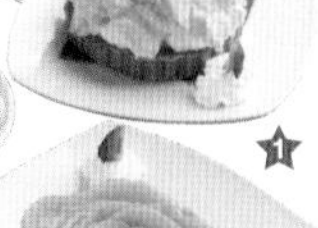

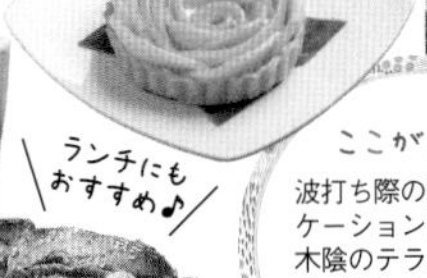

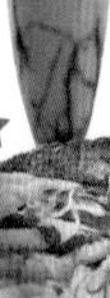

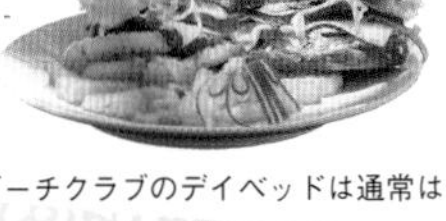
ランチにもおすすめ♪

ここが人気!

波打ち際の開放的なロケーションがすてき!木陰のテラス席は、潮風が涼しく、眠ってしまいそうな心地よさ。

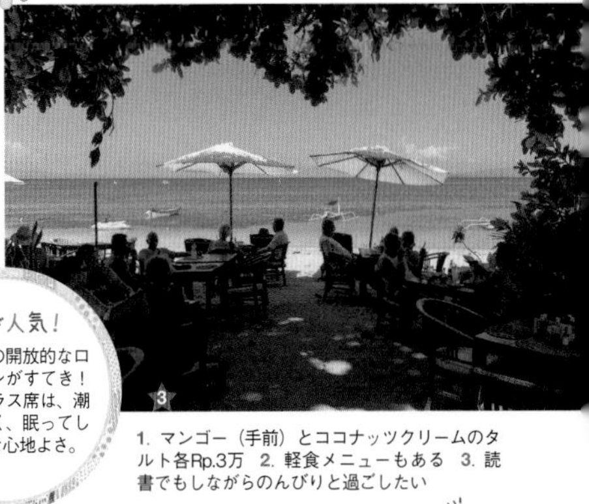

1. マンゴー(手前)とココナッツクリームのタルト各Rp.3万 2. 軽食メニューもある 3. 読書でもしながらのんびりと過ごしたい

ビーチクラブのデイベッドは通常は予約不可なので早いもの勝ち。レストランやバーだけの利用もOK。

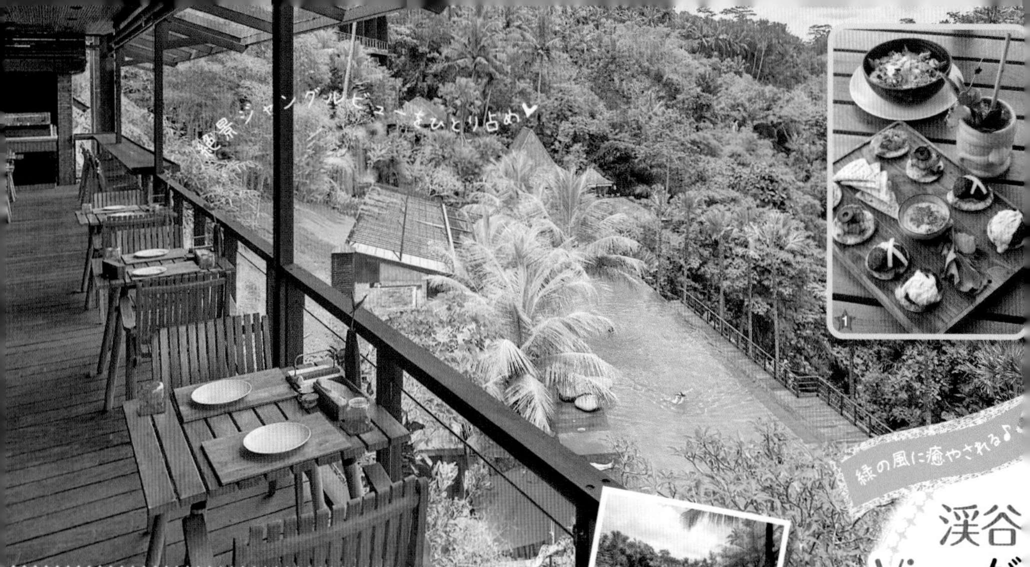

絶景ジャングルビューをひとり占め♥

緑の風に癒やされる♪

渓谷Viewが絶景

南国の木々が
田んぼが広がる
心地よい緑の
とっておきの時間

絶景プールも利用できる

ジャングルフィッシュ

Junglefish

のどかな風情が残るスバリ村にある。ホテル併設のレストランなので、人も少なく、ゆったりと渓谷の風景が堪能できる。

Map 別冊P.18-B1 ウブド郊外

⌂Jl. Raya Sebali, Ubud ☎(0361) 8989102 🕘9:00～20:00 [休]無休 [料]予算Rp.20万～、税&サ+21% [Card]A.D.J.M.V. [交]ウブド王宮から車で20分 [URL]www.chapung.com

1.小皿料理からパスタやピザまでメニューも充実している
2.Rp.35万以上の飲食をすると無料でプールが利用可能

Forest Valley [渓谷]

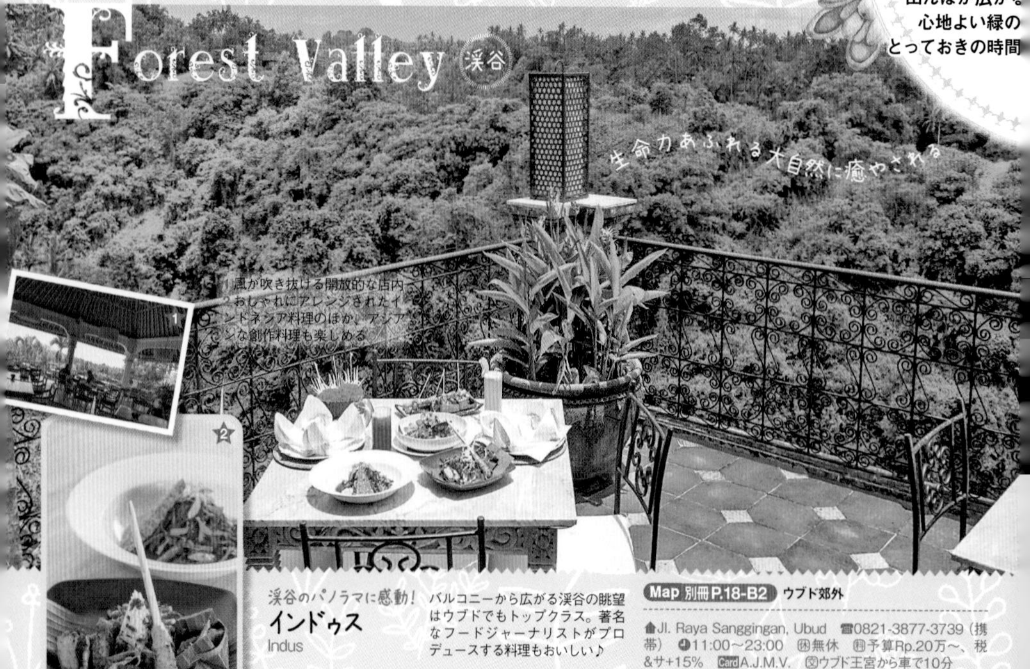

生命力あふれる大自然に癒やされる

1.風が吹き抜ける開放的な店内 2.おしゃれにアレンジされたインドネシア料理のほか、アジアンな創作料理も楽しめる

渓谷のパノラマに感動！

インドゥス

Indus

バルコニーから広がる渓谷の眺望はウブドでもトップクラス。著名なフードジャーナリストがプロデュースする料理もおいしい♪

Map 別冊P.18-B2 ウブド郊外

⌂Jl. Raya Sanggingan, Ubud ☎0821-3877-3739（携帯） 🕘11:00～23:00 [休]無休 [料]予算Rp.20万～、税&サ+15% [Card]A.J.M.V. [交]ウブド王宮から車で10分

✉「ジャングルフィッシュ」のプールは開放感抜群でした。ぜひ水着を持参しましょう。（埼玉県・みけ）

&田園
ステキなレストラン

うっそうと茂る渓谷、
のどかな田園。
風に包まれて、
を過ごしましょ♪

Rice Field 田園

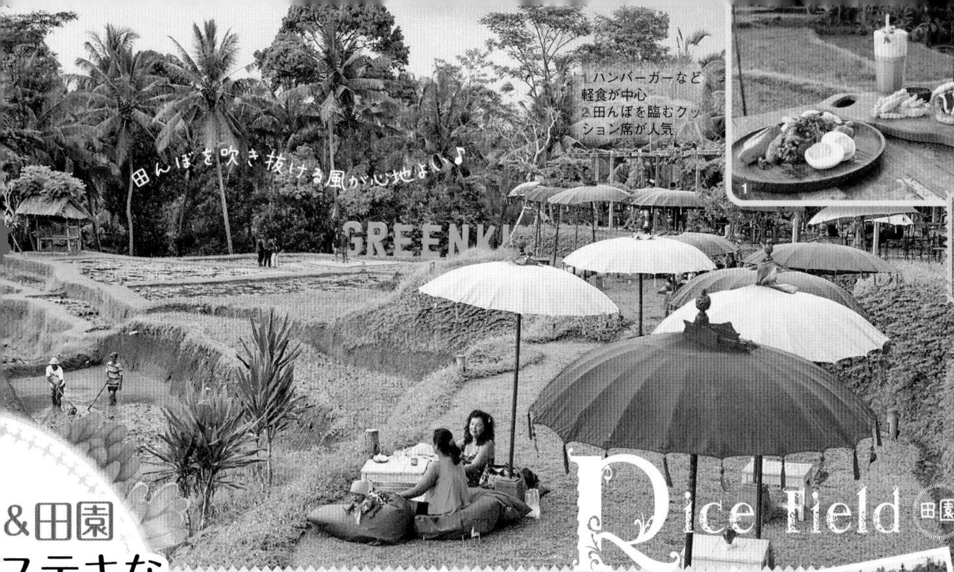

田んぼを吹き抜ける風が心地よい♪

1 ハンバーガーなど軽食が中心　2 田んぼを臨むクッション席が人気

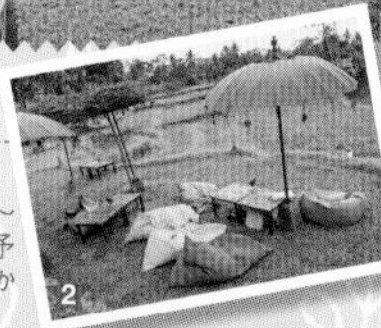

ピクニック気分でまったり
グリーンクブ・カフェ
Greenkubu Cafe

田園風景の真ん中にある、開放的なカフェ。草の上にカラフルなビーズクッションやパラソルが置かれ、写真映えもばっちり！

Map 別冊P.19-C1外　ウブド郊外

Jl. Cinta, Br Pejengaji, Tegallalang ☎0852-1105-4605(携帯) 9:00～20:00（土・日～21:00） [休]無休 [予]予算Rp.6万～ [Card]M.V. [交]ウブド王宮から車で20分 [URL]greenkubuubud.com

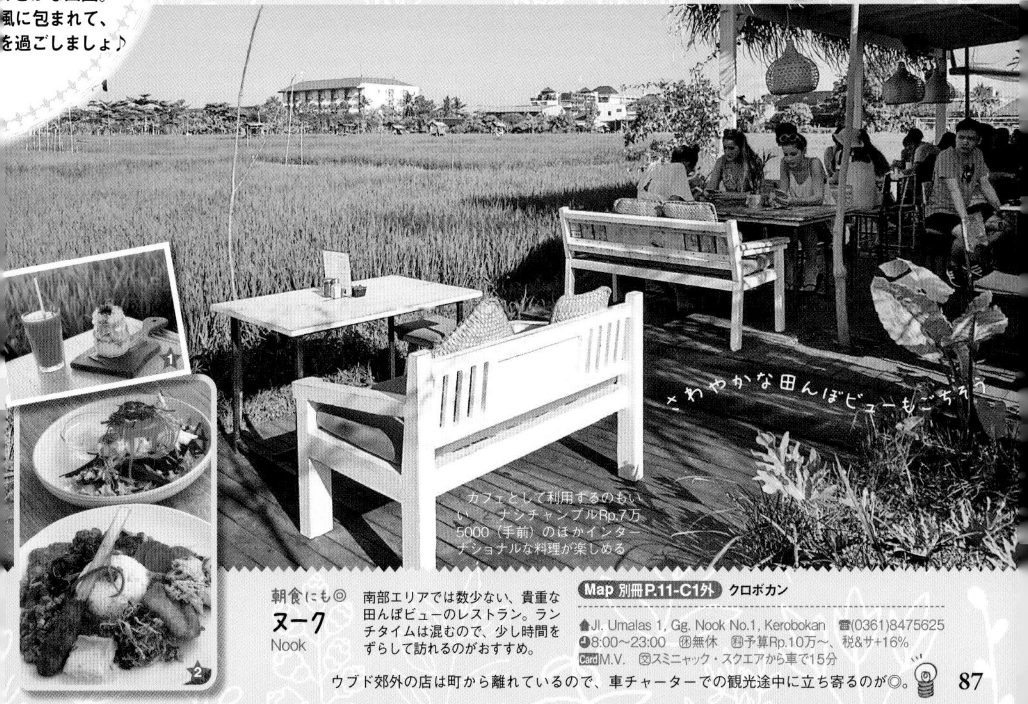

さわやかな田んぼビューもごちそう

1 カフェとして利用するのもいい　2 ナンチャンプルRp.7万5000（手前）のほかインターナショナルな料理が楽しめる

朝食にも◎
ヌーク
Nook

南部エリアでは数少ない、貴重な田んぼビューのレストラン。ランチタイムは混むので、少し時間をずらして訪れるのがおすすめ。

Map 別冊P.11-C1外　クロボカン

Jl. Umalas 1, Gg. Nook No.1, Kerobokan ☎(0361)8475625 8:00～23:00 [休]無休 [予]予算Rp.10万～、税&サ+16% [Card]M.V. [交]スミニャック・スクエアから車で15分

ウブド郊外の店は町から離れているので、車チャーターでの観光途中に立ち寄るのが◎。

ラズベリー・チア・パルフェ
Rp.6万5000 **1**

アイランド・バイブス
Rp.3万5000 **2**

スーパーボウル
Rp.6万9000 **3**

ナガドラゴン
Rp.6万9000 **4**

写真映えするよ

ブランチにおすすめ！

Favorite♡Point

スムージーボウルは見た目が華やか。SNSにアップすると「いいね！」がたくさんもらえる。
（北海道・ミキ）

1. チアシードを使ったヘルシーカップ　2. ココナッツウォーターにパイナップルとオレンジをブレンド　3. 赤キャベツとトマト、チーズ、豆のサラダをゴマ味噌ドレッシングで　4. ドラゴンフルーツがたっぷり　5. アサイー・ココRp.7万5000。フルーツの盛りつけが芸術的！

カフェ・オーガニック
Cafe Organic

欧米人在住者に大人気のおしゃれなカフェ。スムージーボウルやエッグベネディクトなど、朝食やランチにぴったりのメニューが揃う。夕方までの営業なので注意して。

Map 別冊P.10-B2 クロボカン

🏠Jl. Petitenget No.99X, Kerobokan
☎0859-1066-15890（携帯）⏰8:00～16:00
🈺無休　💰予算Rp.8万～、税＆サ+16%
Card J.M.V.　📋不要　🚃スミニャック・スクエアから徒歩20分　URL cafeorganic.co

ステキなお店ばかり♡

ナチュラルガールのお気に入り♡

ヨギーニやナチュラル志向の旅行者が多いバリ島では、ベジタリアンはもちろん
ヘルシーなのにおいしくってオシャレで

Favorite♡Point

街の中心にあり、買い物途中の休憩に便利。ヘルシードリンクが充実しているのも◎
（東京都・ヒロミ）

モリンガジュース
Rp.3万5000 ☆

ストロベリー・ドリーム
Rp.3万5000 **2**

スムージーボール
Rp.3万5000 **6**

オープンセサミサラダ Rp.6万5000 **5**

ムーンメルト
Rp.6万 **3**

グリル・ベジ・ブリトー
Rp.7万 **4**

1.「奇跡の木」と呼ばれるモリンガは豊富な栄養素を含むスーパーフード　2. ビタミンCがたっぷり　3. チェダーチーズとアボカドが好相性のオープンサンド　4. 野菜や豆がぎっしりで食べ応えあり　5. ファラフェルも入ったボリューミーなサラダ　6. フルーツスムージーに自家製グラノーラとココナッツをトッピング

おしゃれな店内にも注目

ゆっくりしてね～

クリア・カフェ
Clear Cafe

ウブド在住のナチュラリストやヨギーニたちに人気の癒し系カフェ。靴を脱いで入る店内は、お座敷席もあってくつろげる。ベジタリアン以外やキッズ用のメニューも揃う。

Map 別冊P.20-B2 ウブド

🏠Jl. Hanoman No.8, Ubud　☎0878-6219-7585（携帯）⏰8:00～23:00
🈺無休　💰予算Rp.10万～、税＆サ+20%　Card M.V.　🚃ウブド王宮から徒歩7分　URL clearcafebali.com

💌 バリでは普通のレストランでもベジタリアンメニューが用意されていることが多かった。（大阪府・マリコ）

Favorite♥Point

年齢を感じさせない
マライカさんは私の憧れ！
料理はもちろんデザート
のケーキもおいしい。
(福岡県・ユイ)

カラダが喜ぶ
ローフード

ドラゴン
フルーツ
ジュース
Rp.3万7000 **①**

すべてロー
フードよ

ズッキーニの
パスタ
Rp.6万5000 **②**

ウオーターメロン・
スプラッシュ
Rp.6万5000 **③**

ローカルビーツ＆
アボカドサラダ
Rp.4万7000 **④**

自然派カフェでヘルシーごはん♪

Malaika

キャロットケーキ
Rp.3万5000 **⑤**

レモ・ビーチカフェ
Lemo Beach Cafe

「美魔女」として知られるオーナー
のマライカさんが、アーユルヴェー
ダや日本の精進料理などを取り入れ
レシピを開発。有機栽培の野菜を使
用するなど、素材にもこだわりが。

Map 別冊P.16-B3　サヌール

🏠 Jl. Duyung No.69A, Sanur　☎0811-
389-897(携帯)　🕐7:00〜22:00　
予算Rp.8万〜、税&サ+5%　**Card** J.M.V.
👔不要　🚗シンドゥー市場から車で10分

マライカさん

1. ビタミンやミネラルが豊富
で美容に◎　2. しゃきしゃ
きとした食感が楽しい　3. ス
イカのイメージをくつがえす
斬新な味　4. ソースが絶品な
ので野菜がおいしい！　5. ニ
ンジンの自然な甘さで、いく
らでも食べられそう

自然派カフェでヘルシーごはん♪

ビーガンやローフード、グルテンフリーにも対応したカフェやレストランが充実。
流行に敏感な女子に大人気なんです！

Keywords

ビーガン Vegan
ベジタリアンのなかでも、卵、乳製品、ハチミツなどの
動物性食品を一切にしない完全菜食主義者。

ローフード Raw food
野菜や果物などを加熱せず生のまま、もしくは45〜
47度以下で調理したものを食べることにより、生き
たビタミン・ミネラル・酵素を取り入れる食事法。

グルテンフリー GF
小麦などに含まれるたんぱく質のグルテンを含
まない食事法のこと。もとはアレルギーの人向
けだったが、小麦の異常な品種改良が人体に害
を及ぼすとされ、欧米でブームになった。

ジャムー
ドリンクも販売

Favorite♥Point

店内がおしゃれ。
ひとりでも入りやすく
ゆっくりくつろげる
のがうれしい♪
(奈良県・タマ)

パッションフルーツ・アイスティー
Rp.3万5000 **③**

体と心を
元気にする

Kunyit
Asam

ローカル・チョコ
レート・ブラウニー
Rp.5万9000 **①**

ウサダ・キチュリ
Rp.1万50004 **④**

ダプール・ウサダ
Dapur Usada

インドネシアとインドの伝統料理か
らインスピレーションを得た、健康
的でおいしい料理を提供。ジャムー
作りやバリの伝統文化を学べるカル
チャークラスも開催している。

Map 別冊P.20-B2　ウブド

🏠 Jl. Sugriwa No.4, Ubud　☎0811-
3908-8855(携帯)　🕐7:00〜23:00　🈯無休　予算Rp.10万〜、税&サ
+15%　**Card** A.J.M.V.　🚶ウブド王宮から徒歩10分
🔗 usadabali.com

こちらも▶ P.44
Check!

ユカ・フライズ
Rp.2万9000 **②**

メディシナル・リーフ・サラダ
Rp.4万5000 **⑤**

パンプキン・ダル・
タマリンド・ライスRp.1万5000
⑥

1. グルテンフリーとビーガンに対応　2. ほく
ほくとした食感のキャッサバイモのフライ
3. さわやかな酸味で食欲を増進　4. 優しい味
わいのインドのおかゆ　5. 栄養満点の薬用サ
ラダ　6. ほのかな甘味と塩味が絶妙。料理は
すべてアーユルヴェーダに基づいて作られて
おり、体内のバランスを整える効果がある

旅行中は野菜不足になりがち。そんなときはヘルシーカフェでビタミン補給を。

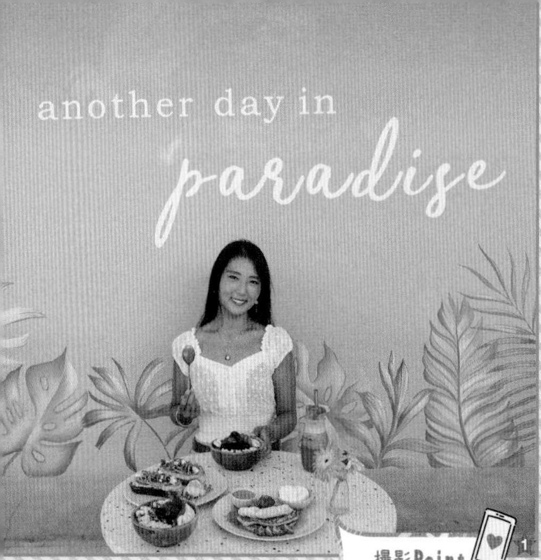
another day in
paradise

女子に絶大な人気を誇る

Kynd Community

カインド・コミュニティ

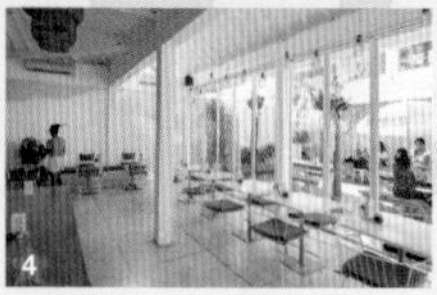

ピンク色の壁やブランコなど、かわいらしい店内にテンションがアップ！　人気メニューのスムージーボウルをはじめ、どの料理も写真映えする。店の入口にはフォトジェニックなアイスクリームショップを併設。

[Map] 別冊P.10-B1　クロボカン

Jl. Raya Petitenget No.12x, Kerobokan　☎0859-3112-0209（携帯）
7:30〜22:00　[休]無休　[料]予算Rp.10万〜、税&サ+16%　[Card]M.V.
[予]不要　[交]スミニャック・スクエアから車で5分　[URL]www.kyndcommunity.com

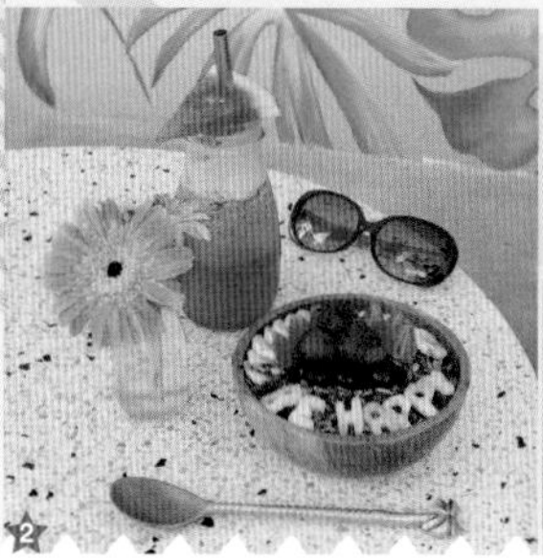

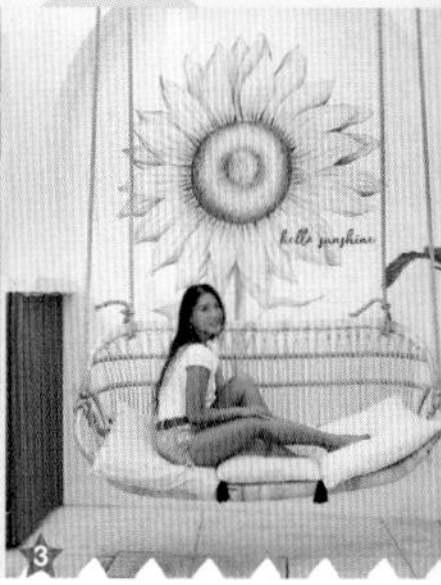

1. ピンクの壁にイラストが描かれた屋外席が人気　2. フルーツたっぷりのアサイーボールRp.9万5000。朝食やブランチにぴったりのヘルシーなメニューが揃っている　3. ヒマワリをバックにブランコに乗って記念撮影　4. エアコンが効いた屋内席もある

撮影Point

映える壁をバックにして。人気の席を確保するなら比較的すいている9:00前がおすすめ。

今バリ島で行くべきおしゃれカフェ&レストラン♡

朝食やブランチにおすすめ

Doppio Cafe Pink

ドッピオ・カフェ・ピンク

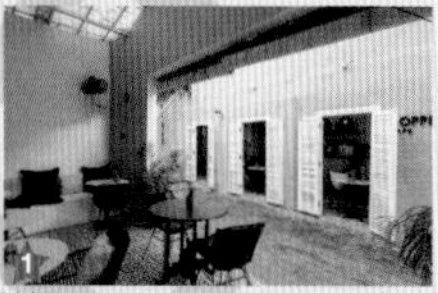

店名のとおりピンクに塗られた外観と、モノトーンでまとめられた店内がおしゃれ。フルーツや野菜をたっぷり使った、ヘルシーなメニューが充実している。ピンク、紫、緑、黄色の4色から選べるスペシャリティ・ラテもおすすめ。

[Map] 別冊P.11-D3　クロボカン

Jl. Raya Basangkasa No.8x, Seminyak　☎0812-3618-2226（携帯）
7:30〜17:30　[休]無休　[料]予算Rp.10万〜、税&サ込み　[Card]J.M.V.　[予]不要
[交]スミニャック・スクエアから車で5分

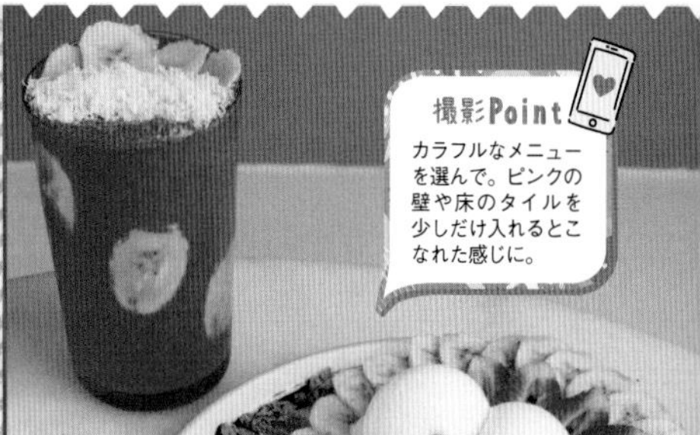

撮影Point

カラフルなメニューを選んで。ピンクの壁や床のタイルを少しだけ入れるとこなれた感じに。

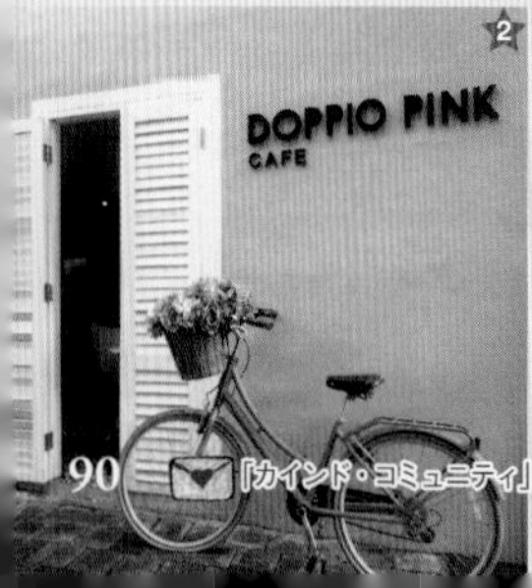
DOPPIO PINK
CAFE

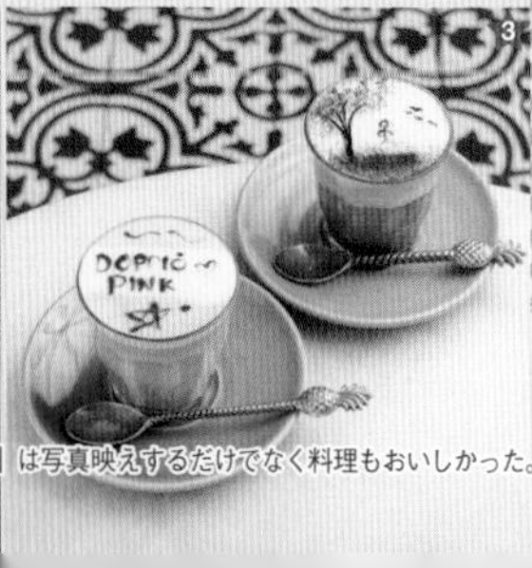
DOPPIO
PINK

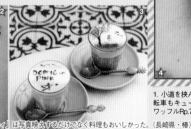

1. 小道を挟んで向かい合うようにカフェがある　2. 店の前に置かれた自転車もキュート　3. スペシャリティ・ラテ各Rp.3万5000　4. ピンクワッフルRp.7万とドラゴンフルーツを使ったピンクドラゴンRp.5万

「カインド・コミュニティ」は写真映えするだけでなく料理もおいしかった。（長崎県・椿）

バリにいながらメキシコ気分

Motel Mexicola
モーテル・メキシコーラ

メキシコのモーテルをイメージした、ド派手でカラフルな装飾にびっくり！ タコスやセビチェなどメキシコ人シェフが作る料理も本格的。ランチやディナーのほか、バーとしても利用できる。

Map 別冊P.10-B3 クロボカン

🏠 Jl. Kayu Jati No.9X, Petitenget, Kerobokan ☎ (0361) 736688
🕐 11:00～翌1:00 休無休 予予算Rp.15万～、税&サ+17%
Card A.J.M.V. 🚫不要 🚶スミニャック・スクエアから徒歩10分
URL www.motelmexicola.info

おしゃれカフェ&レストラン

撮影Point
ディナータイムは混雑するので、昼間か店内に照明がともる17:00～18:00が撮影におすすめ。

1. 店内中央の階段は人気のフォトスポット 2. 写真映えする場所がたくさんあるので、時間をかけていろいろなアングルで撮影してみよう 3 テキーラやカクテル、お酒に合うメニューが充実 4. 入口のショップではオリジナルグッズを販売している

バリには思わず写真に撮りたくなるステキなカフェやレストランがたくさん。
SNSでシェアすれば「いいね！」がたくさんもらえちゃうこと間違いなし♪

YUMMY

渓谷の絶景ビューが一望のもと

Sayan Point サヤン・ポイント

ウブドの西側を流れるアユン川沿いにあり、棚田と清流が織りなす絵画のような景観が見事。ディナータイムにはジャングルに沈む夕日を眺めながら食事ができる。プールもあり、食事とのパッケージプランで利用が可能。

撮影Point
渓谷の風景に溶けこむ空中ブランコに乗って。南国感満載のリゾートウエアでキメよう♪

Map 別冊P.18-A2 ウブド

🏠 Sayan, Ubud ☎ 0813-5320-2352（携帯） 🕐 8:00～22:00
休無休 予予算Rp.10万～、税&サ込み Card J.V. 🚫不要 🚶ウブド王宮から車で15分

1. 自然を生かした開放的なレストラン 2. 眼下にはアユン川とライステラスの絶景が 3. カラフルな花が添えられたチキンブレストR.8万（手前）など料理も映える 4. 撮影スポットが用意されているのも人気の秘密

「サヤン・ポイント」の食事＆ドリンク付きのプールパッケージはRp.17万5000。

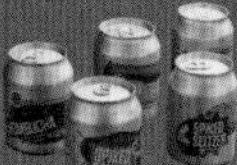

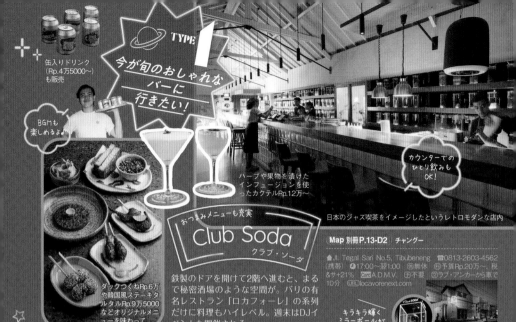

缶入りドリンク（Rp.4万5000～）も販売

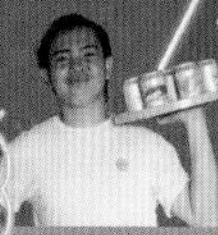

BGMも楽しめるよ♪

TYPE 1

今が旬のおしゃれなバーに行きたい！

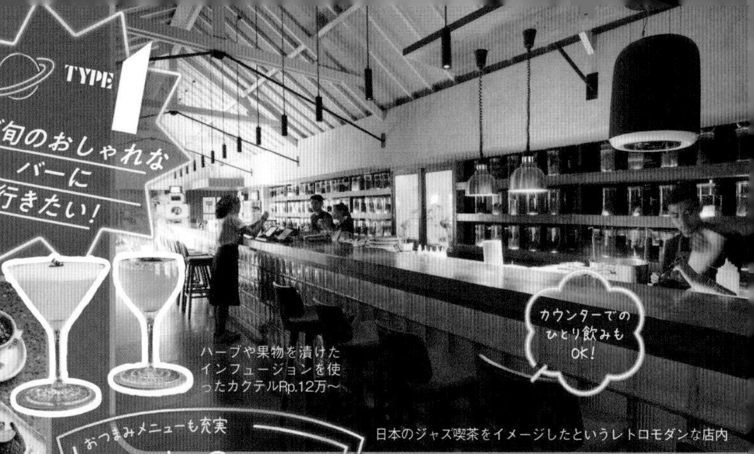

ハーブや果物を漬けたインフュージョンを使ったカクテルRp.12万～

カウンターでのひとり飲みもOK！

日本のジャズ喫茶をイメージしたというレトロモダンな店内

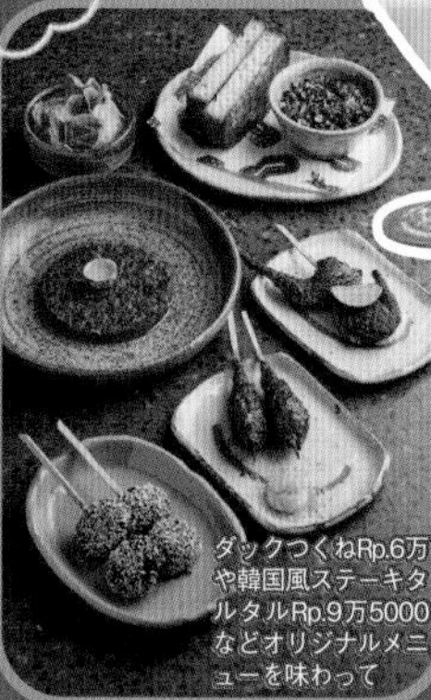

ダックつくねRp.6万や韓国風ステーキタルタルRp.9万5000などオリジナルメニューを味わって

おつまみメニューも充実

Club Soda
クラブ・ソーダ

鉄製のドアを開けて2階へ進むと、まるで秘密酒場のような空間が。バリの有名レストラン「ロカフォーレ」の系列だけに料理もハイレベル。週末はDJイベントも開催される。

Map 別冊P.13-D2 チャングー

🏠Jl. Tegal Sari No.5, Tibubeneng ☎0813-2603-4562（携帯） 🕘17:00～翌1:00 [休]無休 [予]予算Rp.20万～、税&サ+21% Card A.D.M.V. [予]不要 [交]ラブ・アンカーから車で10分 URL locavorenext.com

キラキラ輝くミラーボールが目印！

女子だけでもOK！ タイプ別おすすめバー&

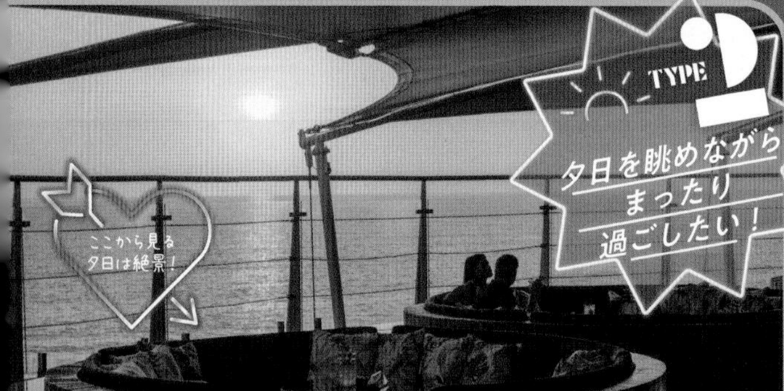

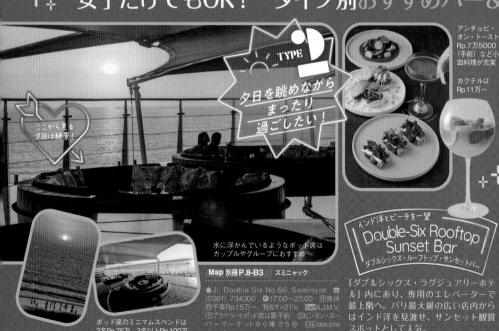

ここから見る夕日は絶景！

TYPE 2

夕日を眺めながらまったり過ごしたい！

水に浮かんでいるようなポッド席はカップルやグループにおすすめ

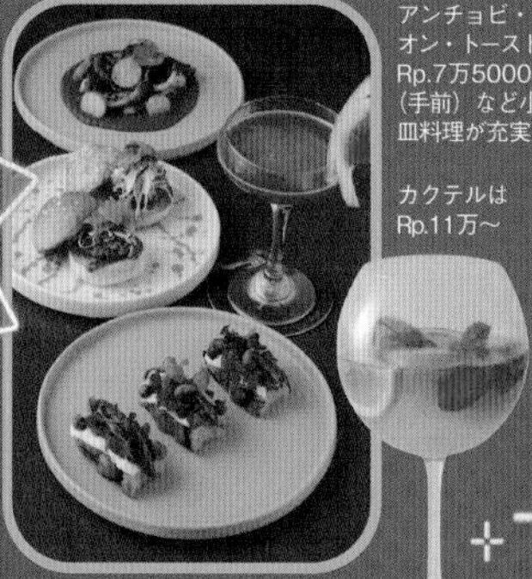

アンチョビ・オン・トーストRp.7万5000（手前）など小皿料理が充実

カクテルはRp.11万～

インド洋とビーチを一望

Double-Six Rooftop Sunset Bar
ダブルシックス・ルーフトップ・サンセットバー

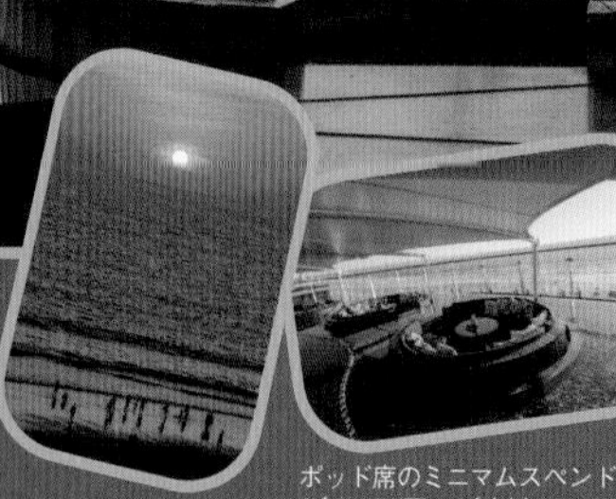

ポッド席のミニマムスペンドは2名Rp.75万、3名以上Rp.100万

Map 別冊P.8-B3 スミニャック

🏠Jl. Double Six No.66, Seminyak ☎(0361) 734300 🕘17:00～23:00 [休]無休 [予]予算Rp.15万～、税&サ+21% Card A.J.M.V. [予]プライベートポッド席は要予約 [交]ビンタン・スーパーマーケットから車で5分 URL doublesixrooftop.com

「ダブルシックス・ラグジュアリーホテル」内にあり、専用のエレベーターで最上階へ。バリ最大級の広い店内からはインド洋を見渡せ、サンセット観賞スポットとして人気。

「バリ・ジョー」のドラァグクイーンショーはド迫力でめちゃ楽しかった！（大阪府・M）

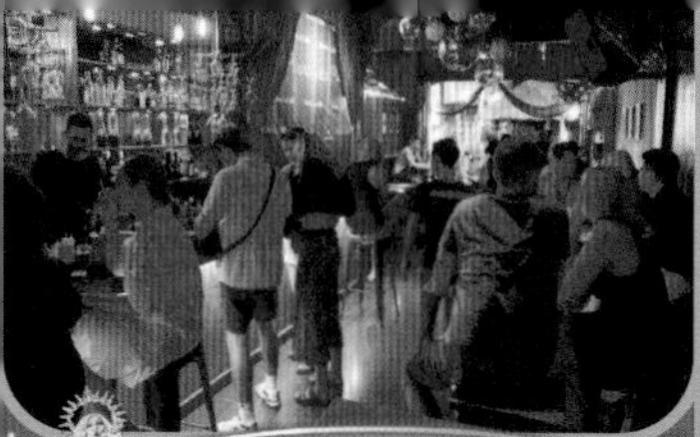

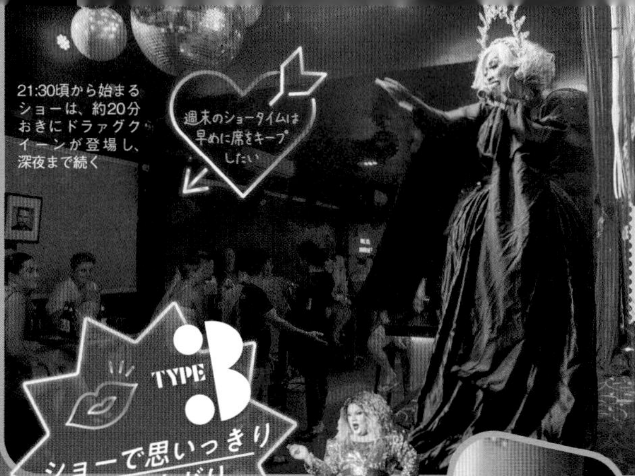

21:30頃から始まるショーは、約20分おきにドラァグクイーンが登場し、深夜まで続く

週末のショータイムは早めに席をキープしたい

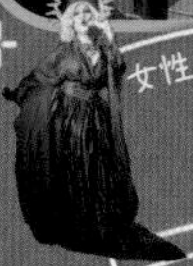

女性にも人気のゲイバー

Bali Joe
バリ・ジョー

TYPE 3

ショーで思いっきり盛り上がりたい！

ゴージャスなドラァグクイーンショーを目当てに、観光客や地元のファンたちが夜な夜な集まってくる。スタッフの気配りも行き届いており、女子だけでも安心して楽しめる。

Map 別冊P.9-C2　スミニャック

🏠Jl. Camplung Tanduk No.8, Seminyak ☎(0361) 3003499 🕘19:00～翌3:00 [休]無休 [料]予算Rp.3万～ [Card]J.M.V. [予]不要 [交]ビンタン・スーパーマーケットから徒歩10分 [URL]www.balijoebar.com

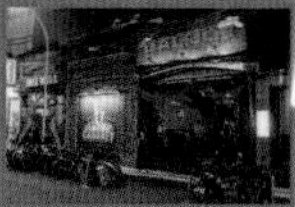

ナイトクラブが並ぶチャンプルン・タンドゥッ通りにある

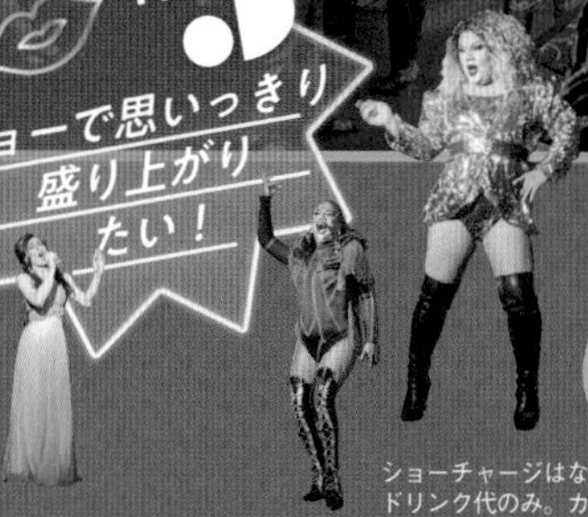

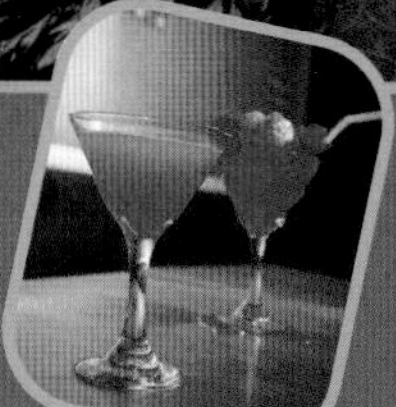

ショーチャージはなくドリンク代のみ。カクテルはRp.11万～

クラブ案内

話題の秘密酒場からホテルのルーフトップバー、ショーが人気のナイトクラブまで。aruco取材班が厳選した、いろんなシーンで楽しめるバー＆クラブをご紹介！

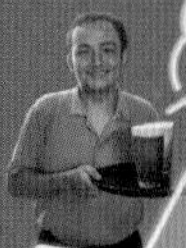

ハンバーガーもおすすめだよ！

IPAやピルスナーなど9種類あるビールはRp.7万5000～

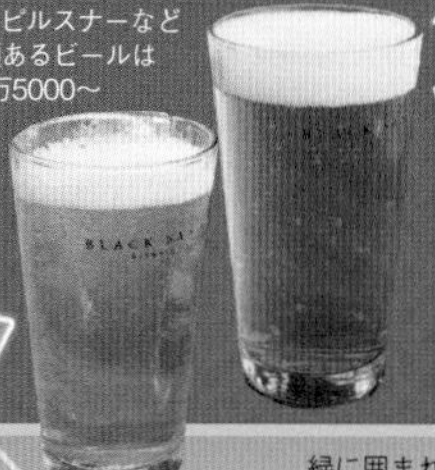

TYPE 4

おいしいクラフトビールが飲みたい！

開放的なビアガーデン

Black Sand Brewery
ブラックサンド・ブリュワリー

イタリア人サーファーが立ち上げたクラフトビール醸造所に併設。開放的な店内で高品質なビールやカクテル、ワインを楽しめる。ローマ出身のシェフが手がける料理も美味。

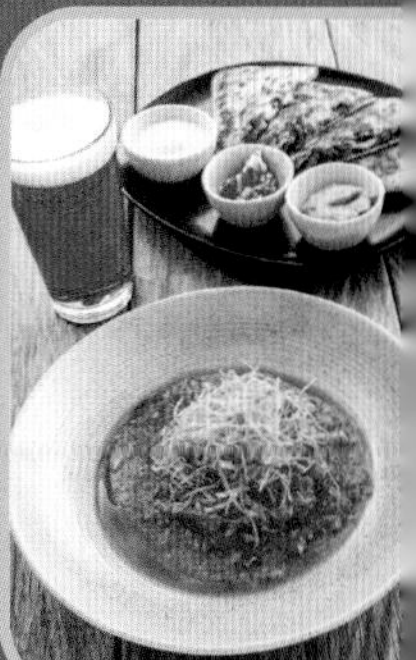

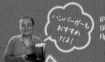

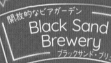

ツナ・セビチェRp.10万（手前）などお酒に合う料理が揃う

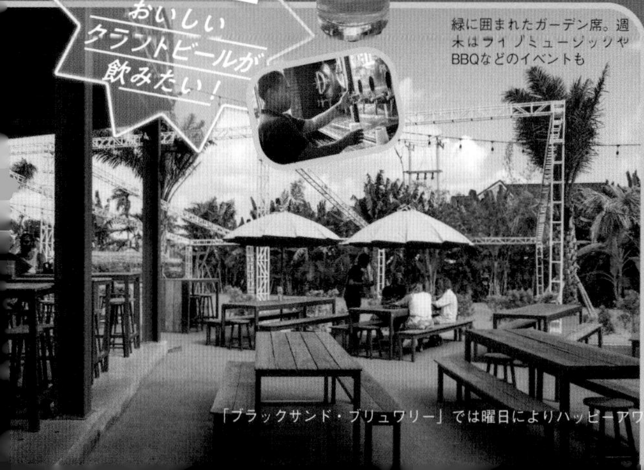

緑に囲まれたガーデン席。週末はライブミュージックやBBQなどのイベントも

Map 別冊P.4-A1　チャングー

🏠Jl. Pantai Batu Bolong, Canggu ☎0811-3858-991（携帯） 🕘12:00～24:00 [休]無休 [料]予算Rp.10万～、税&サ+15% [Card]M.V. [予]不要 [交]ラブ・アンカーから徒歩15分 [URL]www.blacksandbrewery.com

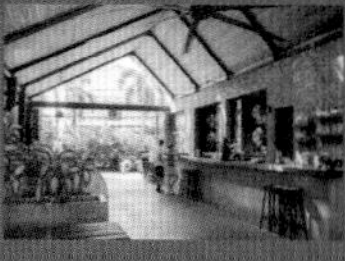

吹き抜けのおしゃれな店内

「ブラックサンド・ブリュワリー」では曜日によりハッピーアワーが設定されておりビールが半額になる。

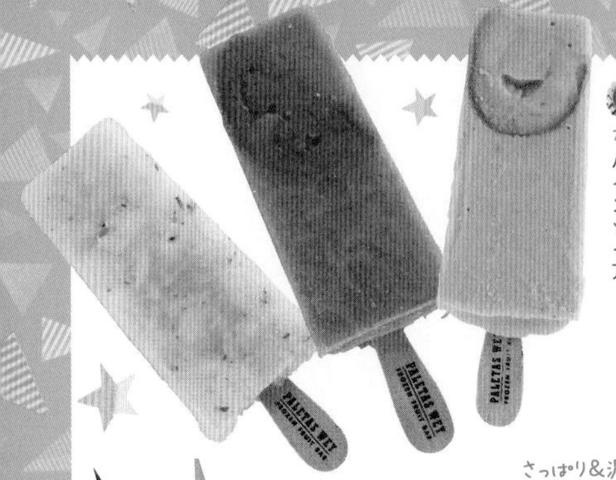

[B] カラフルなアイスバー
パイナップルやスイカ、キウイ、マンゴーなどフルーツだけで作ったアイスバーはRp.3万～

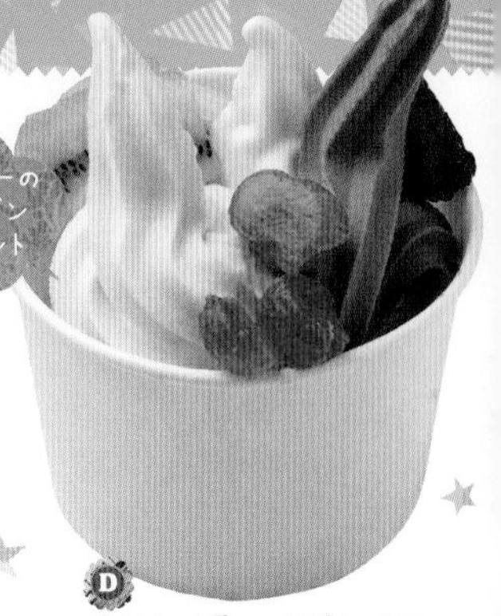

低カロリーのフローズンヨーグルト

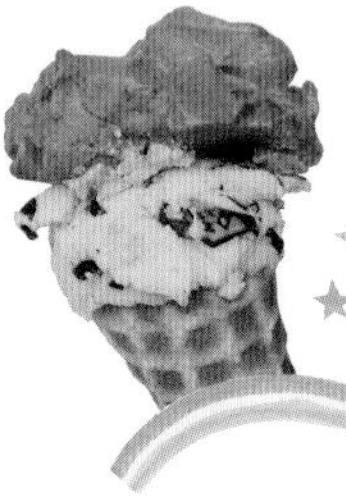

[C] さっぱり＆濃厚の組み合わせ
アボカド・チョコチップとタマリロ。スモールサイズは2フレーバー選べてRp.3万5000

[D] 好きなものを選んでオリジナルアイスに
5種類のフレーバー、40種類のトッピングから選べる。Rp.2万1000/100g

南国フレーバーに ひんやりスイーツ

南国のフルーツをたっぷり
インドネシアのかき氷や
常夏の島バリでは冷たい

ココナッツの器がキュート♪

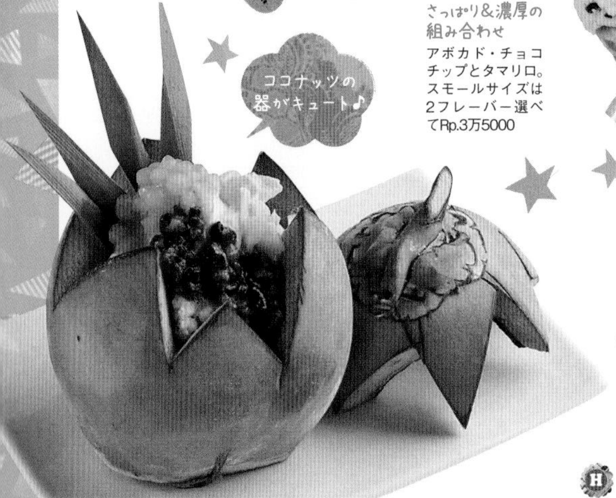

[H] 具だくさんのココナッツアイス
タピオカや小豆、フルーツをトッピングしたクルンガー・ガディン。Rp.5万5000

昔ながらの素朴な甘さ

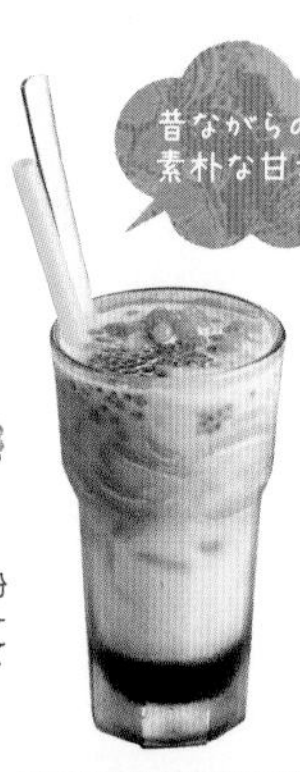

[H] 伝統的なスイーツ チェンドル
ココナッツミルクに米粉や緑豆粉で作ったゼリーとタピオカなどが入っている。Rp.3万5000

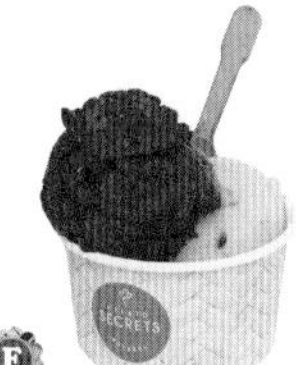

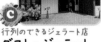

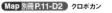

[F] フレーバーの種類が豊富
色鮮やかなドラゴンフルーツやパッションフルーツなど、1スクープRp.3万5000

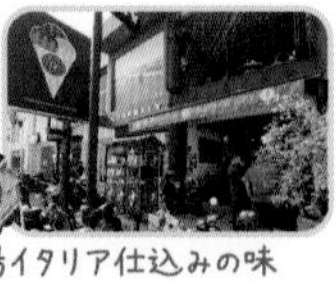

[A] 本場イタリア仕込みの味
ジェラート・ファクトリー
Gelato Factory

ジェラートを作る機械や材料は本場イタリアから取り寄せている。店頭で焼くクレープも人気。

[Map] 別冊P.11-C3 クロボカン

⌂Jl. Kayu Aya No.32, Seminyak ☎0819-1698-0795（携帯） 🕘9:00～23:00 [休]日 [料]税＆サ+10% [Card]A.J.M.V. [交]スミニャック・スクエアから徒歩10分

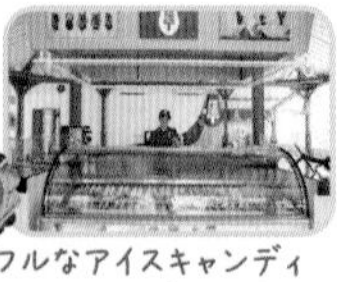

[B] カラフルなアイスキャンディ
パレタス・ウエイ
Paletas Way

パレタスと呼ばれるメキシコ発祥のアイスバー専門店。南国フルーツたっぷりで見た目もキュート！

[Map] 別冊P.14-A3 ジンバラン

⌂Jl. Uluwatu II, Kalimas Arcade, Jimbaran ☎0811-3886-262（携帯） 🕘12:00～20:00 [休]無休 [Card]A.J.M.V. [交]空港から車で20分

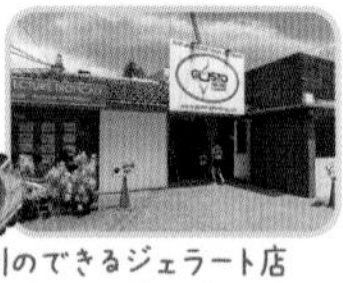

[C] 行列のできるジェラート店
グスト・ジェラート
Gusto Gelato

定番のフルーツほか、焼きゴマやジンジャーなどの変わり種フレーバーも。奥にガーデン席がある。

[Map] 別冊P.11-D2 クロボカン

⌂Jl. Mertanadi No.46B, Kerobokan ☎0851-0052-2190(携帯) 🕘10:00～22:00 [休]無休 [Card]不可 [交]スミニャック・スクエアから車で10分

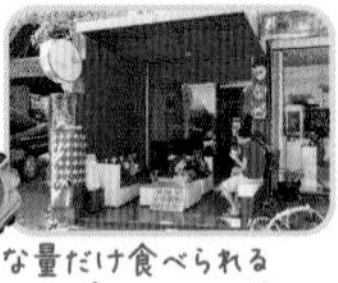

[D] 好きな量だけ食べられる
フローズン・ヨギ
Frozen Yogi

セルフサービスのフローズンヨーグルト店。好みのフレーバーとトッピングが選べる。

[Map] 別冊P.20-A2 ウブド

⌂Jl. Dewi Sita, Ubud ☎(0361)4792651 🕘9:30～23:30 [休]無休 [料]税＆サ+10% [Card]不可 [交]ウブド王宮から徒歩5分

✉「グスト・ジェラート」に行ったら長蛇の列。午前中は比較的すいているそうです。（山形県・ぷーちゃん）

やみつき♪でシアワセ気分

使ったジェラートにココナッツアイスなど、スイーツがおいしい！

[I] バリの定番かき氷 エス・チャンプル
カラフルなゼリーやタペ（キャッサバいも）が入ったミックスかき氷。Rp.2万

[I] 夏バテに効果あり! エス・テレール
アボカド、ジャックフルーツ、ヤングココナッツが入ったかき氷。Rp.2万

[A] 熱々クレープとジェラートのハーモニー
クレープに2種類のジェラートをトッピングしてRp.6万7000

ふわふわワッフルにジェラート

[A] ちょっぴり溶けたジェラートが◎
2種類のジェラートが選べるストロベリーワッフルRp.5万5000

[E] 無添加にこだわる本格ジェラート
ストロベリーチーズケーキと濃厚なダークチョコレート。2スクープでRp.2万

黒い見た目がインパクトあり！

[G] ふわふわの日本風かき氷
ココナッツシュガーと竹炭のシロップをかけたブラック。ココナッツミルクを使ったホワイトもある。Rp.4万（小Rp.3万）

[G] トロピカルなかき氷
ドラゴンフルーツをたっぷりと使用。雨季（12～2月頃）にはマンゴーもある。Rp.4万（小Rp.3万）

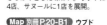

[E] 老舗イタリアンの味
マッシーモ
Massimo

有名シェフが経営するイタリア料理店の店頭でジェラートを販売。フレーバーの種類は40種以上。

Map 別冊P.16-B3 サヌール

Jl. Danau Tamblingan No.228, Sanur ☎(0361)288942
🕘10:00～22:00 休無休 Card不可 交シンドゥー市場から車で5分

[F] ジェラートのチェーン店
ジェラート・シークレッツ
Gelato Secrets

ジェラートは素材の味を生かし、さっぱりとした味わい。ウブドに4店、サヌールに1店を展開。

Map 別冊P.20-B1 ウブド

Jl. Raya Ubud, Ubud
☎0812-3999-6393（携帯）
🕘11:00～23:00 休無休
Card不可 交ウブド王宮から徒歩2分

[G] 日本風のかき氷が人気
ブン・バリ・カフェ
Bun Bali Cafe

自然素材で作られるシロップは、ビーガン対応でヘルシー。季節によってはマンゴーかき氷も。

Map 別冊P.20-B2 ウブド

Jl. Gootama Selatan, Ubud
☎0812-3792-3328（携帯）
🕘10:30～20:30 休無休
Card不可 交ウブド王宮から徒歩10分

[H] スイーツがおいしい
ワルン・プラウ・クラパ
Warung Pulau Kelapa

Map 別冊P.18-B2 ウブド →P.77

[I] ナシチャンプルの店
ワルン・コレガ
Warung Kolega

Map 別冊P.5-D1 クタ郊外 →P.71

南イタリア出身のシェフが経営する「マッシーモ」は、ピザやパスタなど本格イタリア料理も自慢。

裏aruco 取材スタッフの独断TALK

「私のとっておきグルメはコレ！」

取材スタッフのお気に入り店やちょっぴり穴場的なスポットを一挙公開！

目にも美しい絶品イタリアン

写真映えもばっちり☆

バリ島の高級ホテルでシェフを歴任してきたマウリツィオ氏による創作料理が評判のレストラン。6品コースのシグニチャーテイスティングメニューはRp.66万。自分へのご褒美に奮発したくなります♪（編集N）

マウリ Mauri

Map 別冊P.10-B2 クロボカン

🏠Jl. Petitenget No.100, Kerobokan ☎0817-776-177（携帯） 🕘18:30〜22:30（金〜日は12:00〜15:00も営業） [休]無休 [料]予算Rp.50万〜、税&サ+18% [Card]A.J.M.V. [予]要予約 [交]スミニャック・スクエアから車で5分 [URL]mauri-restaurant.com

バリ人が大好きなナシチャンプル

オーナーのナリさんが毎日ていねいに仕込むナシチャンプルが人気の店。具は豚のから揚げとサテ、鶏のスモーク、煮卵、野菜、テンペなど盛りだくさん。スープ付きでRp.2万〜というローカルプライスもうれしい！（コーディネーターM）

これぞバリの味！

ワルン・ナシバリ Warung Nasi Bali

Map 別冊P.11-D1 クロボカン

🏠Jl. Tangkuban Perahu No.9, Kerobokan ☎0812-3961-203（携帯） 🕘8:00〜17:00 [休]無休 [Card]不可 [交]スミニャック・スクエアから車で10分

たまにはスペイン料理もいいね♪

スペイン人も絶賛の味！

シェフは、スペインのなかでもグルメな土地として知られる、バスク地方の出身。シーフードパエリアや生ハムをはじめ、バリ島にいながらにして本格スペイン料理が堪能できる。（ライターM）

アクア・デ・ビルバオ Akua de Bilbao

Map 別冊P.14-A2 ジンバラン

🏠Jl. Pemelisan Agung No.27, Jimbaran ☎0816-800-542（携帯） 🕘12:00〜22:00 [休]無休 [料]予算Rp.30万〜、税&サ+18% [Card]A.J.M.V. [交]空港から車で15分

B級グルメを楽しむならナイトマーケットへ

夕方になると市場の前に屋台が出現。焼き鳥のサテ、お好み焼きのようなマルタバ、食パンにチョコやチーズを挟んで焼いたロティ・バカールなど、どれも安くておいしい！（カメラマンA）

マルタバは庶民の味

シンドゥー市場 Pasar Sindhu

Map 別冊P.16-B2 サヌール

🏠Jl. Pasar Sindhu No.5, Sanur 🕘18:00〜22:00頃 [休]無休 [Card]不可 [交]空港から車で30分

秘密にしておきたいフレンチ食堂

パリジャンのダミアンさんが母親のレシピを再現した味が評判となり、またたく間に人気店に。パテやエスカルゴなど、ワインが進む本格フレンチを味わってみて！（編集N）

なるべく予約してね！

パリシ Paris'i

Map 別冊P.16-A2 サヌール

🏠Jl. Batur Sari No.36, Sanur ☎0821-3856-9393（携帯） 🕘12:00〜22:00 [休]無休 [料]予算Rp.20万〜、税&サ+15% [Card]M.V. [交]シンドゥー市場から車で10分

名物ママの手料理を味わって

できたてママの味

常連さんに愛される家庭的なワルン。おすすめはナシチャンプル・アラ・ママ（Rp.4万5000）。注文を受けてから作るので時間がかかるけど、できたてが味わえる。（ライターK）

ママズ・ワルン Mama's Warung

Map 別冊P.18-B2 ウブド

🏠Jl. Tebesaya No.29, Ubud ☎（0361）977047 🕘8:00〜22:00 [休]無休 [Card]不可 [交]ウブド王宮から徒歩20分

直感で買う、
それも正解。

欲しいものざっくざく
楽しすぎる！
バリ島のお買い物ナビ

バッグにアクセ、ジェンガラにインテリア雑貨……etc.
バリのナチュかわアイテムたちが"欲しい"のツボを集中連打！
どれを買おうか迷うあなたのために、
arucoがベスト・バイを厳選してご紹介。

コーデのアクセントになるヘアバンド。Rp.3万

ワンピースは色・柄ともにバリエーションが豊富。Rp.39万

肩ひも付きのキャミワンピはショートパンツと合わせて。Rp.18万

NECKLACE
カラフルなニットボールとビーズをつないだデザインがユニーク。Rp.9万

BAG
バティック布のバッグは軽くて折りたためるので町歩きに◎。Rp.9万

BRACELET
シルバーのハート型チャームが付いた、ビーズの4連ブレスレット。Rp.7万

DRESS
胸元のギャザーとリボンが大人のかわいらしさを演出してくれる。Rp.39万

乙女心をくすぐるガーリー系

Puspita プスピタ

リゾートにぴったりのワンピースが揃う人気店。日本人がデザインしていて、サイズも日本人仕様なのがうれしい。値段もリーズナブルなので、大人買いしたくなる!

Map 別冊P.11-D3 クロボカン

🏠 Jl. Kayu Aya No.9, Kerobokan ☎ (0361) 730106
🕘9:00～21:00 🈺無休 Card A.J.M.V. 🚶スミニャック・スクエアから徒歩10分 🏠ウブト店 **Map 別冊P.20-A2** など

人気ブティ
手に入れ
リゾート
コレク

BALI発

常夏の島に必須のリゾー
南国に映える
ワンピースから、
キュートなアク
お気に入り
お買い

レディなリゾートスタイルを演出

Asmara アスマラ

リゾートウエアから、バッグやサンダル、スカーフまで、上品なトータルコーディネートを楽しめる。肌触りのよいリネンやシルクを使うなど、素材にもこだわりが。

Map 別冊P.12-B1 チャングー

🏠 Canggu Junction shop 8, Jl. Batu Mejan, Canggu
☎0877-5990-8128(携帯) 🕘9:00～21:00 🈺無休 Card J.M.V. 🚶ラブ・アンカーから徒歩6分 URL asmarabutik.com 🏠クロボカン店 **Map 別冊P.10-B3** など

SCARF
シルクのサロン(伝統的な腰布)はスカーフとしても使用可。Rp.95万

パーティにも使えそうなクラッチバッグ。Rp.47万5000

活動的なスタイルにぴったりのタンクトップRp.46万5000とショーパンRp.67万5000

汗をかいても快適なリネンのロングワンピース。Rp.110万

DRESS
モノトーンでシックに。ロンパースなので動きやすい。Rp.91万5000

SANDAL
ゴールドのストラップが足を華奢に見せてくれる。Rp.69万5000

BAG
ラタンとヤギ革を組み合わせたショルダーバッグ。Rp.77万5000

✉ 「プスピタ」にはかわいいリゾートワンピがたくさんありました!(埼玉県・まんぞう)

DRESS
グリーンのリネンワンピースはきれいめに着こなしたい。Rp.163万9000

ハイビスカス柄のリネンのメンズシャツ。Rp.158万4000

メンズのスイムパンツは南国らしいプリントが◎。Rp.99万

BAG
ころんとしたラウンドシェイプがかわいいストローバッグ。Rp.85万

SANDAL
黒で足元をひきしめて。フラットなので歩きやすい。Rp.120万

大人のための上品なマリンルック
By The Sea バイ・ザ・シー

バリ島内に20店舗以上を展開する老舗ブランド。素材の質には定評があり、シンプルなデザインから南国風のカラフルなものまで幅広い品揃え。メンズやキッズも扱う。

Map 別冊P.11-C3 クロボカン

🏠 Jl. Kayu Aya 20C, Seminyak ☎ (0361) 732198 🕙 10:00～22:00 🈺 無休 Card A.D.J.M.V. 🚶 スミニャック・スクエアから徒歩8分 URL bytheseabali.com 🏠 チャングー店 **Map** 別冊P.12-B1 など

リゾートコーデコレクション♪

ロゴ入りのビーチバッグは容量もたっぷり。Rp.78万

ックでたい！コーデション♪

ウエアは現地調達が◎カラフルなバッグやサンダル、サリーまでまとめてげ♪

バティックの端布を利用したぬいぐるみ。Rp.15万

バティックをおしゃれにアレンジ
Pithecanthropus
ピテカントロプス

「インドネシア文化の再発見」をコンセプトにしたバティック専門店。メンズや子供服もあるのでおみやげ探しにも◎。「エトノロジー」（→P.100）の製品も扱っている。

Map 別冊P.3-C3 サヌール郊外

🏠 Jl. Subak Telaga No.9, Ketewel, Kec. Sukawati ☎ 0819-4630-5162（携帯）🕘 9:00～21:30 🈺 無休 Card J.M.V. 🚶 サヌールから車で20分 URL pithecanthropusbali.com 🏠 ウブド店 **Map** 別冊P.20-A2

伝統的なバティックの柄をアレンジしたメンズシャツ。Rp.110万

常夏のバリ島ですぐに活躍してくれるシックな色合いの扇子。Rp.28万

DRESS
どことなく着物の柄を思わせる、シックなプリントのカシュクールワンピース。Rp.119万

BAG
バティックの布製エコバッグはたたむとポケットに収まる。Rp.15万

SHOES
足元もバティックプリントでまとめて。フラットで歩きやすい。Rp.49万

「ピテカントロプス」にはレストラン「マサマサ」とギャラリー（→P.14）も併設。

9

Ethnologi エトノロジー

ナチュかわガールのお気に入り♪

編みぐるみの表情がかわいらしいキーホルダー。Rp.18万

端布を縫い合わせたブレスレットで手元をキュートに。Rp.22万

「ピテカントロプス」（→P.99）の姉妹店で、こちらは素材やデザインにこだわった草木染め製品を扱う。大人の女性でも着こなしやすい、シックな色合いのウエアが多い。

Map 別冊P.20-A2 ウブド

🏠 Jl. Monkey Forest No.71, Ubud
☎0821-4699-1660（携帯） ◷9:00〜21:00
休無休 CardA.J.M.V. ◷ウブド王宮から徒歩3分
URLwww.ethnologi.com

HAT
柄はアフリカのプリミティブなシンボルをアレンジ。Rp.29万

BAG
藍染め布のポシェット。白とブルーのフリンジがアクセントに。Rp.92万

DRESS
ロイヤルブルーとニュアンスカラーの組み合わせがおしゃれなワンピース。Rp.115万

南国の草花をモチーフにしたバティックのブラウス。Rp.88万

SANDAL
バティック布で作られた鼻緒がふかふかで履きやすい。Rp.15万

DRESS
黒と茶色の幾何学模様がシックなワンピースで大人の女性を演出。Rp.125万

BAG
コーディネートのアクセントとして目を引くゴールドの巾着型バッグ。Rp.169万5000

上質なラムレザーを使用したクラッチバッグ。Rp.197万5000

サンダルとバッグを探すならここ！

Lilla Lane リラ・レーン

アメリカ人女性が手がけるサンダルとバッグの店。上質な革を使った都会的でクールなデザインは、日本でも活躍しそう。フランス人デザイナーによるドレスも扱う。

Map 別冊P.9-C1 スミニャック

🏠 Jl. Raya Seminyak No.8, Seminyak ☎0858-5711-8424（携帯） ◷10:00〜20:00 休無休 CardA.J.M.V. ◷ビンタン・スーパーマーケットから徒歩15分 URLlillalane.com ◷スミニャック・スクエア（→P.136）内など

SANDAL
足元をきれいに見せてくれるデザイン。バリエーションも豊富。Rp.155万

色鮮やかなリゾートウエアが満載

Bali Boat Shed バリ・ボート・シェッド

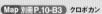

カラフルにペイントされたボートハウス風の外観が目印。オーストラリア人オーナーがデザインする、ポップな模様のウエアが人気。メンズや子供服も充実している。

Map 別冊P.10-B3 クロボカン

🏠 Jl. Kayu Aya No.23A, Seminyak
☎0819-9957-4414（携帯）
◷8:00〜21:30 休無休
CardA.J.M.V.
◷スミニャック・スクエアから徒歩8分

HAT
ヤシの木のワンポイント刺繍がかわいいコーデュロイの帽子。Rp.30万

気分がうきうきしそうなショートパンツ。Rp.47万5000

DRESS
オリジナルプリントのワンピースはゆったりラインで着心地も◎。Rp.65万

BAG
お店のイラストとロゴがプリントされたエコバッグ。Rp.15万

✉ 「バリ・ボート・シェッド」の前に置かれているベンチは写真映え抜群。（徳島県・K）

エッジのきいたストリートカジュアル

Suen Noaj スエンノア

髪をまとめるときに便利なターバン。Rp.15万

Tシャツやワンピース、ショートパンツなど、旬のアイテムがずらり。アクセサリーやバッグもセンスのいいものが多く、メンズファッションも扱っている。

Map 別冊P.10-B3 クロボカン

🏠Jl Kayu Aya No.12, Oberoi, Kerobokan ☎0812-3852-2744(携帯) 🕘9:00～22:00 [休]無休 [Card]A.J.M.V. [交]スミニャック・スクエアから徒歩1分 [URL]suennoaj.com 🏠ウブド店 Map 別冊P.20-A2 など

BAG
丸い形がキュートなレオパード柄のミニバッグ。Rp.19万5000

TOPS
ヤシの木とフラミンゴのプリントがリゾート気分を盛り上げる！ Rp.59万5000

PANTS
くしゃっとした風合いのワッシャー加工でナチュラル感アップ。Rp.59万5000

南国モチーフのフロントジップ付きミニスカート。Rp.57万5000

DRESS
バティック布のコットンワンピース。シンプルなデザインで着心地も◎。Rp.40万

BAG
ジーンズをリメイクしたバッグは大きめサイズでヨガウエアも入る。Rp.40万

NECKLACE
ピンクのフリンジがキュートなビーズネックレスはオーナーの手作り。Rp.10万

神聖な力が宿るといわれるルドラクシャ（菩提樹の実）のブレスレット。各Rp.10万

ヨガウエアや手作りアクセも充実

Dunia ドゥニア

インドネシアの伝統的なバティックやインド布を使ったウエアは、色と柄のバリエーションが豊富。自らもヨガをするというオーナーがデザインしたウエアも扱う。

Map 別冊P.20-B2 ウブド

🏠Jl. Hanoman No.23, Ubud ☎(0361) 2735225 🕘9:00～20:00 [休]無休 [Card]A.J.M.V. [交]ウブド王宮から徒歩10分 [URL]dunia-bali.com

手間暇かけた唯一無二の服

Atelier Manis アトリエ・マニス

インドネシアやアジアの国々を巡って見つけた布からていねいに仕立てられた、宝物のような服に出合える店。一点ものが多いので、気に入ったら即買いがおすすめ！

Map 別冊P.20-B2 ウブド

🏠Jl. Dewi Sita, Ubud ☎(0361) 970958 🕘月～金10:00～20:00、土・日11:00～19:00 [休]無休 [Card]A.J.M.V. [交]ウブド王宮から徒歩7分 [URL]ateliermanis.com

ソカシ（お供え物を入れるカゴ）をモチーフにした大判スカーフ。Rp.80万

タイシルクのジャケット。裏地のプリント生地がおしゃれ！ Rp.220万

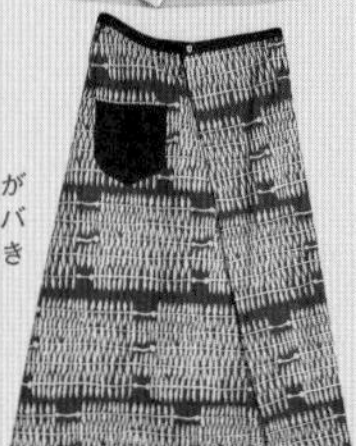
青いポケットがアクセントのバティックの巻きスカート。Rp.190万

TOPS
日本製のリネンから作られたブラウスは、深みのある鮮やかな赤が印象的。Rp.230万

SKIRT
繊細で美しい絵柄は、熟練の職人さんによる手描きバティックならでは。Rp.240万

BAG
インドの伝統的なブロックプリントは、ハンドメイドの優しい風合い。Rp.170万

バリ島で売られているウエアは西洋人向けのサイズも多いので必ず試着してみよう。

Ata

クオリティ自慢のアタ専門店
アシタバ
Ashitaba

幅広いデザインとラインアップが自慢のアタグッズの老舗。自社工房で手作りされるバッグは、編み目も細かく高品質だと評判。

[Map] 別冊P.9-C1 スミニャック

⌂Jl. Raya Seminyak No.6, Seminyak ☎(0361)737054 🕘9:00～21:00 [休]無休 [Card]A.J.M.V. [交]ビンタン・スーパーマーケットから徒歩15分 [他]ウブド店 [Map] 別冊P.20-A3

アタってどんなもの？

バリ島に自生するシダ科の植物アタの茎を裂いて編み、1週間ほど天日干ししたあと、ココナッツチップで燻して完成。もともとはお供え物を入れる器や、魚を入れるビクなどに使われていたそう。

バティック布が印象的なスケルトンタイプ
Rp.51万5000

Rp.60万
網目から透けるグリーンの布地がポイント

網目の美しさが際立つシンプルなデザイン
Rp.55万

光沢のあるダークカラーが大人っぽい雰囲気
Rp.58万5000

伝統の手仕事が
キュートな

バリみやげの定番アタバッグから
さらには布バッグやレザーバッグまで。
抜群で、バリでも日本でも

Basket

卸し売り価格がうれしい
スカ・バリ・スカ
Suka Bali Suka

カゴバッグのほか、布バッグや小物類も充実している。海外への輸出も手がけており、問屋ならではの手頃な値段設定がうれしい。

[Map] 別冊P.9-C1 スミニャック

⌂Jl. Raya Basangkasa No.16A, Seminyak ☎0858-5747-8443(携帯) 🕘9:00～20:00 [休]無休 [Card]不可 [交]ビンタン・スーパーマーケットから徒歩15分

カラフルなポンポンとビーズでキュートに
Rp.35万

ラタンのカゴバッグをレースでおめかし♪
Rp.35万

Rp.35万
南国リゾートにぴったりの個性的なデザイン

Rp.20万
透けて見える南国モチーフのプリントが◎

派手なバッグはインテリアとしても使えそう
Rp.37万5000

Cloth

ウブド発の人気ブランド
シシ
Sisi

アジアやバリのプリント布によるグラニーバッグの人気ショップ。サイズはSMLの3展開で、色柄とも豊富なラインアップ。

[Map] 別冊P.21-D3 ウブド南部

⌂Jl. Nyuh Kuning No.2, Pengosekan, Ubud ☎0851-0323-5151(携帯) 🕘9:00～18:00 [休]無休 [Card]J.M.V. [交]ウブド王宮から車で10分 [URL]sisibag.shop

どれもかわいい～

「アシタバ」はランチョンマットやコースターなどのアタ製品も豊富。(富山県・桜)

かわいく進化！
バッグに夢中

台形のミニバッグは着物にもマッチしそう

Rp.50万

ちょっとしたお出かけにも便利なボックス型

Rp.50万

コーディネートしやすいシンプルな形が◎

Rp.42万5000

人気のサークル形はピンクの内布がキュート

Rp.55万

ストローや水草で編んだバスケット、リゾートファッションとの相性も大活躍してくれるはず！

ネックレスやピアスなど、革の端材で作られたアクセサリーも人気！

Rp.1万5000

柔らかなヤギ革を使用。収納力があり肩掛けもOK

Rp.75万

Rp.17万5000

どんな服にも合わせやすいシルバーのミニトート

Rp.49万

オリジナルのバッグとアクセ

ナナン
Nanan

手縫いのレザーバッグや小物、真ちゅうのアクセサリーなどを扱う。デザイン性と使いやすさを重視したアイテムは価格も良心的。

Map 別冊P.20-B2 ウブド

🏠 Jl. Gootama Selatan No.24, Ubud ☎0813-3844-9019（携帯）🕙10:00〜18:00 ㊡無休 Card A.J.M.V. 🚃ウブド王宮から徒歩15分 URL nananbali. thebase.in

アタバッグの上手な選び方&使い方

※編み目が細かく、きれいに揃っているものが上質

※汚れたら軽く水洗いし、日陰でしっかり乾かして

※湿気が多いとカビがはえることもあるので、乾燥した場所で保管を

キュートなバッグに夢中

Rp.60万

バタフライをかたどったデザインがユニーク

leather

Rp.25万

ポケットにも入るコンパクトで機能的な財布

Rp.50万

シンプルなデザインで使いやすいお財布ショルダー

インド製ブロックプリントは人気の定番商品

Rp.25万5000

Rp.25万5000

黄色のボタンの花とグリーンがさわやか

Rp.29万

雨の日でも安心な防滴ラミネート（肩ひもは別途Rp.5万〜）

「シシ」にはヘルシーカフェが併設されていて、食事やティータイムにも便利。

ハッピーをかなえる神秘の輝き♥パワーストーン

鮮やかなピンク色のルビーと純白の貝を組み合わせた20金のネックレス。Rp.303万3000

深い瑠璃色のラピスラズリが印象的なシルバーネックレス。Rp.145万5000

「勝利の石」ヘマタイトとブラックオニキス、パールをつなぎあわせたブレスレット。Rp.66万5000

和名ではトルコ石と呼ばれるターコイズを使ったシルバーリング。Rp.47万5000

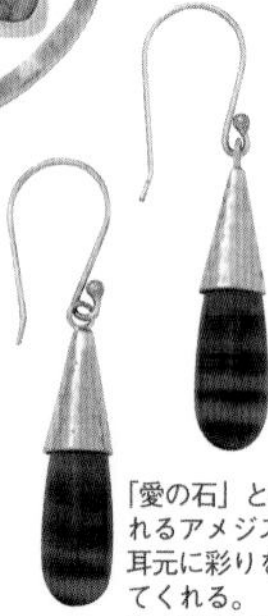

「愛の石」と呼ばれるアメジストが耳元に彩りを添えてくれる。Rp.82万5000

Check!
外部からの邪気を払い、元気がないときに身に付けるとエネルギーをチャージしてくれるというラピスラズリは、旅のお守りにも◎

神秘的な個性派ジュエリー

Sea Gypsy
シー・ジプシー

オーストラリア女性がデザインを手がけるアクセサリーショップ。バリの自然やスピリチュアルな文様をモチーフにしたものなど、個性的なアイテムが見つかる。

[Map] 別冊P.11-C3 クロボカン

🏠Jl. Kayu Aya No.48X, Kerobokan
☎0812-3778-2007（携帯）
🕘8:00～20:00 [休]無休 [Card]A.J.M.V.
[URL]seagypsyjewelry.com
[交]スミニャック・スクエアから徒歩2分

ガムランボールやフランジパニなどをモチーフにしたシルバーアクセサリーの品揃えが充実している。工房を併設しており、ワークショップも開催（→P.105はみだし）。

[Map] 別冊P.16-B3 サヌール

🏠Jl. Danau Tamblingan No.190, Sanur ☎0813-3860-8566（携帯）
🕘9:00～22:00 [休]無休 [Card]J.M.V.
[URL]www.sayang-bali.com [交]シンドゥー市場から車で5分

ガムランボールならここ！

Sayang
サヤン

Check!
ガムランボールは中に真ちゅうの玉が入っていて、振るとシャラーン♪と美しい音色を奏でる。別名ドリームボールとも呼ばれ、身に付けていると願い事がかなうといわれる。

ルビー付きのハート型ガムランボール。ペンダントトップなどに。Rp.28万5000

バリ島を代表する花、フランジパニをモチーフにしたリング。Rp.23万

フランジパニのピアスは富と金運を象徴するシトリン付き。Rp.48万9000

お守りとして身に付けたいガムランボールのブレスレット。Rp.48万

「愛を育む石」と呼ばれるローズクオーツは恋愛力アップに！Rp.42万（チェーンは別途）

あなたのお気に入りはどれ？

さまざまな意味や効果をもつとされる天然石。誕生石を選んでもいいし、今の自分にとって必要なパワーをもつ石を身に付けるのも◎。

※誕生石やその意味は国によって変わることも。右記はその一例です。

1月

ガーネット
Garnet
自尊心を高め意志の決定を助ける

2月

アメジスト
Amethyst
隠された能力や魅力を引き出す

3月

アクアマリン
Aquamarine
心を軽くし平和な気持ちへと導く

4月

ジルコン
Zircon
ネガティブな感情を払い愛情を運ぶ

5月

エメラルド
Emerald
感情を鎮め体と心のバランスを取る

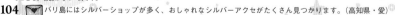

✉バリ島にはシルバーショップが多く、おしゃれなシルバーアクセがたくさん見つかります。（高知県・愛）

＆スピリチュアルアクセ

神秘的なエネルギーが宿るとされるパワーストーンや
スピリチュアルなモチーフをあしらったアクセサリー。
自分へのごほうびに、とっておきを探しに行きましょう♪

Map 別冊P.20-B2 ウブド

悪い気を払い、幸運を呼ぶといわれるシルバー。その質感を生かしたシンプルなスピリチュアルアクセには、バリの神聖な文字やマントラをデザインしたものも。

🏠 Jl. Hanoman No.15, Ubud
☎ 0812-3651-809（携帯）🕘9:00
〜20:30 🈺無休 **Card** A.J.M.V.（手数料2%）
🚶ウブド王宮から徒歩10分

> セクシャルな力という3色の石を使ったピアス。
> Rp.57万5000

Check!
「オーム・シャンティ」は古代インドから伝えられてきたマントラ（真言）のひとつ。シャンティは平和・平穏・静寂という意味。

> 平和を願うマントラ「オーム・シャンティ」が刻まれたペンダントトップ。
> Rp.17万
> （チェーンは別途）

> ペンダントトップはタロットカードをモチーフにしたもの。
> Rp.20万
> （チェーンは別途）

> 現地の砂を使ってバリの海を表現した人気シリーズ「I Miss Bali」のリング。Rp.29万

> バリの空を飛ぶ鳥をイメージしたブレスレット。
> Rp.65万5000

バリの自然や文化がモチーフ

Yin Jewelry
イン・ジュエリー

コンセプトは「バリのスピリットを身に付ける」。海や寺院をモチーフにしたものなど、個性的なアイテムが揃う。普段使いしやすいシンプルなデザインが多い。

Map 別冊P.20-B2 ウブド

🏠 Jl. Dewi Sita, Ubud ☎ (0361)
970718 🕘9:00〜21:00 🈺無休
Card A.J.M.V. 🔗www.yinjewelry
forthesoul.com 🚶ウブド王宮から徒歩10分

シルバーアクセサリーが人気

Studio Perak
スタジオ・ペラッ

> 「清らかな心」や「精神的な目覚め」のシンボルとされる蓮の花をかたどったピアス。Rp.27万〜

Check!
古代サンスクリット語の「オーム OM」は、ヒンドゥー教を信仰するインドやバリで神聖とされるマントラで、心の平穏をもたらす。

> 「オーム」の文字をかたどったペンダントトップ。
> Rp.8万〜（サイズにより値段が異なる）

> 古代から神聖とされてきた幾何学パターン、フラワー・オブ・ライフ（生命の花）Rp.8万〜

> 人体に7つあるチャクラ（気の通り道）のうち第2チャクラを表したもので、性的なパワーをアップさせる。
> Rp.7万5000〜

パワーストーン＆スピリチュアルアクセ

6月
パール
Pearl
心を落ち着かせ平和な状態にする

7月
ルビー
Ruby
危険や災難から守り勝利へと導く

8月
ペリドット
Peridot
ストレスを和らげ智恵をもたらす

9月
サファイア
Sapphire
依存心を除き精神的な自立を助ける

10月
オパール
Opal
よい変化をもたらし愛をはぐくむ

11月
シトリン
Citrine
緊張や不安を除きポジティブな心に

12月
ターコイズ
Turquoise
勇気をつけ邪悪なものから身を守る

「サヤン」ではワークショップを行っており、オリジナルの指輪などをRp.45〜80万で製作できる。

インドネシアの伝統布
バティック&イカットに恋して♥

バティックについて→P.61

バティック豆知識
バティックとひと口にいっても、バティック・トゥリスという手描きの高級品から、チャップという押し型を使ったもの、プリント染めまで、その種類はいろいろ。またみやげ物として売られているバティックには、工場で大量生産されたものが多い。

日本ではジャワ更紗と呼ばれるバティックと、かすり織りのイカット。伝統的な布からファッションアイテムや雑貨にアレンジしたものまでどれもステキで、あれもこれも欲しくなっちゃうこと間違いなし！

スカーフは冷房対策にも◎

お気に入りを見つけて♪

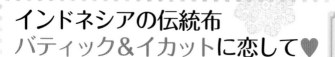

Lucy's Batik
ルーシーズ・バティック

インドネシア中のバティックが大集合！

Map 別冊P.11-D3 クロボカン

世界にたったひとつの手描きバティックから、普段使いにぴったりのプリント布まで、品揃えはバリ随一。ファッションアイテムや雑貨も充実している。

🏠 Jl. Raya Taman No.6, Seminyak　☎0851-0095-1275（携帯）　🕐10:00～19:00
🚫無休　💳A.J.M.V.　🚗スミニャック・スクエアから車で5分　URLwww.lucysbatik.com

1. コースター各Rp.2万　2. シルクのスカーフRp.62万5000　3. サルのぬいぐるみRp.25万　4. ポーチRp.12万5000　5. カフェエプロンRp.9万8000
6. 小物もかわいい

Batik Catalogue ▶▶

ソロ *Solo*
ジャワ島中部

ソガという木の皮で染めた茶色が特徴。仕上げに黄色の染料を使うので赤茶色に仕上がる。

チルボン *Chirebon*
ジャワ島北西部

中国の影響を受けたモチーフが多い。写真の「メガムンドゥン（雨雲）」柄が有名！

インドラマユ *Indramayu*
ジャワ島北西部

動物や草花を組み合わせた繊細な柄が多い。布一面に点描を散らすのがいちばんの特徴。

マドゥラ *Madura*
ジャワ島北東部

地模様に「グリ（引っ掻く）」と呼ばれる線描きが施され、素朴で力強い魅力をもつ。

プカロガン *Pekalongan*
ジャワ島北部

花柄「ブケタン」が特徴。西洋向け製品を作っていたのでエレガントな印象の柄が多い。

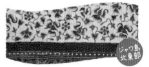

ラスム *Lasem*
ジャワ島北東部

美しい発色の茜染めで有名。中華系の影響を受けた柄が多い。製作者が減っていて希少。

「ルーシーズ・バティック」では2～3日あればウエアや雑貨のオーダーメイドも可能です。（山形県・べこ）

フォーマルにも活躍

インドネシア・マダム御用達ブランド

BIN House
ビン・ハウス

世界的に有名なバティックデザイナー、コマラさんが1986年に創立。織りや染めなど何人もの職人たちによって作られるバティックは、まさに芸術作品。

Map 別冊P.9-C2 スミニャック

🏠 Made's Warung 2, Jl. Raya Seminyak ☎(0361)732120 🕙10:00～23:00 ㊡無休 **Card** A.J.M.V. Ⓟビンタン・スーパーマーケットから徒歩10分 **URL** binhouse.jp 🏬ディスカバリーモール(→P.141)内など

1. インドネシアの伝統衣装であるクバヤ風ブラウスRp.80万
2. 色柄ともに豊富なシルクのストールはRp.65万〜 3. シルクの布を縫い合わせたバッグRp.95万
4. ノースリーブのブラウスRp.80万

伝統文化を守るショップ兼ギャラリー

Threads of Life スレッズ・オブ・ライフ

インドネシアの伝統工芸の存続を目的とするフェアトレードショップ。ため息が出るほど美しいイカットや、素朴で力強い編みカゴなどの商品は高価だが、一見の価値あり!

Map 別冊P.20-A1外 ウブド

🏠 Jl. Kajeng No.24, Ubud ☎(0361)972187 🕙10:00～18:00 ㊡無休 **Card** A.J.M.V. Ⓟウブド王宮から徒歩5分 **URL** threadsoflife.com

ティモール地方の織物

モダンなデザイン

伝統的な手法で作られるテキスタイル

Ikat Batik
イカット・バティック

ウブド郊外のペジェン村で女性たちによって作られたインディゴ染のバティック製品を扱う。幾何学的な模様をあしらったデザインはここのオリジナル。

Map 別冊P.20-A3 ウブド

🏠 Jl. Monkey Forest, Ubud ☎(0361)975622 🕙9:00～21:00 ㊡無休 **Card** A.J.M.V. Ⓟウブド王宮から徒歩15分

1. 手描きバティック 2. クッションカバーRp.60万 3. クローブが入ったサシェは防虫に。各Rp.4万
4. ティモール地方のスレンダン(帯) Rp.100万

1. コースター各Rp.4万5000 2. クッションカバーRp.40万 3. シルクシフォンのスカーフRp.25万 4. 瀟洒な邸宅を利用した店内に、大判の布やクッション、ファッションアイテムなどが並んでいる

バティック&イカットに恋して

バティックはサロン(腰布)として使用されるほか、テーブルクロスなどインテリアに利用するのも◎。

オリジナルのファブリックが充実

Balizen
バリゼン

気分がアップしそうなポップでカラフルな雑貨がずらり。ベッドカバーから小物まで、色ごとに分けてディスプレイしてあるので、コーディネートのイメージも湧きやすいはず！

Map 別冊P.9-C1 スミニャック

🏠 Jl. Raya Basangkasa No.40, Seminyak ☎(0361)738816 ⏰10:00〜18:00 休無休 Card A.J.M.V. ビンタン・スーパーマーケットから徒歩20分 🔖ウブド店 **Map 別冊P.20-A3**

バンブーコースター
中に竹の枝を敷きつめてある。Rp.18万5000（4枚セット）

サラダサーバー
持続可能な方法で収穫されたマンゴーの木を使用。Rp.17万5000

クッションカバー
色も柄も豊富なのでお気に入りを選んで。Rp.16万5000

木製プレート
フルーツやお菓子を盛りつけても◎。Rp.15万5000

傘のオブジェ
バリの祭礼で使われる傘のミニチュア版。Rp.34万（小サイズ）

スタッフひとめ惚れ♥

ポットマット
ヤシの木を彫刻した木製プレートは鍋敷きに。Rp.9万

ひとめ惚れアイテ
インテリア雑貨

バリと西洋のデザインが融合し、ハイ
南国の風を運んでくれるアイテムで

スプーン＆フォーク
ヤシの木とパイナップルがかわいい！各Rp.9万5000

スタッフひとめ惚れ♥

アロマキャンドル
火をともせばバリの思い出がよみがえりそう。Rp.28万

ランチョンマット
ラタンを編んだマットの周りを貝でおめかし。Rp.12万

編みぐるみ
バリの女性たちが一つひとつ手作り。Rp.22万

ノート
表紙にはアンティーク風のバティックを使用。各Rp.12万

チークのプレート
チーズを盛りつけたりとホームパーティで活躍しそう。Rp.28万

ナチュラルテイストがすてき

Bungalow Living
バンガロー・リビング

Map 別冊P.13-D2 チャングー

コロニアルスタイルの店内に、乙女心をくすぐる雑貨がぎっしり。家具や照明といった大きなものから、テーブルウエアなどの小物まで、トータルにコーディネートできる。斜め向かいにも店舗があるので要チェック！

🏠 Jl. Pantai Berawa No.35A, Canggu ☎0823-4199-9452（携帯）⏰9:00〜17:30 休日 Card A.J.M.V. URL www.bungalowlivingbali.com 🔖ラブ・アンカーから車で10分

 「バリゼン」はオリジナル生地のワンピースやホームウエアもすてきです。（宮崎県・まんごー）

ムがいっぱい！
ハンティング

センスな雑貨が揃うインテリアショップ。お部屋をアジアンにコーディネート！

伝統とモダンをミックス

Mercredi
メルクレディ

おしゃれなファブリックから、レトロなホーロー食器まで、フランス人デザイナーのセンスが光る品揃え。品質も確かで、ワンランク上のコーディネートが狙える！

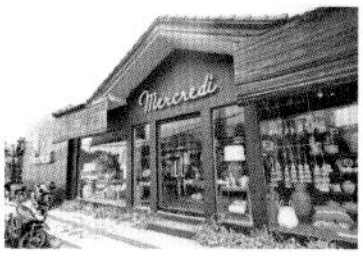

Map 別冊P.11-D3 クロボカン

🏠Jl. Raya Taman No.150, Seminyak
☎0878-6683-2557(携帯)
🕘9:00～21:00 [休]無休 [Card]M.V.
[交]スミニャック・スクエアから徒歩20分

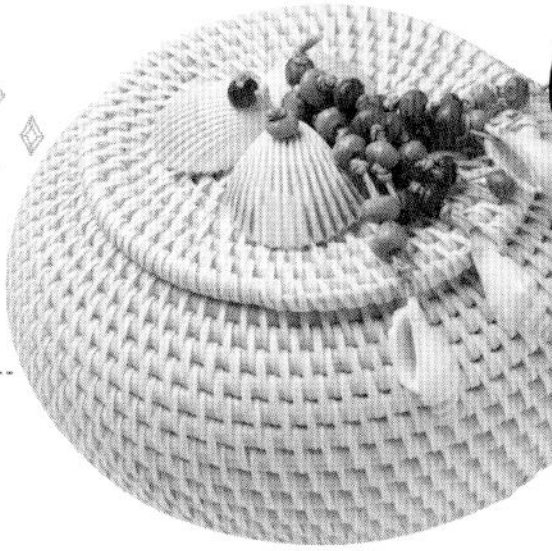

スタッフひとめ惚れ

ラタンの小物入れ
蓋のシェルとビーズがおしゃれ。Rp.28万5000

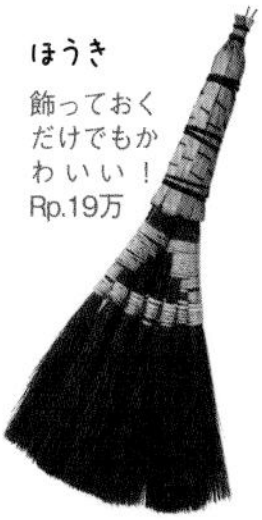

ほうき
飾っておくだけでもかわいい！Rp.19万

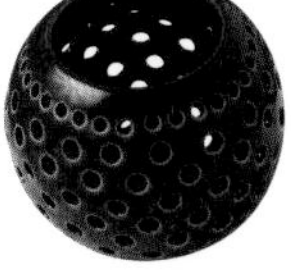

キャンドルホルダー
ロウソクの明かりが丸い穴から漏れて幻想的。Rp.8万5000

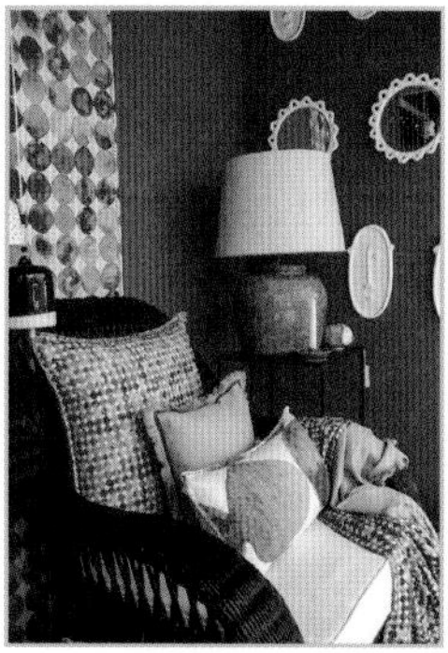

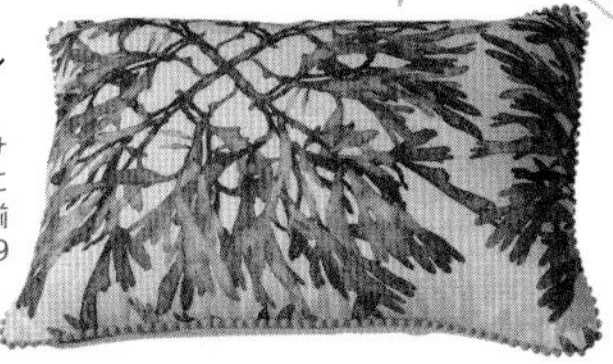

クッションカバー
色や柄、サイズともに豊富に揃う。Rp.39万5000

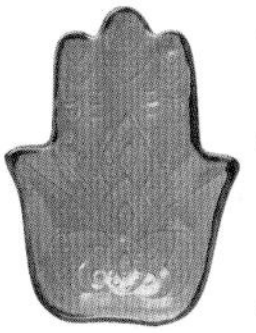

陶器のプレート
魔除けのお守り「ファティマの手」をかたどったもの。Rp.15万5000

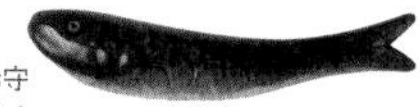

魚の置物
はし置きとしても使えそう。Rp.22万

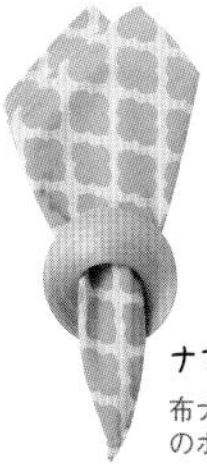

ナプキン＆ホルダー
布ナプキンRp.5万5000と竹のホルダー。Rp.4万5000

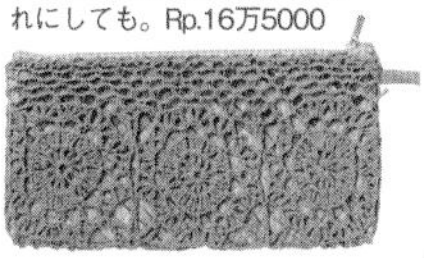

ポーチ
横長なので財布や貴重品入れにしても。Rp.16万5000

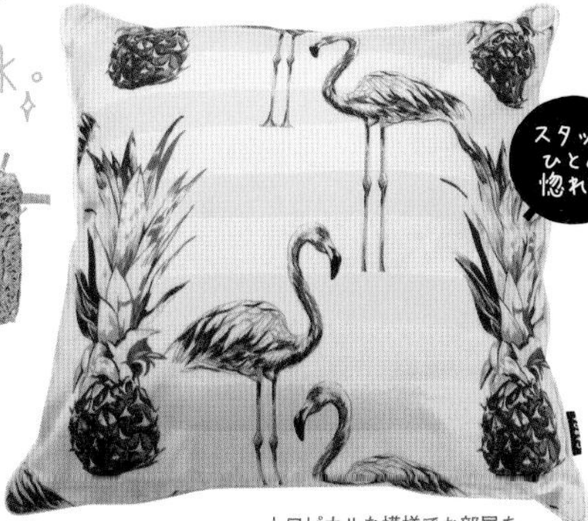

スタッフひとめ惚れ

クッションカバー
トロピカルな模様でお部屋を南国ムードに。Rp.25万

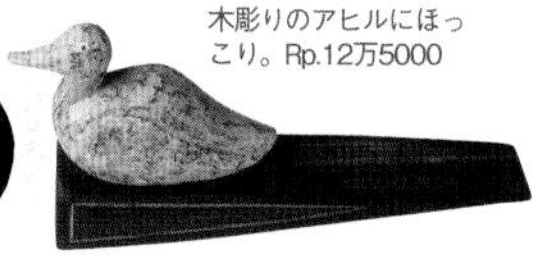

ドアストッパー
木彫りのアヒルにほっこり。Rp.12万5000

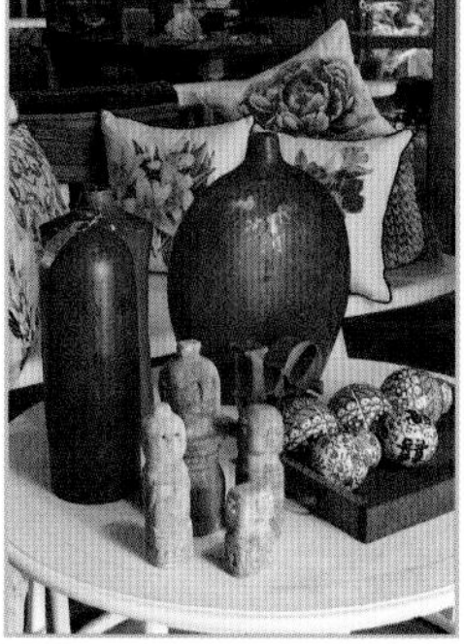

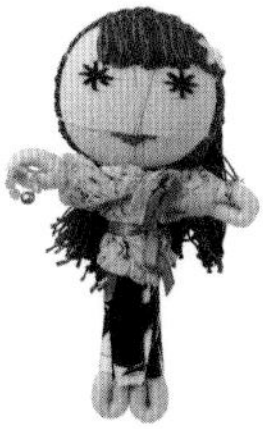

チャリティードール
売上は孤児の援助や教育のために寄付される。Rp.15万

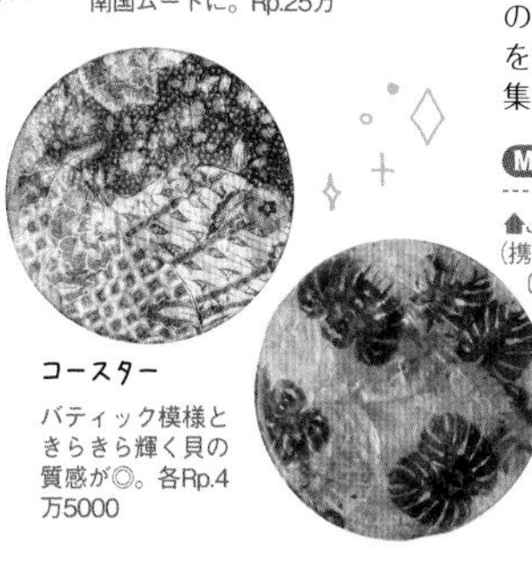

コースター
バティック模様ときらきら輝く貝の質感が◎。各Rp.4万5000

きっとお気に入りが見つかる！

Carga
カルガ

一軒家の店内はまるでギャラリーのよう。オーストラリア人オーナーのデザインによるオリジナル商品をはじめ、インドネシア各地から集められたユニークな雑貨が並ぶ。

Map 別冊P.10-B2 クロボカン

🏠Jl. Petitenget No.886 ☎0813-3858-8988(携帯) 🕘9:00～21:00 [休]無休 [Card]A.J.M.V.
[交]スミニャック・スクエアから徒歩20分

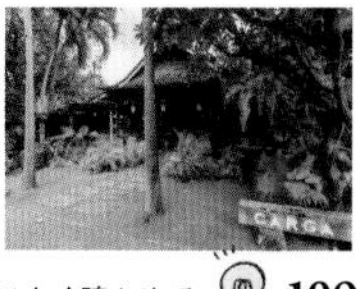

バリで売られているクッションカバーは、日本の標準サイズ（45cm×45cm）と違うことも。買う前によく確かめて。

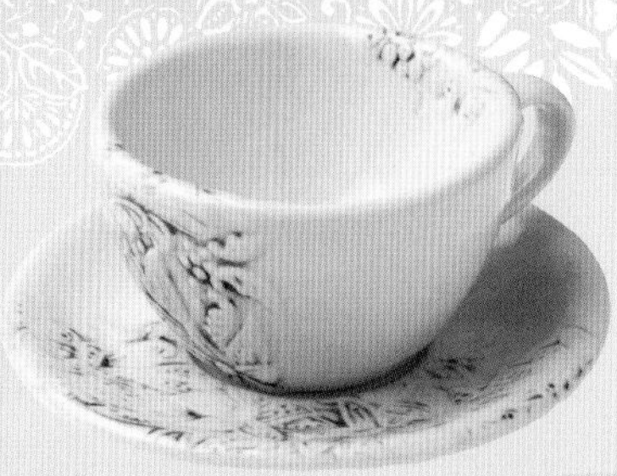

バティックの模様をあしらったカップRp.16万＆ソーサーRp.11万

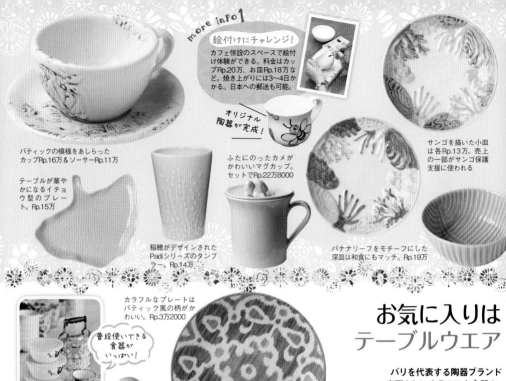

more info 1

絵付けにチャレンジ！

カフェ併設のスペースで絵付け体験ができる。料金はカップRp.20万、お皿Rp.18万など。焼き上がりには3～4日かかる。日本への郵送も可能。

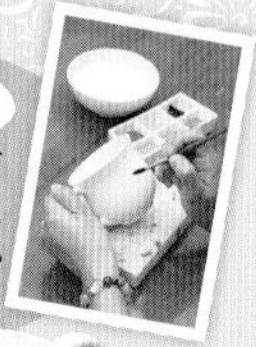

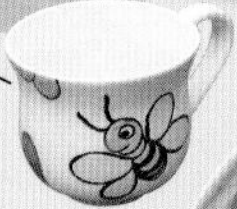

オリジナル陶器が完成！

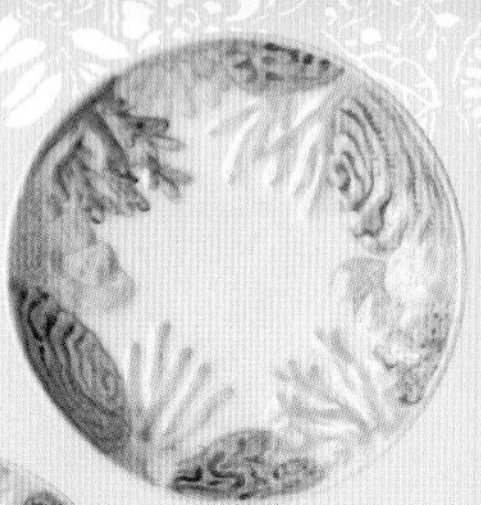

サンゴを描いた小皿は各Rp.13万。売上の一部がサンゴ保護支援に使われる

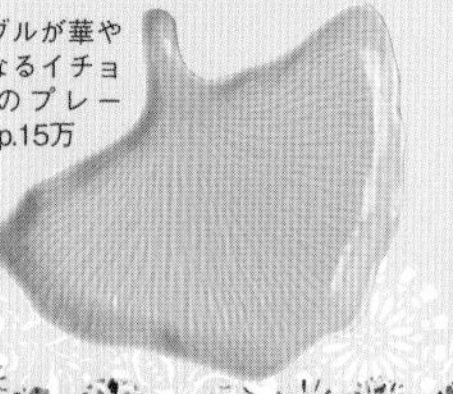

テーブルが華やかになるイチョウ型のプレート。Rp.15万

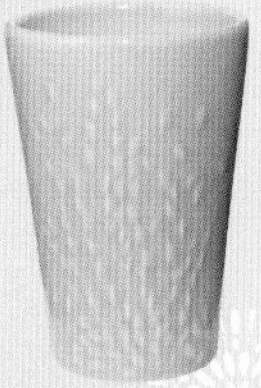

稲穂がデザインされたPadiシリーズのタンブラー。Rp.14万

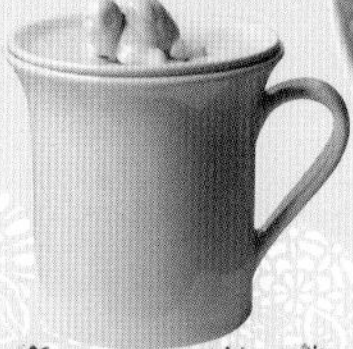

ふたにのったカメがかわいいマグカップ。セットでRp.22万8000

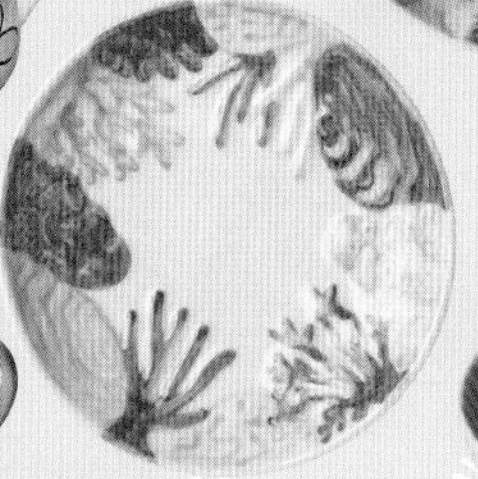

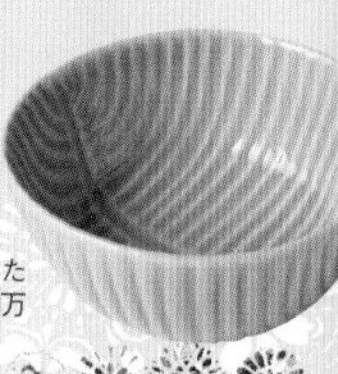

バナナリーフをモチーフにした深皿は和食にもマッチ。Rp.19万

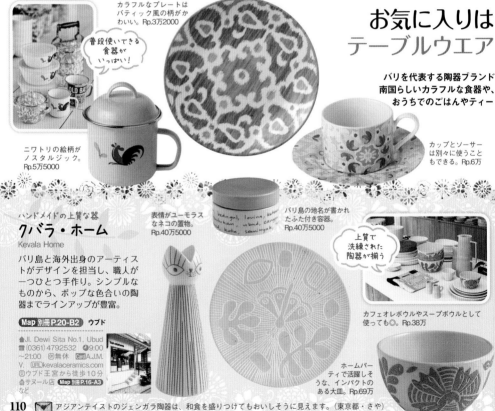

お気に入りは テーブルウエア

バリを代表する陶器ブランド
南国らしいカラフルな食器や、
おうちでのごはんやティー

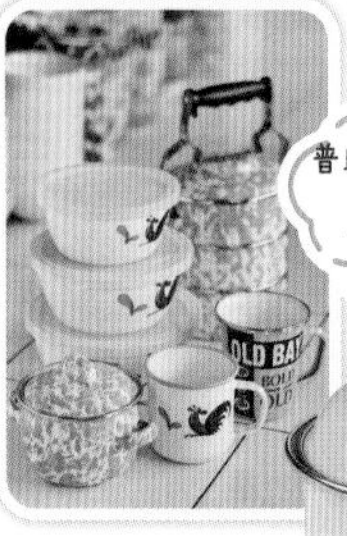

普段使いできる食器がいっぱい！

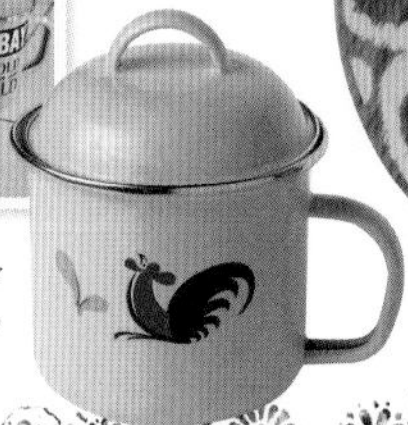

ニワトリの絵柄がノスタルジック。Rp.5万5000

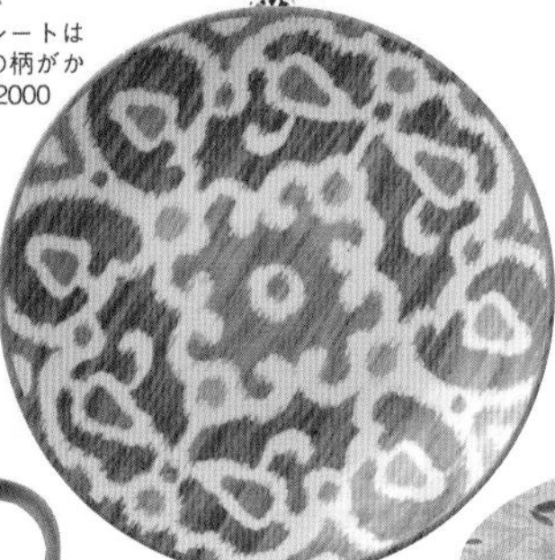

カラフルなプレートはバティック風の柄がかわいい。Rp.3万2000

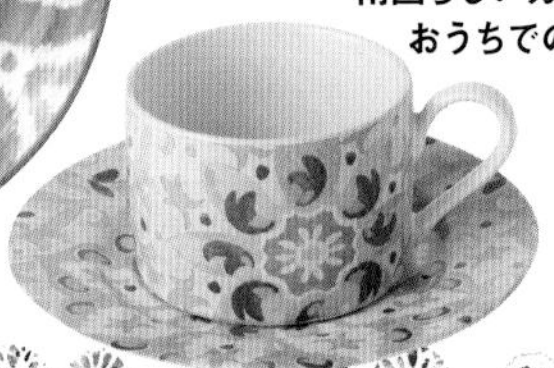

カップとソーサーは別々に使うこともできる。Rp.6万

ハンドメイドの上質な器

クバラ・ホーム

Kevala Home

バリ島と海外出身のアーティストがデザインを担当し、職人が一つひとつ手作り。シンプルなものから、ポップな色合いの陶器までラインアップが豊富。

[Map] 別冊P.20-B2 ウブド

⌂Jl. Dewi Sita No.1, Ubud ☎(0361) 4792532 ⏰9:00～21:00 [休]無休 [Card]A.J.M.V. [URL]kevalaceramics.com 🚶ウブド王宮から徒歩10分 ⌂サヌール店 [Map] 別冊P.16-A3 など

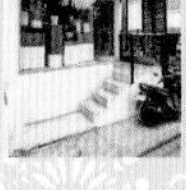

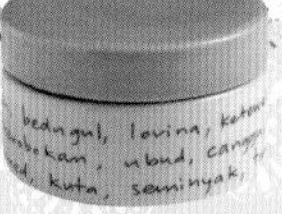

バリ島の地名が書かれたふた付き容器。Rp.40万5000

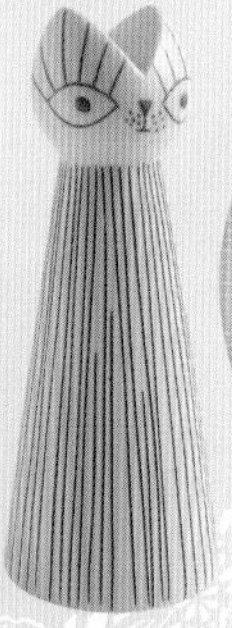

表情がユーモラスなネコの置物。Rp.40万5000

ホームパーティで活躍しそうな、インパクトのある大皿。Rp.69万

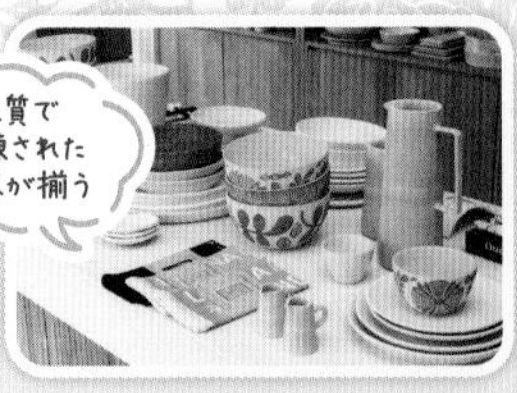

上質で洗練された陶器が揃う

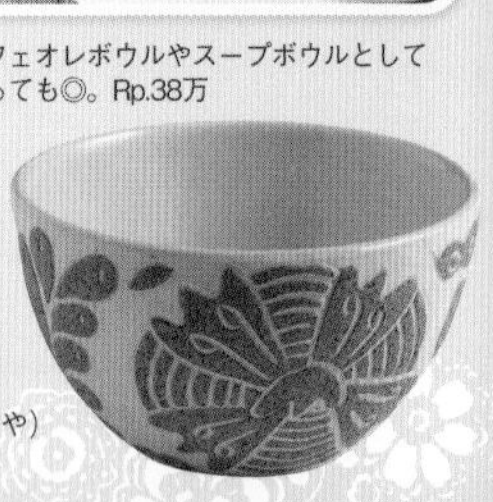

カフェオレボウルやスープボウルとして使っても◎。Rp.38万

✉ アジアンテイストのジェンガラ陶器は、和食を盛りつけてもおいしそうに見えます。（東京都・さや）

人気のフランジパニシリーズ。使いやすいオーバル型。Rp.25万

フランジパニをかたどった小鉢Rp.10万とはし置きRp.6万

ジェンガラ・ケラミック
Jenggala Keramik

「アマン」をはじめ数多くの高級ホテルで使用され、世界的に有名になった。バリの自然をモチーフに取り入れつつ、洗練されたモダンなデザインが特徴。

Map 別冊P.14-A3　ジンバラン

🏠Jl. Ulwatu II, Jimbaran
☎(0361)703311　⏰9:00〜19:00（カフェ〜18:00）🈺無休 **Card** A.J.M.V.　🚗空港から車で20分 **URL** www.jenggala.com

バリの伝統的な編みカゴをモチーフにしたIngkaコレクション。Rp.15万

和風なティーポットは鳥居の形の持ち手がユニーク。Rp.67万

more info2

アウトレットもcheck!

ジェンガラ・ケラミック直営のアウトレットショップ。正規品の30〜50%オフで購入できるのがうれしい。

お値打ち品が見つかる!

ジェンガラ・オン・サンセット
Jenggala On Sunset

Map 別冊P.5-D1　クタ郊外

🏠Jl. Sunset No.1, Kuta
☎(0361)766466　⏰9:00〜19:00 🈺無休 **Card** A.J.M.V.
🚗クタ・スクエアから車で10分

どれ？
コレクション

「ジェンガラ・ケラミック」をはじめ、手作りのぬくもりを感じる焼き物たち。タイムが楽しくなっちゃう♪

丈夫で使いやすいホーロー製マグカップ。Rp.6万

さまざまな用途に使えそうなミニ皿。各Rp.2万

持ち運びに便利な取っ手付きホーロー容器。Rp.9万5000

ユーディー・ヌリア
UD Nuriah

小売りもOKの問屋で、店内には食器や保存容器、ケトルなどがぎっしり。陶器のほかレトロなホーロー製品も充実している。お手頃価格なのも◎。

Map 別冊P.4-A1　クロボカン

🏠Jl. Gunung Jaya Wijaya No.31, Kerobokan
☎0811-398-546（携帯）
⏰9:30〜18:00 🈺無休
Card M.V.（手数料2%）🚗スミニャック・スクエアから車で20分

テーブルコーディネートを楽しんで

ふたにストロー用の穴がついたヤシの実型カップ。Rp.20万

バリらしい器を探すなら

ウブド・セラミックス
Ubud Ceramics

同じ通りに2店舗あり、陶器ではウブドいちの品揃えを誇る。テーブルウエアやキッチン小物のほか、木彫り製品も扱う。

Map 別冊P.20-B2　ウブド

🏠Jl. Dewi Sita, Ubud
☎0852-3739-8685（携帯）
⏰9:00〜20:00
🈺無休
Card A.J.M.V.
🚶ウブド王宮から徒歩10分

バナナの葉をかたどった小鉢は、和食にも合いそう。Rp.20万

淡いグリーンがステキな、ハスの葉モチーフのティーポット。Rp.25万

陶器を買う予定の人は、エアキャップ（プチプチ）やガムテープなど梱包材を日本から用意していくと便利。

バラマキみやげもOK！ プチプラ雑貨 大集合

Rp.10万以下で買える！

～Rp.3万（約285円）

ボクたち仲間だよ！

Rp.3万
なんともかわいい木彫りの動物（10個セット）
B

きらきらと輝くシェルコースター D
Rp.2万8000

ゾウと魚をかたどったマグネット（2個セット）
A
Rp.2万5000

Rp.3万
ロータスやジャスミンなど花の香りのキャンドルセット
B

～Rp.5万（約475円）

各Rp.5万
文字がアクセントのビーズブレスレット C

刺繍がキュート

サルがちょこんとのったバナナカレンダー G
Rp.4万5000

Rp.4万5000
1年中使えるフクロウの木彫りカレンダー F

各Rp.3万1400
コインケースに便利な刺繍入りミニポーチ

～Rp.10万（約950円）

小物入れに便利♪

フリンジがおしゃれなふた付きラタンの小物入れ D
Rp.7万8000

ビーズを貼り付けた木製容器は容量もたっぷり
Rp.8万

きらきらと輝く貝のディッシュは小物置きに
A

フルーツの絵柄がかわいいビーズのミニポーチ E
各Rp.9万

Rp.9万5000

112 「茶茶」でネームプレートを作りました。1～2時間で仕上げてくれ、料金Rp.6万5000。（秋田県・クミ）

バリみやげの定番ビンタングッズから、ほっこり和む木彫りまで、
Rp.10万＝約950円以下で買えるアイテムがざっくざく。
自分用にもおみやげ用にも、いっぱいゲットしちゃおう！

BIR PILSENER BINTANG BALI PILSENER BEER

バリのビールといえば
これ！ビンタン印の
マグネット
Rp.2万5000 Ⓐ

スーパーマン衣装の
ネコキーホルダー
Rp.1万5000 Ⓔ

WELCOME

カラフルな
バリネコ♪
各Rp.1万

表情が
愛らしいネコの
マグネット Ⓑ

フランジパニの
フローティングキャンドル
（10個入り）
Rp.2万8000 Ⓑ

玄関に置きたい
木彫りの
ウエルカムネコ
Rp.2万9000 Ⓔ

バラとハスの
花の香り♪
Rp.3万2000 Ⓑ

出目金をかたどった
陶器のお香立て Ⓑ

Rp.4万8000 Ⓐ

アンティーク風の
スプーン＆フォーク

アルミ
の容器に入った
アロマキャンドル
各Rp.3万2000 Ⓓ

パイナップルの
形がユニークな
栓抜き
Rp.5万 Ⓐ

日焼けや
冷房対策に便利な
シルクのスカーフ
Rp.10万 Ⓕ

赤い星が
目印！

TRADE MARK Pilsener BINTANG Bali

Rp.9万5000 Ⓐ

木彫りにカラフルな
ペイントを施した
アヒルの置物

アヒルさんが
クリスマス衣装で
おめかし

LOVE
RELAX

バリらしいフ
レグランスの
お香セット
各Rp.6万 Ⓔ

インドネシアの
ビールブランド、
ビンタンのエコバッグ
Rp.7万5000 Ⓐ

Rp.7万5000 Ⓐ

バリの工芸品はハンドメイドのものが多いので、購入するときは品質をよくチェックして。

Ⓐ 定番のバリみやげが勢揃い
**スミニャック・ビレッジ・
アートマーケット**
Seminyak Village Art Market
雑貨から衣類、ソープやアロマ
グッズまでほとんどのみやげ物
が揃う。スミニャックの中心に
あり便利。

Map 別冊P.9-C3 スミニャック

🏠Jl. Raya Seminyak No.11, Seminyak
☎0813-3849-3197（携帯）⏰9:00～
22:00 🈺無
休 💳M.V. 🚃ビンタ・スー
パーマーケットか
ら徒歩2分

プチプラ雑貨大集合

Ⓑ 問屋で激安ショッピング
ウナギ Unagi
海外からも買い付け客が訪れる老舗
の卸売店。とにかく広いので、じっ
くりと掘り出し物を見つけよう。

Map 別冊P.4-A1 クロボカン郊外

🏠Jl. Teuku Umar Barat Marlboro
No.383, Denpasar ☎(0361)737782
⏰9:30～18:00
🈺無休
💳A.J.M.V. 🚃スミ
ニャック・スクエアか
ら車で15分

Ⓒ 木彫りネコを探すならココ！
茶茶 Cha Cha
店内にはバリネコをはじめ、動物の
木彫りがぎっしり。ほかの店では見
かけないユニークな商品も多い。

Map 別冊P.20-A2 ウブド

🏠Jl. Monkey Forest, Ubud
☎0857-3893-
0130（携帯）
⏰9:00～20:00
🈺無休 💳不可
🚃ウブド王宮から徒
歩5分

Ⓓ キュートな雑貨が満載
カナニ Kanani → P.38
Map 別冊P.20-B2 ウブド

Ⓔ おしゃれなセレクトショップ
マリア・マグダレナ →P.138
Maria Magdalena
Map 別冊P.9-C2 スミニャック

Ⓕ おみやげ探しの定番スポット
ウブド市場 Pasar Ubud
Map 別冊P.20-B1 ウブド → P.146

おとな買い
しちゃお！

FOOD

ガドガドの ソース
お湯で溶くだ けなのでカン タン。ゆで野 菜や厚揚げ、 テンペとあえ てサラダに
Rp.1万6700

サテのソース
お湯で溶いて焼き鳥にかければ、ピリ辛 ピーナッツ味のインドネシア風に変身
Rp.1万6700

パームシュガー
健康にいいと注目 されているヤシ砂 糖。優しい甘さ
Rp.2万5900

Rp.8000
チリソース
インドネシア で最もポピュ ラーな、ABC のサンバル・ アスリ

oYuCoスタッフ おすすめ!
鶏はもちろん 魚にも。いつもとは 違うエスニック な味に!

KOKITA BUMBU AYAM GORENG FRIED CHICKEN SEASONING

Rp.7800
アヤム・ゴレンの素
鶏肉を漬け込んだら水分が なくなるまで煮込み、カラ ッと揚げればできあがり

PlantBased GLUTEN FREE KALE NOODLE MI SAYUR KALE BEBAS GLUTEN
Rp.1万2500
カレーヌードル
アレルギー対応の、グルテン フリーのインスタント麺

DRINK

Rp.4300
ラルタン
マジックウ オーターと も呼ばれる 民間伝承薬。 熱があると きなどに

各Rp.3万3000
クラフトビール
バリ産のクラフト ビール、シュター クSTARK。7種類 の味がある

COCO DAY THE REAL COCONUT WATER
ココナッツ ウオーター
低カロリー でミネラル 分豊富な天 然のスポー ツ飲料
Rp.5500

UJ SARI ASEM ASLI
タマリンドジュース
ヤシ砂糖入りの甘 酸っぱい味。タマ リンドには整腸作 用もある
Rp.5500

oYuCoスタッフ おすすめ!
苦みは抑えめで、 南国らしいマンゴー やライチ味も

SWEET

Glico POCKY Summer Paradise Limited Edition

nextar Nastar
Rp.7900
ジャムクッキー
サクサクのクッキーと パイナップルジャムが好相性

Rp.9200
クッキー&クリーム(右) と期間限定のピーチ&ライ チー味(左)

oYuCoスタッフ おすすめ!
日本にない フレーバーはおみやげに すると喜ばれる

Rp.1万100
beng-beng Shares it

チョコスナック
インドネシア定番の チョコバー。ミニサ イズ10個入り

POCKY COOKIES & CREAM
Rp.8900

Sunny Ville Golden Ginger HERB CANDY NETTO WT: 150g
Rp.3万5300
ジンジャーキャンディ
ノドに優しいハーブキ ャンディ。マイルドと ホットがある

Tamarin TAMARIND CANDY
タマリンド キャンディ
インドネシア名 産のタマリンド 味。甘酸っぱい 風味が疲れを癒 やしてくれる
Rp.6300

旅行者の スーパーマ フードみやげを

滞在中のおやつから スーパーにはお得でバリ 取材班が選んだ という品を一挙大

赤い星(ビンタン)が目印
ビンタン・スーパーマーケット Bintang Supermarket
Map 別冊P.9-C3 スミニャック
🏠 Jl. Raya Seminyak No.17, Seminyak ☎(0361)730552 ⏰7:30〜22:00 無休 Card M.V. ベモ・コーナーから車で15分 Map 別冊P.18-B2

バリで唯一の日系スーパー
パパイヤ・フレッシュ・ギャラリー Papaya Fresh Gallery
Map 別冊P.5-D1 クタ郊外
🏠 Jl. Merta Nadi, Kuta ☎(0361)759222 ⏰9:00〜22:00 無休 Card J.M.V. ベモ・コーナーから車で15分

ショッピングモール内にある
ハイパーマート Hipermart
Map 別冊P.5-D2 クタ郊外
🏠 モル・バリ・ギャラリア(→別冊P.27)2階 ☎(0361)767056 ⏰10:00〜22:00 無休 Card J.M.V. ベモ・コーナーから車で10分

TEA

ミルクティー
シナモンが入った甘くて濃厚なミルクティー。お湯で溶かすだけ。アイスにしてもおいしい
Rp.1万3200

スリミングティー
有名コスメメーカーによる、脂肪燃焼効果のあるハーブを使ったダイエット茶
Rp.3万4300

ロゼラティー
ロゼラ種というハイビスカスの花弁を乾燥させたもの。ハチミツを入れると飲みやすい
Rp.1万7000

ayucoスタッフ おすすめ！
ビタミンCが豊富で、美肌や疲労回復に効果あり！

デーツとハチミツの紅茶
ティーバッグメーカーとして有名なSariWangiの製品
Rp.9800

スーパーマーケットでフードみやげを買いまくり →P.132

強い味方！
マーケットで
買いまくり

バラマキみやげまで、らしい食品がたくさん！これはイチオシ！公開しちゃいます♪

ayucoスタッフ おすすめ！
ドリップバッグ式なので、気軽に飲めるのがうれしい♪

「WOCA」のスマトラ産コピ・ルアク
ルアク・コーヒーで有名なブランド。ドリップバッグ5個入り
Rp.9万9000

「エクセルソ」のアラビカゴールド
スマトラ島産アラビカのブレンドコーヒー。フルーティーで濃いめの味が好きな人に
Rp.5万7000

「クプクプ・ボラ・ドゥニア」のバリゴールド
バリ島を代表する老舗ブランドのコピ・バリ（バリコーヒー）。蝶と地球儀がトレードマーク
Rp.3万9000

COFFEE

「クプクプ・ボラ・ドゥニア」のコピ・ルアク
世界で最も高価なコーヒーといわれるコピ・ルアク（→P.46）はおみやげに人気
Rp.17万2000

SNACK

ayucoスタッフ おすすめ！
スパイスが効いていて、ビールのおともにピッタリ！

テンペ・チップス
大豆を発酵させた健康食品テンペをチップスに。塩味のほかトウガラシ味やコブミカン味がある
Rp.7000

シンコンチップス
キャッサバ芋のチップス。トウガラシとニンニク風味
Rp.7000

ミックスナッツ
インドネシア人が大好きな「カチャン・チャンプル」
Rp.1万1200

ポテトチップス
おなじみプリングルスのホット＆スパイシー味
Rp.2万6000

ピーナッツ
おつまみやおやつにぴったりのピーナッツ。ほんのり甘いハニー味とピリ辛のチリ味
各Rp.1万3900

ローカル向けの商品が充実
アルタスダナ Artasedana
Map 別冊P.16-B2　サヌール
🏠 Jl. Danau Tamblingan No.136, Sanur
☎0878-6299-0007（携帯）⏰8:00～22:00 📅無休 💳M.V. 🚗シンドゥー市場から徒歩20分

地元密着型の老舗スーパー
デルタ・デワタ Delta Dewata
Map 別冊P.19-C2　ウブド
🏠 Jl. Raya Andong No.14, Ubud
☎(0361)973049 ⏰8:00～22:00 📅無休 💳M.V. 🚗ウブド王宮から車で8分

旅行者を意識した品揃え
ココ・スーパーマーケット Coco Supermarket
Map 別冊P.21-D1　ウブド南部
🏠 Jl. Raya Pengosekan, Ubud
☎(0361)972165 ⏰7:00～23:00 📅無休 💳M.V. 🚗ウブド王宮から車で10分

まだまだ買うぞ！

スーパーのコスメは →P.132

商品の品揃えや値段はスーパーによって異なる。欲しいものが見つからない場合は何店かチェックしてみて。

自宅用&
大切な
あの人に

Made in Indonesia のこだわりグルメみやげ

バラマキみやげよりはちょっといいモノを……というときに素材や品質にこだわった、とっておきアイテムをセレクト!

Tea

「ブリュー・ミー・ティー」はバリ中西部、タバナンの高原に茶畑をもつ紅茶専門店。バリ島らしいフレーバーティーも豊富。

自分好みの
フレーバーを
探して

ロイヤル・アールグレイ（50g）Rp.11万

トロピカルマンゴー（ティーバッグ15個入り）Rp.5万1750

Wine

アガ・ホワイト Rp.20万3000

テイスティングもできます

1994年よりバリ島でワインを生産し、国際的な評価も高い「ハッテン・ワイン」。豊かな風味となめらかな口あたりが特徴。

ジュプン・スパークリング・ロゼ Rp.28万6000

Jam

バリ島産のトロピカルフルーツをたっぷり使った「コンフィチュール・デ・バリ」の無添加ジャムは、ローシュガーでヘルシー。

マンゴー・ジンジャー（左）とグァバ・シナモン（右）Mサイズ各 Rp.5万

パッケージもかわいい♪

Salt

バリ東部のクサンバで、昔ながらの製法で作られる天然塩。「コウ・キュイジーヌ」のものはパッケージがおしゃれでおみやげに◎。

シーソルト（左）とハーブ入り（右）各 Rp.3万

ミネラル分たっぷり!

Chocolate

インドネシアは世界第3位のカカオ生産国。オーガニックや現地の素材を使用した高品質なチョコレートはおみやげとして人気が高い。※いずれもスーパーで購入可

食べ比べも楽しい!

Junglegold

ジャングルゴールド
カカオ豆だけでなくフルーツやスパイスもバリ島産を使用。

バリ・クリーミィ Rp.6万9000（左）オレンジ Rp.6万7500（右）

Monggo

モンゴ
ジャワ島ジョグジャカルタで作られるオーガニックチョコ。

41％カカオ・ミルクチョコ Rp.5万3500（左）58％カカオ・ココナッツ Rp.5万3500（右）

Krakakoa

カカオア
スマトラ島でカカオ農家を支援。国際的な賞も受賞している。

70％カカオ・シングルオリジン・スマトラ Rp.5万4000（左）59％カカオ・シーソルト＆ペッパー Rp.4万4000（右）

A 紅茶好きは要チェック
ブリュー・ミー・ティー
Brew Me Tea

パッケージがおしゃれな缶入りのリーフティーは10種類。ティールームも併設している。

Map 別冊 P.16-B3 サヌール

🏠 Jl. Bypass Ngurah Rai No.482, Sanur ☎0812-3902-0985（携帯）
🕙10:00〜18:00 ⊗日 **Card** M.V.
🚗シンドゥー市場から車で10分 URL www.brewmetea.com

B ワインのショールーム
ハッテン・ワインズ
Hatten Wines

スーパーでも販売しているが、直営店ならテイスティングしてから購入できる。

Map 別冊 P.16-A3 サヌール

🏠 Jl. By Pass Ngurah Rai No.393, Sanur ☎(0361) 4721377
🕘9:00〜20:00 ⊗無休 **Card** M.V.
URL www.hattenwines.com 🚗シンドゥー市場から車で10分

C 手作りジャムの専門店
コンフィチュール・デ・バリ Confiture de Bali

ジャムのフレーバーは20種類以上。味見もできるのでお気に入りを見つけよう。

Map 別冊 P.20-B2 ウブド

🏠 Jl. Gootama No.26, Ubud ☎0812-3646-6269（携帯）
🕘9:00〜22:00 ⊗無休 **Card** M.V.
🚗ウブド王宮から徒歩5分

D 天然塩と自然派ジャム
コウ・キュイジーヌ
Kou Cuisine

ナチュラルソープショップ「コウ」（→P.146）の姉妹店。南国フルーツの手作りジャムも人気。

Map 別冊 P.20-A2 ウブド

🏠 Jl. Monkey Forest, Ubud ☎0821-4556-9664（携帯）
🕘9:45〜18:45 ⊗無休 **Card** 不可
🚗ウブド王宮から徒歩3分

📧 「カカオア」の直営ショップ **Map** 別冊 P.11-D2 は、チョコレートメニューが楽しめるカフェを併設。（広島県・もみじ）

バリみやげの
人気ナンバーワン
ナシゴレンの素を食べ比べ！

スーパーは → P.114

おみやげにナシゴレンの素を買って帰りたいけど、いろんな種類があってどれにしたらいいかわからない……とお悩みのアナタのために、aruco取材班が実際に作って試食してみました！

ナシゴレン大好き！

こだわりグルメみやげ／ナシゴレンの素を食べ比べ！

ペーストタイプ

コキタ
KOKITA
Rp.7700

オススメ度 ★★★

マイルドとホットがあり、マイルドでも辛さが口の中にじんわりと広がる。スパイシーだけど塩分は控えめ。

フィナ
FINNA
Rp.5200

オススメ度 ★★★

ほどよい辛さで、全体の味のバランスも◎。食べ比べた5種類のなかでは、いちばん日本人の口に合いそう！

インドフード
Indofood
Rp.5900

オススメ度 ★

トラシ（エビを発酵させて作る調味料）の匂いがきついので、トラシ好きにはいいけど苦手な人も多そう。

パウダータイプ

サジク
Sajiku
Rp.2500

オススメ度 ★★

味の素がインドネシアで製造。マイルドなチキン味で食べやすい。トウガラシ入りの辛い「Pedas」もある。

ララサ
LaRasa
Rp.2500

オススメ度 ★

ほかに比べるとちょっと甘めのジャワ風ナシゴレンの素。トラシの匂いがかなり強いが、味はあっさり。

ナシゴレンの作り方

材料
- ナシゴレンの素（2〜4人前）
- ご飯300〜500g（各社で異なるので、袋の裏に書いてある作り方を確認）
- お好みの具（鶏肉、エビ、ピーマン、インゲン、キャベツ、ニンジンなど）
- 卵（ひとり1個半）

作り方
① フライパンに油をひいて、細かく切った具を炒める
② ご飯と溶き卵を入れる
③ 卵液をご飯に混ぜ合わせるようにして炒める
④ ナシゴレンの素を入れ、さらに炒める（ペーストタイプは①のあとに入れてもOK）
⑤ 別のフライパンで目玉焼きを作っておく
⑥ ナシゴレンを皿に盛り、上に目玉焼きをのせる。薄く切ったトマトやキュウリを添えると彩りもキレイ！

できあがり！

スーパーで買える 代表的なインスタント麺7種！

ポップミーのカップ麺

Rp.5300
揚げ玉入りのピリ辛カレー味「ラサ・カリ・アヤム」

Rp.5300
インドネシア人が大好きなチキン味「ソト・アヤム」

インドミー
Indo me
Rp.2500

バリの生サンバルの風味を再現したサンバル・マタ

ミースダップ
Mie sedaap
Rp.2300

インドミーと並ぶブランド、ミースダップのアヤム・バワン

オススメ

スレラプダス
Selera Pedas
Rp.2300

際立つ辛さが特徴の、ABCのスレラプダス・シリーズ

インドミー Indo me
Rp.3150

ココナッツ風味のチキンカレー味、カリ・アヤム

オススメ

サリミー Sarimi
Rp.2500

最もポピュラーなサリミーシリーズのラサ・アヤム

ナシゴレンを作るときは、日本のお米ではなくインディカ米を使うとパラパラとした仕上がりでより本格的に！

117

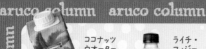

ココナッツウオーター
インドマレットのオリジナル商品。オレンジ味で飲みやすい。Rp.7200

ライチ・フィジー
さわやかなライチ・フレーバーのスパークリングウオーター。Rp.8800

サイのイラストが目印！

ラルタン・ペニェガル
のどの痛みや便秘などに効く、インドネシアの国民的健康飲料水。Rp.8500

ビタミン飲料
日本でもおなじみの「C1000ビタミン」のマンゴー味。Rp.7800

小腹がすいたときに！

DRINK

滞在中に大活躍！

コンビニの最強おやつ＆便利アイテムをチェック

FOOD

UFO焼きそば
インドネシア製のスパイシーカレー味と日本風のソース味がある。各Rp.1万2000

マグナム・アーモンド
ベルギーチョコを使用した濃厚な味わい。Rp.1万8000

意外なおいしさ♪

スイートコーン
トウモロコシを模した形もユニーク。Rp.4500

モチ・ドリアン
ドリアン味のミニ雪見大福。2個入り。Rp.6500

ポテトチップス
カルビーの「ジャガボ」うまみのり味。ハニーバター味も人気。Rp.1万900

ヨーグルト
紫タロイモ味。パック入りでスプーンがなくても食べられる。Rp.1万500

ICE CREAM

インドネシアで「ミニマート」と呼ばれるコンビニは、町のいたるところにあり、ちょっとしたお買い物に便利。

フェイスパック
ヒアルロン酸配合のサクラ（右）と肌を明るくするレモン（左）。各Rp.2万6500

シャンプー
スーパーフルーツ、ノニのエキスを配合。使い切りサイズ2個入り。Rp.2万5800

プチプラでおみやげにも◎

BEAUTY & HEALTH

トラックアンギン
風邪っぽいときや疲労回復に。5包入り。バラ売りもしている。Rp.2万5500

インドネシアの国民的ジャムーブランド

ヘアエナジー
アロエとメロン配合のヘアパック。熱帯の日差しでダメージを受けた髪に。Rp.8900

ビタミンタブレット
旅行中に不足しがちなビタミンCを水に溶かして手軽に補給。Rp.4900

おもなコンビニ

インドマレット
Indomaret
インドネシア最大のコンビニチェーン。地元に密着した品揃えが特徴。

Alfamart
アルファマート
Alfamart
店舗数ではインドマレットに次ぐ1万4000店以上を国内全土に展開。

CIRCLE K
サークルケー
Circle K
アメリカ発祥のコンビニ。インドネシア語読みは「シルクルカー」。

ミニマート
Mini Mart
小規模な店が多いが、繁華街に多く出店しており旅行者にとって便利。

Check!
エコバッグ持参で
バリのコンビニやスーパーには有料のレジ袋がなく、袋が欲しい場合はエコバッグ（Rp.5000〜）を購入しないといけないので注意。

今日も明日も
スパ通い♪

キレイ＆ハッピーが
絶対に待ってる
バリ島ビューティナビ

スパの聖地、バリ島。
たくさんのビューティスポットから
arucoが推しのサロンやショップをご紹介。
出発前よりキレイな自分に会えるはず！

B E A U T Y

スパのすべて、教えます！
今度の休日は バリでスパ初体験♪

キレイに
なっちゃおう☆

カラダも心もうっとりしちゃう魅惑のスパ。えっ、もしかして未体験？　モッタイナーイ！
最高級スパ「アヤナ・スパ」のイチオシメニューを例にとって
スパ初めてさんにスパのあれこれ、指南しちゃいます！

世界ナンバーワン・スパで
イチオシメニューを体験！

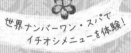

スパ未体験女子のために、有名旅行雑誌の読者投票で世界No.1スパに選ばれたこともある「アヤナ・スパ」の人気メニューを例にシミュレーション！

今回体験したのはこのメニュー

ルルール　Lulur
90分／Rp.240万

ジャワニーズ・ルルールとも呼ばれる、インドネシア伝統のトリートメント。ターメリックなどスパイスを使ったスクラブで血行を促し、肌を美しくする。

1 受付でチェックイン

今日は
よろしく
お願いします

スパによっては事前に簡単なカウンセリングがあるので、少なくとも15分くらい前には受付へ。

2 カウンセリング

ウエルカムドリンクを飲みながら、チェックリストに応じてアレルギーの有無や肌質などを書き込む。ここでマッサージオイルの種類を選ぶことも。

3 ロッカールームで身支度

用意されている紙パンツ、ガウンまたはサロンに着替える。ロッカーのカギはなくさないように。

4 トリートメントルームへ

スパによっては、ここで着替えをすることも。ふたりでトリートメントが受けられるカップル専用ルームもある。

☆スパについて知っておきたいコト☆

Qどんなスパがあるの？

A おもにリゾートホテル内に併設されているスパと、そのほかの街スパに分けられる。贅沢な雰囲気を味わうならホテルのスパ、手頃に楽しむなら街スパがおすすめ。

Q予約は必要？

A 予約なしでもセラピストが空いていればOKの場合もあるけど、時間を有効に使うためにも事前予約がベター。特に旅行者の多いシーズンは早めに予約すること。

Q持参するものは？

A タオルやトリートメント中に着用する紙パンツはスパに用意されているので、着替えのための下着と簡単なメイク用具だけ持参すればOK。

Qチップはどうするの？

A 料金にサービス料が含まれている場合は、基本的に不要。含まれていない場合やセラピストのサービスが特別によかったときは、Rp.2万ほど渡すとよい。

「アヤナ・スパ」はサービスもよくて、さすが世界一に選ばれただけのことはあると納得！（佐賀県・ゆかり）

ヨーグルトをぬります☆

まだまだあります！
バリのスパで体験できるトリートメント

❀ ホットストーン・マッサージ

50度くらいに温めた石を使って全身をマッサージする。体の芯まで熱が届き、こりがほぐれる。

❀ ハーバルボール・マッサージ

薬草を詰めた巾着袋を、体に押し当てるようにマッサージ。薬効成分を肌に浸透させ毒素を排出する。

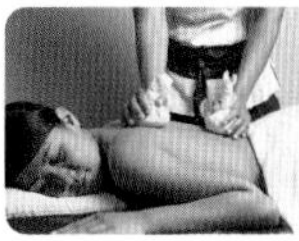

❀ ボディラップ

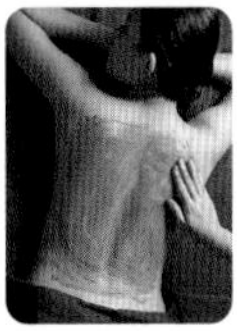

泥や海草などで作られたペーストを体に塗り、バナナの葉やタオルでくるんで栄養分を肌に浸透させる。

❀ ボレー

バンウコンやショウガ、クローブなどで作られるバリ伝統のボディパック。血行をよくし疲れを取る。

5 いよいよ トリートメント開始！

花などを浮かべたお湯で足を洗うフットバスからスタート。ターメリックとハーブのペーストでスクラブして角質を落としたあと、ヨーグルトで全身パック。

目の前は海よ〜☆

6 優雅に フラワーバス

バラやフランジパニを浮かべたお風呂でお姫さま気分に！ 花の香りでリラックス効果もUP（写真はスパ・オン・ザ・ロック）。

7 バリニーズ・ マッサージ

アロマオイルを使った伝統的なマッサージ（通常はマッサージのあとにフラワーバスでシメ、というスパが多い）。

8 ドリンクで フィニッシュ！

ジンジャーティーやハーブティーは体を温め、体内の老廃物を排出させる効果が。

縦書きタイトル：今度の休日はバリでスパ初体験♪

本格的なタラソ設備も完備

アヤナ・スパ
AYANA Spa

高級リゾートホテル「アヤナ リゾート＆スパ バリ」内にあるスパ。世界最大級のタラソテラピープール、岩の上に立つ「スパ・オン・ザ・ロック」（右）など、充実した施設や独自のメニューが高い評価を受けている。

Map 別冊P.4-A2 ジンバラン

🏠 Jl. Karang Mas Sejahtera, Jimbaran
☎ (0361) 702222
🕐 11:00〜22:00（スパ・オン・ザ・ロックは8:30〜17:00）
㉁無休 ㉁税＆サ+21% Card A.D.J.M.V.
要予約（前日まで） 🔲㊐
空港から車で20分。クタ、ヌサドゥア、ジンバラン地区から無料送迎あり（合計Rp.400万以上の利用時）
URL www.ayana.com

もっとゴージャスに美を磨くなら！

スパ・オン・ザ・ロック
Spa on The Rock

海にせり出した岩の上に立つ、贅沢なスパヴィラ。波音を聞きながら、ヒーリング・ブリーズ（130分／Rp.703万5000）など、究極のメニューが体験できる。

スパの混雑状況は季節により異なり、日本のゴールデンウイーク、夏休み、年末年始は特に混み合う。

のんびり
して行って
くださいね

がんばる自分へのごほうび♡ おこもりプランで極楽スパ三昧

半日以上のスパコースもバリ島ならコスパ抜群♪　日頃のストレスから解放されて、優雅な1日を過ごせば、ココロもカラダもすっかりリセット&チャージ完了！

きもち
いい〜☆

1,2. スパ専用のヴィラで1日くつろげる　3. フランスのコスメブランド、デクレオールの製品を利用したフェイシャルメニューも　4,5. スパイスやハーブなど自然素材も使う

スパ・ヴィラで贅沢時間

ディシニ・スパ Disini Spa

「ディシニ・ラグジュアリー・スパ・ヴィラス」内にある。マッサージ、ボディスクラブ、フェイシャルなどメニューは全部で約20種類。なかでも花尽くしのボタニカルヘブン、アーユルヴェーダ・マッサージやシロダーラ・トリートメントがおすすめ。

オススメ Spa Menu

オールユーキャン・スパ・パッケージ
All You Can Spa Package

8時間／US$288

スパ専用のヴィラで、時間内なら好きなメニューが受け放題。10:00以降の5時間（US$199）と15:00以降の6時間（US$239）のコースもある。ひとりで利用する場合はUS$100追加。いずれもプラスUS$15で食事（スパ・メニュー）が付けられる。

Map 別冊P.11-C3 クロボカン

🏠Jl. Merta Sari No.28, Seminyak ☎（0361）737537 🕘10:00〜23:00 [休]無休 [料]税&サ+21% [Card]A.M.V. [予]要予約（前日まで）[日] [交]スミニャック・スクエアから徒歩10分。スミニャック&レギャンから無料送迎あり [URL]www.disinivillas.com

 ✉「ディシニ・スパ」の半日コースは、最終日にホテルをチェックアウトしたあと利用するのがオススメ。（沖縄県・S）

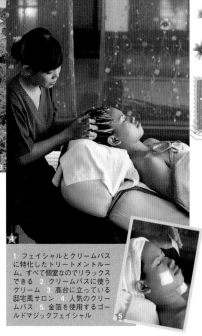

絶景で心もすがすがしく！

ジ・アムルタ　The Amerta

閑静な住宅街にひっそりと立つ穴場サロン。インドネシア式ヘアエステを取り入れたクリームバスと、フェイシャルが人気。海を見下ろす丘の上にあり、眼下にはブノア港とヤシの樹海が！　広大な風景にも癒やされちゃいましょう。

Map 別冊P.15-C2 ヌサドゥア

🏠 Jl. By Pass Nusa Dua, Complex Puri Bendesa No.25, Nusa Dua
☎ (0361) 773311　⏰ 10:00～22:00
無休　Card J.M.V.　要予約（前日まで）　ヌサドゥア・ゲートから車で5分。南部リゾートエリア内は無料送迎あり　URL www.amerta-spa.com

オススメ *Spa Menu*

ヴィラ・パッケージ
Villa Package
9～12時間／US$225～250
（税&サ込み）

プライベートプールとジャクージの付いたスパ専用ヴィラを貸し切り。好きなトリートメント6時間ぶん、軽食1回、飲み物、フルーツ、お菓子が含まれる。半日パッケージ（5時間30分／US$133）もあり。

1. フェイシャルとクリームバスに特化したトリートメントルーム。すべて個室なのでリラックスできる　2. クリームバスに使うクリーム　3. 高台に立っている邸宅風サロン　4. 人気のクリームバス　5. 金箔を使用するゴールドマジックフェイシャル

おこもりプランで極楽スパ三昧

渓谷の緑に癒やされる

ロイヤル・キラーナ・スパ＆ウェルネス
Royal Kirana Spa & Wellness

渓谷の中に立つホテル「ロイヤル・ピタマハ」に隣接する、ウブド随一の豪華さを誇るスパ。パッケージメニューを利用すると、トリートメント終了後はプールやジャクージなどヴィラ内の施設が利用できる。緑に包まれてリフレッシュして！

Map 別冊P.18-A1 ウブド郊外

🏠 Jl. Raya Kedewatan, Ubud　☎ (0361) 976333　⏰ 9:00～21.00　無休　税&サ20.75%　Card A.D.J.M.V.　要予約（前日まで）　ウブド王宮から車で20分（オンライン予約はプリ・ルキサン美術館まで無料送迎あり）　URL www.royalkirana.jp

1.2 渓谷に面して9棟のスパヴィラが立つ。広さや設備はヴィラによって異なる　3. プライベートプールやジャクージもある贅沢なロイヤルアユンヴィラ　4. 敷地のあちこちに彫刻やオブジェが置かれている　5. ガーデンやプールで自由にくつろぐこともできる

オススメ *Spa Menu*

ロイヤル・デイユース
Royal Day Use
最大9時間／US$250
（税&サ込み）

スパトリートメント2時間とプライベートヴィラ1時間の利用のほか、パブリックスパ施設が自由に利用でき、ロイヤル・ピタマハのレストランでのインドネシア料理セットディナーが付く。2～3時間のパッケージプランもある。

ヘッドスパはバリではクリームバスと呼ばれる。 123

**ひとり占め
ポイント**

海が見えるのはツインルームのみ。空きがあればひとりでもツインをリクエスト可能。

紺碧の海と空をひとり占め

カルマ・スパ　Karma Spa

海を望む絶景リゾート「カルマ・カンダラ」内のスパ。トリートメントルームはツインが2室、シングルが1室あり、それぞれ独立したヴィラになっているので、ゆったりと癒やしの時間が過ごせる。

Map 別冊P.4-A3 ウンガサン

🏠 Jl. Villa Kandara, Banjar Wijaya Kusuma, Ungasan　☎0811-3800-6885（携帯）
🕗8:00〜20:00　無休　税&サ+21%
Card A.D.J.M.V.　要予約（前日まで）　空港から車で30分　URL www.karmakandara.com

オススメ Menu List

- カルマ・リズム・シグニチャー・マッサージ…60分／Rp.115万
- フット・マッサージ…45分／Rp.95万
- ヨガ・フェイシャル…45分／Rp.75万
- カルマ・シグネチャー・フェイシャル・トリートメント…60分／Rp.95万

フェイシャルの
プロダクツ

1. カップルや友人同士で利用したいツインルーム　2. 絶景の屋外ジャクージも利用できる　3. 窓を開けると潮風が気持ちいい！　4. インド洋を望む高さ約85mの崖上に立つ

レストラン
もオススメ！→P.82

絶景をひとり

潮風が香る

海スパ

大自然に包まれる癒やしのひととき。
心身ともにリラックス

セレブの癒やしの隠れ家

スパ・アット・エッジ
Spa at Edge

もともとはセレブの別荘として建てられた隠れ家的ヴィラ「ザ・エッジ」に併設。貸し切りで使える広々としたスパルームは、ベッドが2台置かれているので、カップルでの利用もOK。

Map 別冊P.4-A3 ウルワツ

🏠 Jl. Pura Goa Lempeh, Banjar Dinas Kangin, Pecatu　☎0821-4463-2077（携帯）🕗9:00〜20:00　無休　税&サ+21%　Card A.D.J.M.V.
要予約（前日まで）　空港から車で30分
URL www.theedgebali.com

オススメ Menu List

- フットリフレクソロジー…60分／Rp.108万9000
- ザ・エッジ（バリニーズ・マッサージ）…60分／Rp.108万9000
- ホットストーン・マッサージ…90分／Rp.181万5000

1. 床に水が張られたスパルーム　2. プールからの眺めも絶景　3. 木のハンマーを使い体の緊張を和らげるメディタティブ・マッサージ

オリジナルの
アロマオイル

**ひとり占め
ポイント**

広いトリートメントルームは1室のみ。1組限定なので、ひとりでも独占できる！

124 ✉ 「カルマ・スパ」は、同じホテル内にある絶景レストラン『ディマーレ』（→P.82）と合わせて行くのがオススメ！（長野県・千春）

ひとり占め
ポイント

渓谷の風景が楽しめるツリースパは2棟しかないうえ人気があるので予約は早めに！

1. 自然の風が心地よいツリースパ　2. アユン渓谷を望む老舗リゾート「クプクプバロン・ヴィラス」内にある　3,4. マンゴーの木の上に竹などの自然素材で建てられたツリースパ。最大2名での利用が可

木の上のとっておき空間

マンゴーツリー・スパ・バイ・ロクシタン

Mango Tree Spa by L'OCCITANE

「クプクプバロン・ヴィラス」内にある、ロクシタンがプロデュースするスパ。南仏プロヴァンスとウブドの自然がコラボし、より魅力的なメニューを提供している。

[Map] 別冊P.18-A1　ウブド郊外

🏠Kedewatan, Ubud（Kupu Kupu Barong Villas内）☎(0361)975478 🕘9:00～19:00 [休]無休 [Card]A.D.J.M.V. [予]要予約（前日まで）[日] [交]ウブド王宮から車で20分（公式サイトで予約した場合はウブド中心部のホテルまで無料送迎あり）[URL]www.spabyloccitanebali.com

オススメ Menu List

- マンゴタンゴ（マッサージ）…60分／Rp.137万7000
- ツリートップ（スクラブ＋マッサージ）…90分／Rp.175万5000
- ジャーニー・トゥ・マンゴーツリー（マッサージ＋フェイシャル）…120分／Rp.241万6500

占めしたい！

S 森スパ

緑に抱かれる

バリならではの絶景ロケーションで、しちゃいましょ♪

ひとり占め
ポイント

フラワーバスが含まれるパッケージメニューは、渓谷の風景を満喫できるのでオススメ！

渓谷からの風に包まれて

スパ・アット・マヤ

Spa at Maya

プタヌ川の渓谷沿いにある、「マヤ・ウブド・リゾート＆スパ」内の施設。深い緑に包まれてのスパタイムは、心身ともに安らぎを与えてくれる。ナチュラル志向のプロダクツを使ったメニューも好評。

[Map] 別冊P.19-C3　ウブド郊外

🏠Jl. Gunung Sari, Peliatan, Ubud ☎(0361)977888 🕘9:00～20:00 [休]無休 [料]税＆サ+21% [Card]A.D.J.M.V. [予]要予約（前日まで）[交]ウブド王宮から車で10分（ウブド王宮間の無料シャトルバスあり）[URL]www.spaatmaya.com/ubud

オススメ Menu List

- リラクシング・バリニーズ・マッサージ…60分／Rp.105万
- リフレクソロジー…60分／Rp.99万
- マヤ・エスケープ（マッサージ＋ボディスクラブ＋フラワーバス）…120分／Rp.189万

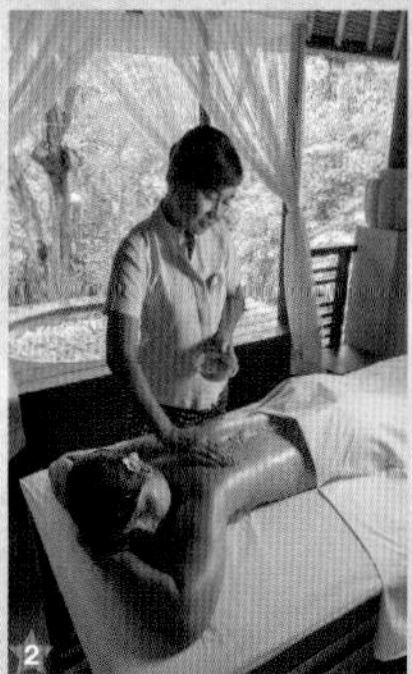

1. ふたり用のスパ・パビリオン　2. 自然の風を感じながら至福のひとときを　3. 渓谷を見下ろすフラワーバスでくつろぐ

ホテルも Check! → P.168

「スパ・アット・マヤ」は公式サイトから予約すると、期間限定で割引や特典が受けられることがあるので要チェック！

実力もコスパも◎の街スパで体験！
インドネシアの伝統メニューBest5

バリ島でぜひ体験してみたいのが、インドネシアに昔から伝わるマッサージや、美しい肌や髪になれるトリートメント。ここで紹介するメニューはほとんどのスパで体験できるけど、なかでもarucoスタッフお気に入りの街スパはこの5軒！

1 ルルール Lulur

ターメリックや米粉のスクラブで肌の角質を除く、ジャワ島に古くから伝わる美容法。ジャワニーズ・ルルールやマンディ・ルルールとも呼ばれる。

体験したのはコレ！

ザ・ロイヤル・バリ・スクラブ…120分／Rp.65万

ルルールのほかマッサージとミルクアロマバスなどが体験できるパッケージメニュー

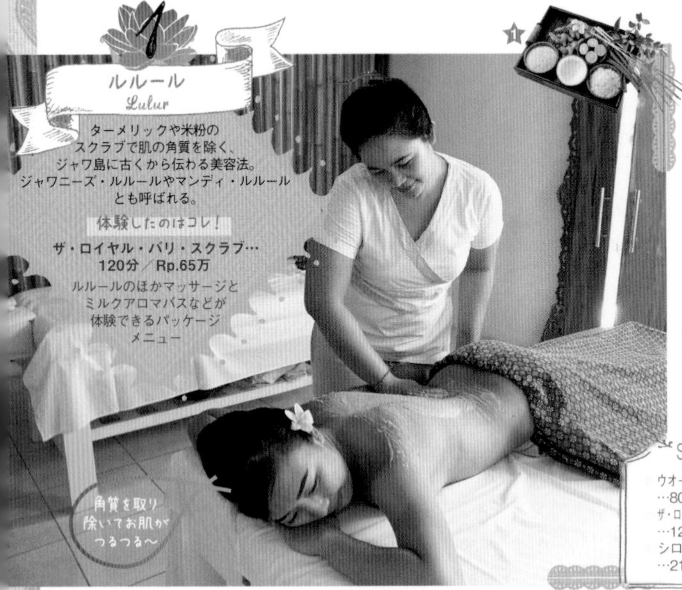

角質を取り除いてお肌がつるつる～

伝統のレシピできれいになる！

スミニャック・ロイヤル・スパ

Seminyak Royal Spa

クロボカンの閑静なロケーションにある、レベルの高いスパ。コテージ風のトリートメントルームは、エキゾチックな雰囲気。リーズナブルな料金もうれしい。

[Map] 別冊P.11-C2 クロボカン

🏠Jl. Pangkung Sari No.35, Kerobokan ☎0878-5231-5726（携帯） 🕘10:00～21:00 [休]無休 [予]予約が望ましい [Card]A.J.M.V. [交]スミニャック・スクエアから車で5分（有料で送迎あり。スミニャックエリアRp.5万、クタエリアRp.10万、サヌール／ヌサドゥアRp.15万。いずれも片道料金） [URL]www.seminyakroyalspa.com

おすすめ Spa Menu

- ウオームストーン・マッサージ…80分／Rp.35万
- ザ・ロイヤル・オブ・バリ・フェイシャル…120分／Rp.65万
- シロダーラ・パッケージ…210分／Rp.105万

1.自社製品や天然のプロダクトを使用　2.アジアらしい雰囲気のトリートメントルーム

森の中の自然派スパ

サンティカ・ゼスト

Çantika Zest

100％自然素材を使ったトリートメントに定評がある、サンティカ・スパの3号店。バリの薬草療法の専門家であるジャシさんの経営で、コスメ作りのワークショップも開催している。

[Map] 別冊P.18-B2 ウブド郊外

🏠Jl. Katik Lantang, Ubud ☎0851-0094-4425（携帯） 🕘10:00～18:00 [休]無休 [料]税&サ+10% [予]予約が望ましい [Card]M.V. [交]ウブド王宮から車で20分 [URL]www.cantikazestbali.com

こちらもCheck! →P.42

おすすめ Spa Menu

- フェイシャル…60分／Rp.18万
- ボディマッサージ…60分／Rp.23万
- マッサージ&ルルール…90分／Rp.38万

2 クリームバス Cream Bath

専用のクリームを使って頭皮をマッサージするヘッドスパ。髪がサラサラになるとともに、頭皮のコリをほぐすことによって顔のリフトアップ効果も。

体験したのはコレ！

ヘアトリートメント…60分／Rp.18万

トリートメントに使うのは生のアロエのほか、すべて自然素材から手作り

頭のコリもすっきり♪

1.手作りのシャンプー&コンディショナーも販売　2.緑に囲まれたトリートメントルームは落ち着ける雰囲気　3.生のアボカドやアロエで頭皮に栄養補給

「サンティカ・ゼスト」の姉妹店「サンティカ・アラミ」[Map] 別冊P.18-B2 は田んぼの中にあり、こちらもおすすめ！（愛媛県・みかん）

Present aruco バリ島

たくさんのご応募
お待ちしてまーす!!

「aruco バリ島」の
スタッフが取材で
見つけたすてきなグッズを
12名様にプレゼント
します!

▲**02** 「マリア・マグダレナ」の
小物入れ P.112 掲載

▶**03** 「シシ」(→P.102) の
グラニーバッグ
※柄は選べません

3名様

▶**01** **2名様**
「ポーツリー」の
スカーフ
P.39 掲載
※柄は選べません

3名様

「バリゼン」(→P.108) の
ミニポーチ ◀**04**
※色は選べません

▶**07**
「メルクレディ」
(→P.109) の
ホーロー製
ミニ皿
(2枚セット)

▶**05** 「カルガ」の
コースター
(2枚セット)
P.109 掲載

▲**06** 「プスピタ」のワンピース
P.98 掲載

※01、03、04 を除き各 1 名様へのプレゼントです。　　※返品、交換等はご容赦ください。

応募方法

アンケートウェブサイトにアクセスして
ご希望のプレゼントとあわせて
ご応募ください!
(URL) https://arukikata.jp/benpag

締め切り：2025年5月31日

当選者の発表は賞品の発送をもって代えさせて
いただきます。(2025年6月予定)

Gakken

リラックスできるわ！

3 バリニーズ・マッサージ
Balinese Massage

バリ島に昔から伝わるオイルマッサージ。筋肉をほぐしながら全身の血流やリンパの流れを促すのが特徴で、疲労回復やリラクセーション効果がある。

体験したのはコレ！
ココナッツオイル・マッサージ…60分／Rp.12万5000
筋肉の緊張を和らげるとともにオイルが浸透して肌がつややかに

おすすめ Spa Menu
・ツイン・マッサージ
　…60分／Rp.26万
・トラディショナル・フェイシャル…70分／Rp.13万5000
・シロダーラ&オイルマッサージ…120分／Rp.45万

自然志向のスクラブを使用

開放感あふれる穴場スポット
セイクレッド・ウブド・スパ
Sacred Ubud Spa

表通りから入った静かなロケーションで、田園を望む部屋もある。ココナッツオイルを使ったバリニーズ・マッサージをはじめ、バリ島ならではのメニューがふんだんに揃う。

Map 別冊P.20-A3 ウブド
🏠 Jl. Monkey Forest, Ubud
☎0821-4698-7677（携帯）
🕐10:00〜21:00　休無休　Card不
予予約が望ましい
交ウブド王宮から徒歩10分
URL www.sacredubudspa.com

気持ちのいい癒やしの空間
ジャアンズ・スパ
Jaens Spa

店名のジャアンズはバリ語で「気持ちいい」の意味。白を基調としたモダンな内観は清潔感たっぷり。セラピストの技術には定評があり、リピートするお客さんも多い。

Map 別冊P.21-D2 ウブド
🏠 Jl. Raya Pengosekan, Ubud
☎(0361) 971312　🕐9:00〜21:00
休無休　税税&サ+17.5%
CardA.J.M.V.　予要予約（前日まで）
交ウブド王宮から車で10分
URLjaensspa.com

おすすめ Spa Menu
・リフレッシュ・ナチュラル・フェイシャル…60分／Rp.22万5000
・ホットストーン・マッサージ…90分／Rp.48万5000
・ボディマッサージ&スクラブ…120分／Rp.49万

---

4 ハーバル・バス
Herbal Bath

ハーブを入れたお風呂で体を温め、血行を促進。筋肉の痛みやコリを緩和させるほか、香りによるリフレッシュ効果もある。たっぷりの花を使ったフラワーバスも人気。

体験したのはコレ！
トロピカル・バス
…30分／Rp.30万
生のパンダンリーフやキュウリ、レモングラスなどがお肌を活性化させる

ハーブのさわやかな香り♪

1.オリジナルのスパプロダクトを使用
2.マッサージのあとにハーバル・バスにつかるのがおすすめ

美顔メニューが充実の美容系スパ
スプリング
Spring

「スミニャック・ビレッジ」（→P.137）の最上階にあり、おしゃれな雰囲気のなかでフェイシャルやマッサージ、ネイルなどが受けられる。人気が高いので早めの予約が◎。

Map 別冊P.10-B3
クロボカン
🏠Seminyak Village, Jl. Kayu Jati, Kerobokan
☎0813-3862-7222(携帯)
🕐10:00〜19:00　休無休
CardJ.M.V.　予予約が望ましい
交スミニャック・スクエアから徒歩2分　URLwww.springspa.com

おすすめ Spa Menu
・バリニーズ・マッサージ…60分／Rp.31万
・ココクリーム（ボディラップ）…45分／Rp.45万
・リフレクソロジー…30分／Rp.17万

1.セレブ御用達コスメ「ブリス」を使ったメニューもある　2.眺めのよいフットマッサージルーム

酵素パックでつやつやお肌に♪

5 フェイシャル
Facial

野菜やハーブ、ココナッツなど自然の素材が伝統的な方法だが、最近ではヨーロッパやアメリカの有名コスメブランドの製品を使うところも多い。

体験したのはコレ！
ロウ・フェイシャル
…60分／Rp.42万5000
パパイヤの果肉、生の野菜やフルーツから作ったパウダーを使ってパック

夕方はどこの街スパも混み合う。予約しないで行くなら午前中かランチタイムがおすすめ。

1500円アンダー
口コミで評判の

ローカルや在住外国人も
プチプライスで足や体
ショッピングの合間に

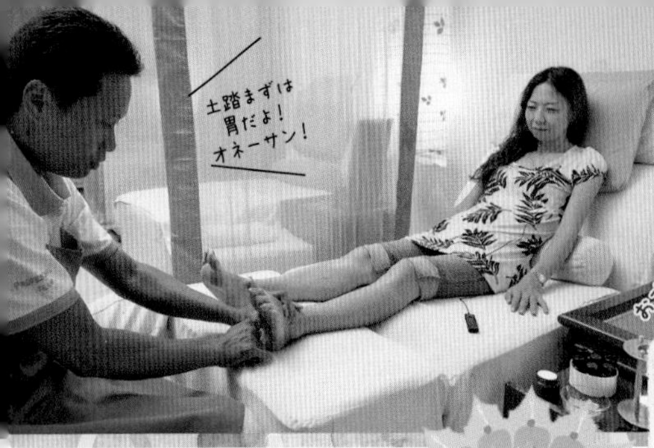
土踏まずは
胃だよ！
オネーサン！

COZY
Yours and Everybody's Favourite Place
この看板が
目印♪

おすすめメニュー

★フットリフレクソロジー
60分／Rp.14万5000
★ボディリフレクソロジー
70分／Rp.23万5000
★コージードリーム(オイルマッサージ)
90分／Rp.24万5000

技術
雰囲気
満足度

地元客も足しげく通う
コージー Cozy

マッサージ好きの女性が経営するだけあって、テラピストは実力派揃い。照明を落とした店内には心地よい水音が響き、体だけでなく心もリラックス。

Map 別冊P.5-D2　クタ郊外

🏠Jl. Sunset Road No.66, Kuta
☎081-2385-06611（携帯）　🕘月～木8:00～21:00、金～日11:00～22:00
[休]無休　[Card]M.V.　[予]要予約　[交]ベモ・コーナーから車で10分

リンパをもんで
むくみ解消だよ！

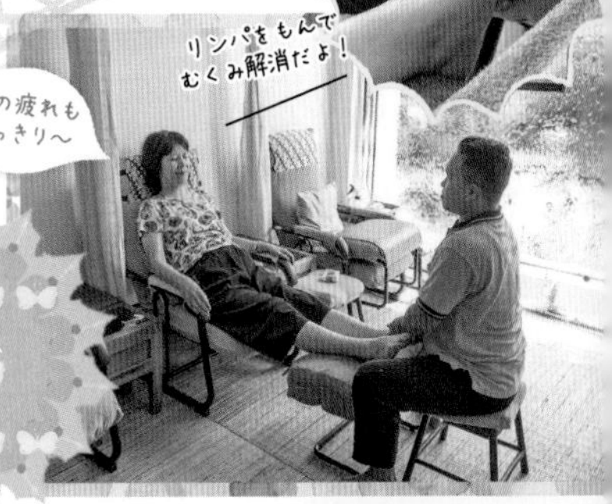
足の疲れも
すっきり～

技術
雰囲気
満足度

足マッサージならここ！
ブガール・セハッ
Bugar Sehat

ウブドで足マッサージといえばまずこの店の名が挙がる有名店。スタッフは全員男性で、力強いマッサージが特徴。力は加減してもらえるので遠慮なく伝えよう。

Map 別冊P.20-B3　ウブド

🏠Jl. Hanoman No46, Ubud
☎0813-9205-3755（携帯）
🕘10:30～21:00
[休]無休　[Card]不可
[予]不要　[交]ウブド王宮から徒歩15分

おすすめメニュー

★リフレクソロジー
30分／Rp.8万5000
★バック&ショルダーマッサージ
30分／Rp.12万
★ボディマッサージ
60分／Rp.19万

指の付け根か。
肺や気管支、
弱くないデスカ？
痛きもち～

技術
雰囲気
満足度

リラックスできる雰囲気
ディーラマ・スパ
De'Rama Spa

こぢんまりとしたヘアサロン&スパ。マニキュアやクリームバスのほか、奥の個室スペースで全身マッサージも受けられる。

Map 別冊P.5-C1
レギャン

🏠Jl. Sri Rama, Legian
☎0815-4725-5855（携帯）　🕘9:00～21:00
[休]無休　[Card]A.M.V.
[予]望ましい　[交]ベモ・コーナーから車で10分

おすすめメニュー

★フットマッサージ
30分／Rp.7万
★バックマッサージ
30分／Rp.7万5000
★マニキュア
60分／Rp.15万

De Rama
Hair & Beauty Spa

スパで役立つ
プチ会話

痛い　Sakit.　サキッ
気持ちいい　Enak.　エナッ
もっと強く／弱く
Tolong lebih keras /lemah.
トロン ルビ クラス／ルマー

✉「コージー」はオイルマッサージもおすすめ！　料金は安いのに技術はホテルのスパ並みです。（鳥取県・ナシゴレン）

でリフレッシュ
お値打ちサロン

通うマッサージサロンなら、
の疲れがすっきり解消！
リフレッシュしちゃおう。

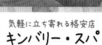

夕方以降は混むので予約してね！

「リラックスできるわ」

技術
雰囲気
満足度

口コミで評判のお値打ちサロン

おすすめメニュー

★フットマッサージ
30分／Rp.1万

★ショルダーマッサージ
30分／Rp.9万

★ボディマッサージ
60分／Rp.14万5000

気軽に立ち寄れる格安店
キンバリー・スパ
Kimberly Spa

スミニャックやクタの
目抜き通りに5店舗展
開しており、席数も多
いので、予約なしでも
立ち寄りやすい。30分
のメニューが豊富で、
パッケージなら割引料
金になる。

Map 別冊P.9-C3 スミニャック

🏠 Jl. Raya Seminyak No.16, Seminyak
☎0822-4799-9111（携帯） ⏰9:00～23:00
㊡無休 [Card]不可 ㊦不要 🚶ビンタン・
スーパーマーケットから徒歩1分

技術
雰囲気
満足度

「寝てしまいそう～」

マッサージの種類が豊富！
グッドマッサージ
Good Massage

在住外国人も通う、サヌールの人気マ
ッサージ店。日本人が経営していて、
日本の指圧やタイの伝統的なマッサー
ジも受けられる。

Map 別冊P.16-B1 サヌール

おすすめメニュー

★リフレクソロジー
60分／Rp.12万

★タイミックスマッサージ
60分／Rp.17万

★指圧マッサージ
60分／Rp.17万

🏠 Jl. Danau Toba No.22, Sanur
☎0812-3869-922（携帯）
⏰10:00～23:00 ㊡無休 [Card]不
可 ㊦望ましい 🚶シンドゥー市場から
徒歩2分 [URL]www.spabaligood
massage.com

セラピストの技術は折り紙付き
ヌサ・テラピー
Nusa Therapy

アロマ製品で有名なブルースト
ーン（→P.39）系列のスパ。
マッサージ、フットスクラブ、
マニキュアなど、椅子で受ける
施術はどれも均一料金。

疲れ目解消に
中指もみますね～

Map 別冊P.20-B2 ウブド

🏠 Jl. Raya Ubud No.5, Ubud
☎0823-4256-3923（携帯）
⏰12:00～21:00 ㊡無休
[Card]不可 ㊦望ましい
🚶ウブド王宮から徒歩6分

おすすめメニュー

★フットマッサージ
30分／Rp.9万5000

★フットマッサージ
60分／Rp.18万

★バック＆ショルダーマッサージ
30分／Rp.9万5000

技術
雰囲気
満足度

「親指をぐりぐりっと 寝不足ですね～」

「そこ、効く～」

上質&優秀
バリ発ナチュ

ハーブなど天然の素材が美容法
フェイシャルからヘア&ボディケ
人気ショップで見つけたお

人にも環境にも優しいコスメ

Sensatia
センセイシャ

2000年にバリ東部の小さな漁村で生まれ、現在では国際的に知られるブランドに成長。100%天然素材で作られる無添加の石けんとスキンケア製品は、バリ島で唯一のGMP認定（適正製造規範）を受けている。

Map 別冊P.20-A1 ウブド

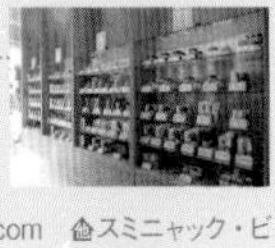

🏠Jl. Monkey Forest No.64, Ubud ☎（0361）9081562 🕘9:00〜20:00 [休]無休 [Card]A.J.M.V. [交]ウブド王宮から徒歩2分 [URL]www.sensatia.com 🏠スミニャック・ビレッジ（→P.137）内など

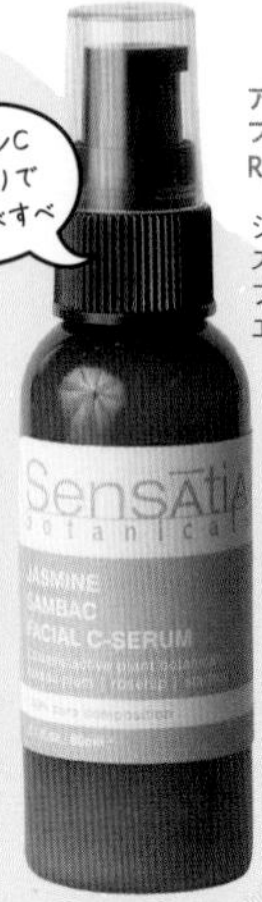

ビタミンC たっぷりで お肌すべすべ
Sensatia
JASMINE SAMBAC FACIAL C-SERUM

アラビアジャスミン・フェイシャルCセラム
Rp.18万
ジャスミン、ローズヒップ、スターフルーツなど植物エキスをブレンド

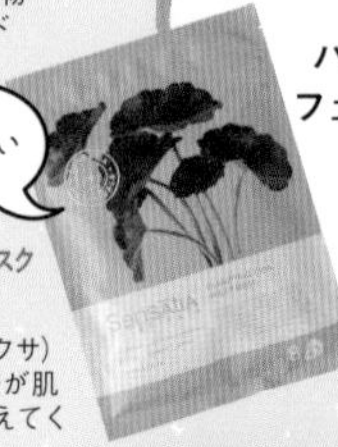

ニキビの できやすい 肌に

シカ・シートマスク
Rp.18万
シカ（ツボクサ）の天然成分が肌の炎症を抑えてくれる

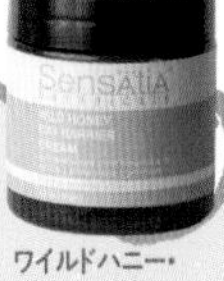

Sensatia

ワイルドハニー・デイバリアクリーム
Rp.24万
植物由来の抗酸化物質が肌をしっかりとガード

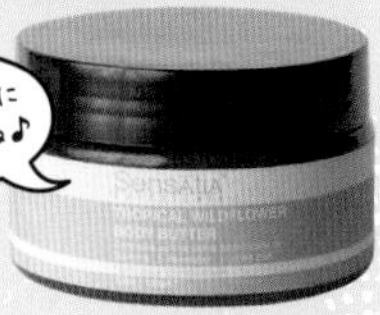

花の香りに 癒やされる♪
Sensatia

トロピカルワイルドフラワー・ボディバター Rp.14万
純正シアバターとバージンココナッツオイルが肌を整える

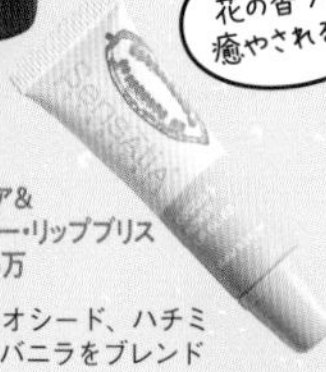

Sensatia

ココア&ハニー・リップブリス
Rp.6万
カカオシード、ハチミツ、バニラをブレンド

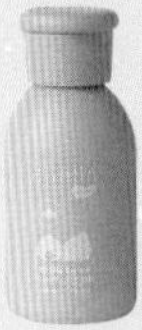

キッズ・リフレッシング・ボディローション
Rp.9万
子供に安心して使えて、敏感肌の大人にも◎

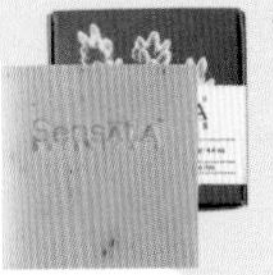

Sensatia

ローズマリー&ラベンダー・ティーツリーソープ Rp.7万5000
砕いたローズマリーが天然スクラブ剤に

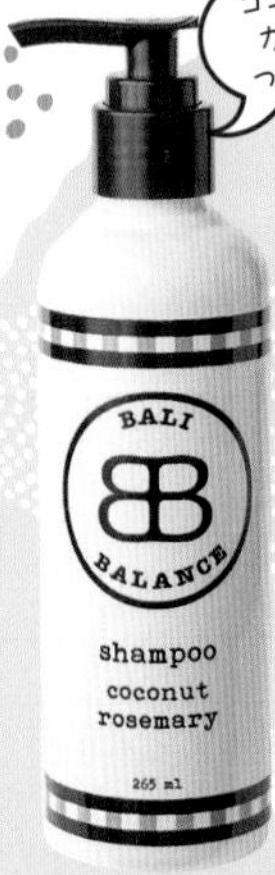

ココナッツの 力で髪の毛 つやつやに♪
BALI BALANCE
shampoo
coconut
rosemary
265 ml

ココナッツ・ローズマリー・シャンプー Rp.20万
ココナッツオイルが髪に栄養を。ローズマリーの香りも◎

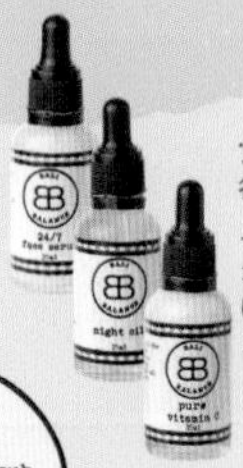

night oil
pure vitamin C

フェイスセラム
各Rp.30万
ぜいたくなオイルが肌に潤いを与えてくれる

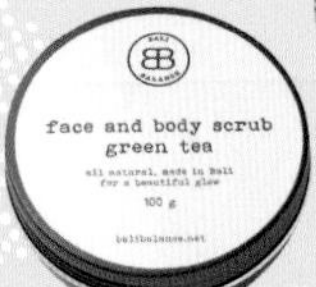

face and body scrub
green tea
100 g

フェイス&ボディスクラブ
Rp.20万
バリの米と緑茶エキス配合でなめらかな肌に

ココナッツオイル製品が充実

Bali Balance
バリ・バランス

毎日使うものだから原料を大切にしたい、というスイス人オーナーこだわりの品が並ぶ。高品質のバージンココナッツオイルを使ったスキンケアアイテムやシャンプーが人気。

Map 別冊P.11-D3 クロボカン

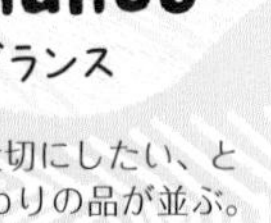

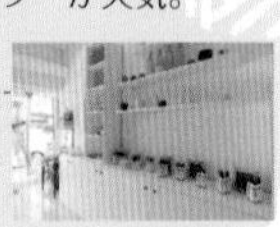

🏠Jl. Raya Taman No.147A, Seminyak ☎0878-6197-5495（携帯）🕘10:00〜18:00 [休]無休 [Card]J.M.V. [交]スミニャック・スクエアから車で5分 [URL]balibalance.net

地元産の天然素材にこだわる

ISHA
イシャ

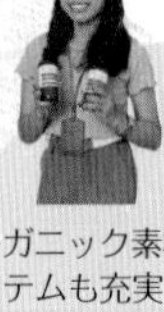

つるぴか お肌を手に 入れて♪

ほとんどの製品に地元のオーガニック素材が使われ、ビーガン対応のアイテムも充実。店内にはテスターと手洗い用のシンクがあり、あれこれ試して購入できるのがうれしい。

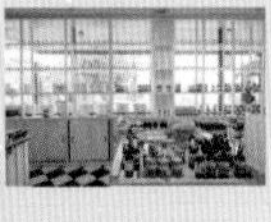

Map 別冊P.13-C1 チャングー

🏠Jl. Pantai Batu Bolong No.37, Canggu ☎0877-6139-3114（携帯）🕘9:00〜19:00 [休]無休 [Card]A.J.M.V. [交]ラブ・アンカーから徒歩10分

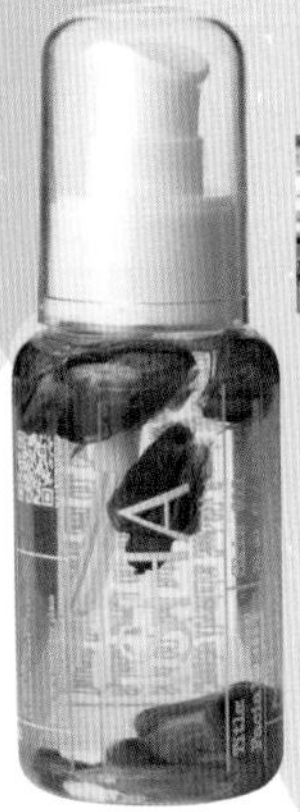

寝る前に使うと お肌がしっとり

フェイシャル・エリクシール
Rp.53万
保湿効果や抗酸化作用があり「魔法のオイル」とも呼ばれる

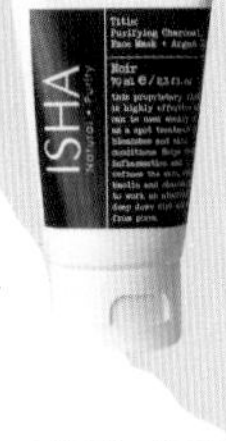

ISHA

フェイスマスク
Rp.15万5000
アルガンオイルと炭を配合。すべての肌タイプに

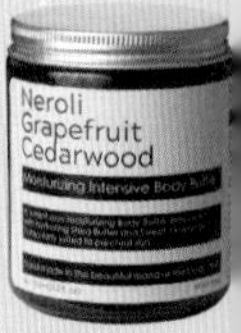

Neroli
Grapefruit
Cedarwood

ボディバター
Rp.36万5000
ネロリ、グレープフルーツ、シダーウッドを配合

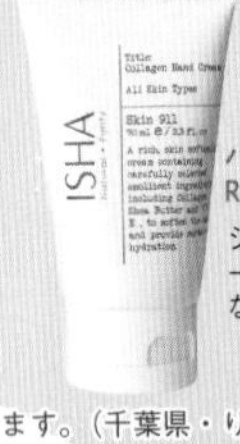

ISHA

ハンドクリーム
Rp.8万5000
シアバターとコラーゲンでなめらかな手に

 「センセイシャ」は事前に日本語サイトで欲しいものをチェックしておくとスムーズに買い物できます。（千葉県・りえ）

アイテム揃い！
ラルコスメ

に取り入れられているバリには、アまで自然派プロダクトが満載。すすめアイテムを大公開！

ナチュラルコスメって？
正確な基準はないが、植物や海草などの天然素材を主原料とし、合成保存料や着色料を無添加かなるべく使わないで作られるコスメのこと。ナチュラルコスメだからすべて低刺激というわけではなく、また成分によっては肌に合わないこともあるので注意を！

ティーツリー・シャンプー
Rp.10万5000
詰め替え用の缶入りは持ち運びも楽ちん

ソルトスクラブ(竹炭)
Rp.10万200
海塩と米粉が古い皮膚細胞を取り除いてくれる

リップバーム 各Rp.2万1100
口に入っても安心な自然素材のみを使用

プチプラでおみやげにも♪

ウブド発の老舗有名ブランド

Utama Spice
ウタマ・スパイス

ココアラブ・クリーム
Rp.12万7600
ココアバター配合のボディクリームは乾燥肌の強い味方

COCOA LOVE Cream

ココアの甘〜い香り♪

ボディミスト
Rp.9万3000
肌を保湿しながら、さわやかな香りでリフレッシュ

バリ島のナチュラルコスメの先駆け。オーガニックハーブ園をもち、インドネシア伝統のジャムーの知識を生かしたアイテムが豊富に揃う。好きな香りのアロマオイルを選んで、コスメをカスタマイズすることも可能。

ボディローション
Rp.7万4000
レモングラスやラベンダーなど香りのバリエーションも豊富

ベゴン・バグ
Rp.6万4000
シトロネラの香りの虫除けスプレーローション

赤ちゃんや子供にも安心！

バリ発ナチュラルコスメ

Map 別冊P.20-A3 ウブド
🏠 Jl. Monkey Forest, Ubud
☎0851-0085-3155 (携帯)
🕘9:00〜20:00 ㊡無休
💳A.J.M.V. 🚶ウブド王宮から徒歩15分 URLutamaspice.jp 🏠サヌール店
Map 別冊P.16-B3 など

濃厚クリームでしっとり潤います

ハンドクリーム
Rp.6万
神秘的な香りで就寝前に塗るとリラックス効果も

モスキートスプレー
Rp.3万8000
薬効効果があるニーム(インドセンダン)を配合

パフューム Rp.3万
ロールオン容器なので手軽につけられる！

ジャムー教室も開催している

Nadis Herbal
ナディス・ハーバル

ウタマ・スパイスの創設者のひとりで、薬草のエキスパートであるリリールさんが立ち上げた店。自社農園で生産されたインドネシア伝統のハーブから作る製品には定評がある。

こちらもCheck! →P.42

Map 別冊P.20-B1 ウブド
🏠 Jl. Suweta No.15, Ubud ☎0857-3794-2436 (携帯) 🕘9:00〜18:00 ㊡無休 💳M.V. (手数料2%) 🚶ウブド王宮から徒歩3分 URL www.nadisherbalbali.com

ハーブティー Rp.5万〜
効能別にさまざまな種類が揃う

Rempah Sejagad

リーズナブルな価格がうれしい

Angelo Store
アンジェロ・ストア

オーナーのアンジェロさんが「愛を込めている」というプロダクトは、秘伝のレシピですべて手作り。香りのよいエッセンシャルオイルや石けんの品揃えも充実している。

Map 別冊P.20-B2 ウブド
🏠 Jl. Sugriwa No.10, Ubud ☎(0361)4792439 🕘9:00〜21:00 ㊡無休 💳M V 🚶ウブド王宮から徒歩10分 URLangelostoreubud.com

バリフラワーズ・ボディバター
Rp.6万5000
フランジパニやイランイランの甘い香りが♪

BALI FLOWERS BODY BUTTER

アンチエイジングに効果あり

MOISTURIZING & SMOOTHING
ALOE LOVE
FACE CREAM

ローズウォーター
Rp.3万
乾燥が気になったらお肌にシュッとひと吹き

アロエラブ・フェイスクリーム
Rp.7万
アロエベラをはじめ保湿効果のある成分がたっぷり！

マッサージオイル
Rp.4万
リラックス効果のあるラベンダーなど11種類の香りが揃う

キレイなバリ女子はみんな使ってる!
スーパーでローカルコスメをGet

プチプラコスメの宝庫スーパーで、バリ女子の美肌や美髪のモトを発見！
aruco取材班のリピ買いアイテムも教えちゃいます。

おもな
スーパー → P.114~115

インドネシアのコスメメーカー

マルタティラール社とムスティカラトゥ社が2大コスメブランド。どちらもインドネシア伝統のジャムー（生薬）や美白効果のある植物を使うなど、自然派化粧品のラインアップが豊富に揃っている。

BODY

aruco取材班
リピ買い！
軽いつけ心地なのにお肌しっとり&香り長もち。ミニサイズもあるので、まとめ買いするのも◎
（ライターK）

虫よけローション

現地で調達できる虫よけは「Autan」がおすすめ。ほのかなサクラの香りも◎。Rp.1万2500

こうやって
使ってね
乾いた状態の肌に塗り、手のひらで優しくマッサージしたあと、お湯で洗い流す

ボディスクラブ

VCO（バージンココナッツオイル）を使用したボディスクラブ。マンゴーの香り。Rp.3万4500

ハンド&ボディローション

インドネシアで知らない人はいないコスメブランド「チトラ」のなかでもいちばん人気の商品。1. 肌のトーンが明るくなるパール&マルベリー。Rp.1万6000　2. アボカド&ハニーでしっとり肌に。Rp.1万4900　3. 美白効果のあるベンコアンを配合。Rp.1万4900（いずれも110ml）

ボディバター

スクラブで古い角質を取り除いたあとは、ボディバターでしっかり保湿。パッションフルーツの香り。Rp.5万9500

SOAP

ブラット・ワンギ

「マサコ石けん」の名前で知られる、バリのナチュラルソープの草分け。「パパイヤ・フレッシュ・ギャラリー」（→P.114）や「デルタ・デワタ」（→P.115）で購入できる。各Rp.2～3万

パパイヤ石けん

パパイヤ酵素の働きで、なめらかで明るい肌に。Rp.2万5700

アロエベラ石けん

肌荒れが気になる人に。ハンドソープにも◎。Rp.1万9000

aruco取材班
リピ買い！
良質なココナッツオイルと天然素材のみで作られていてお肌に優しい。体にも顔にも使える
（編集N）

「ブラット・ワンギ」の工房 Map 別冊P.19-C2 では直販も行っていて、スーパーで買うより安い。（茨城県・萌）

FACE
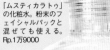

ホワイトローズ ウォーター
「ムスティカラトゥ」の化粧水。粉末のフェイシャルパックと混ぜても使える。Rp.1万9000

aruco取材班 リピ買い！
さっぱりとしたつけ心地で、肌が柔らかくなった感じ。ほのかなバラの香りに癒やされる♪（ライターM）

フェイシャルウォッシュ
インドネシアで古くから美白に使われているイモ科の植物、ベンコアンを配合。Rp.1万4700

クレンジングミルクと化粧水
「マルタティラール」の自然派化粧品、サリアユ・シリーズ。普通肌用のカナンガ、脂性肌用のライム、乾燥肌用のローズがある。1. ライム（Jeruk）のクレンジングミルク。Rp.2万3500 2. カナンガ（Kenanga）の化粧水。Rp.2万1500

ギジ・スーパークリーム
伝統的なレシピに基づいて作られた、インドネシアで40年以上愛されている美肌クリーム。Rp.2万1000

aruco取材班 リピ買い！
肌がみずみずしく潤って、ハリも出たみたい。UVプロテクションなので、化粧下地にもおすすめ（編集N）

アボカド・ クリームバス
グッド社の人気商品。頭皮をマッサージをしながらトリートメント効果も。Rp.3万900

HAIR

シャンプー
バリ発の自然派ブランド「ハーボリスト」の製品。フランジパニ（右）とアロエベラ（左）各Rp.2万9100

ヘアオイル
アジア中で大ヒットした「エリップス」の洗い流さないトリートメント。各Rp.1万5900

こうやって使ってね
カプセルの中身を手のひらで温めるように伸ばしてから、タオルドライした髪になじませる

こうやって使ってね
シャンプー後に軽く水気を取ってから、髪全体に塗って5分ほどマッサージし、お湯で洗い流す

コンディショナー
ココナッツミルクとライムのエキス配合。パサつく髪もしっとりつややかに。Rp.3万2200

ヘアエナジー
UV効果のあるヘアスプレー。さりげないフローラルの香りが◎。Rp.2万5000

aruco取材班 リピ買い！
南国の強い日差しで傷んだ髪も、これを使うとしっとりさらさらに（ライターM）

ヘア・クリームバス
バリのヘッドスパが気軽にできる。左からロイヤルゼリー、アボカド、チョウセンニンジン。各Rp.9000

裏 aruco

独断 取材スタッフの TALK

「私の駆け込みビューティ＆癒やしスポット」

まってま〜す☆

取材中は汗だくになりながらお店を駆け巡り、夜になるともうヘトヘト。そんなスタッフが密かに駆け込む、内緒にしておきたいスポットを大公開！

「コリのツボにぴたっとはまる癒やし系マッサージがやみつきに！」

ゴッドハンドと評判のマッサージ師アルジャナさんの店。長年通うファンも多いそう。アルジャナさんの優しい笑顔にも癒やされる♡（ライターK）

カラダが軽くなる！

レストゥ Restu

Map 別冊P.20-B1 ウブド

🏠Jl. Gootama No.2, Ubud ☎(0361)970483 ⏰9:00〜20:00 休日 📋バリの祝祭日 💰セラピーマッサージ（60分）Rp.12万5000（アルジャナさんはRp.17万5000）、フットマッサージ（30分）Rp.7万5000 Card不可 💰望ましい 🚶ウブド王宮から徒歩5分

「カラダもココロもとろける〜ゴッドハンド直伝のマッサージ」

オーナーはカリスマテラピストとして有名なスーザンさん。スタッフは全員男性なので最初は恥ずかしいけど、あまりの気持ちよさにハマる！（編集N）

ジャリ・ムナリ Jari Menari

Map 別冊P.9-C1 スミニャック

🏠Jl. Raya Basangkasa No.47, Seminyak ☎(0361)736740 ⏰9:00〜20:00 休無休 💰シグニチャーマッサージ（75分）Rp.51万5000、パーフェクトマッサージ（90分）Rp.58万5000、税＆サ＋12.5% Card M.V. 💰望ましい 🚶ビンタン・スーパーマーケットから車で5分 🌐www.jarimenari.com

---

「カリスマヒーラーが経営する老舗の街スパ」

設備は簡素だけど、技術は定評がある。アルサナ氏（→P.30）の施術を希望する場合は早めに予約を。ヨガ教室も開催しており、水曜9:00〜10:30のみアルサナ氏の直接指導が受けられる。（カメラマンA）

ウブド・ボディワークス・センター Ubud Bodyworks Centre

Map 別冊P.20-B2 ウブド

🏠Jl. Hanoman No.25, Padang Tegal, Ubud ☎(0361)971393 ⏰11:00〜20:00 休無休 💰テラピーマッサージ（60分）、アルサナ氏のマッサージRp.25万5000（30分）Rp.65万 Card M.V. 💰要予約 🚶ウブド王宮から徒歩15分 🌐www.ubudbodyworks.com

ヨガ教室もおすすめ！

南国の日差しで傷んだ肌をフェイシャルでお手入れ♪

最新の機器を備えた美容サロン。高純度の酸素を美容液と一緒に肌の奥に浸透させるデトックス・オキシジェン・フェイシャルをはじめ、顔のリフトアップやセルライト除去なども体験できる。（編集N）

ボディ・ラボ Body Lab

Map 別冊P.9-C1 スミニャック

🏠Jl. Raya Basangkasa No.10, Seminyak ☎0877-6156-7070（携帯） ⏰9:00〜19:00（土〜18:00）休日 💰デトックス・オキシジェン・フェイシャル（90分）Rp.85万、シグニチャー・アンチ・セルライト・マッサージ（60分）Rp.70万 Card A.J.M.V. 💰要予約（前日まで）🚶ビンタン・スーパーマーケットから徒歩15分 🌐bodylabbali.com

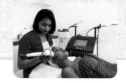

ローカルプライスがうれしい！在住外国人も通う穴場スパ

マッサージからボディケア、ヘア＆フェイストリートメントまで100種類以上のメニューが揃う。スペシャル・スパ・パッケージは5時間でRp.62万と破格。（ライターM）

サンクチュアリ・バリ・スパ Sanctuary Bali Spa

Map 別冊P.16-B1 サヌール

🏠Jl. Danau Buyan No.67, Sanur ☎0821-4703-2108（携帯）⏰10:00〜22:00 💰フットマッサージ（30分）Rp.7万、アロママッサージ（60分）Rp.14万、ココナッツ・ボディスクラブ（45分）Rp.10万、クリームバス（60分）Rp.12万 Card Rp.10万 💰望ましい 🚶シンドゥー市場から徒歩6分

熟練スタッフ揃いよ♪

ジャラン
ジャラン♪

わくわくがいっぱい！
バリ島の注目6エリアを
気ままにおさんぽ

バリで今、行きドキの最旬エリアをご案内。
気の向くまま小道を入っていけば、
新しい発見がきっとあるはず。
さあ、ジャラン・ジャランへ出かけましょ♪

W A K

バリのトレンドが集まる
クロボカンをてくてく♪
最旬アイテム探し

流行に敏感な外国人が集うクロボカンは、今最も注目のエリア。個性的な店が並ぶジャラン・カユ・アヤ（通称オベロイ通り）でバリの最新トレンドをチェックしちゃおう！

セクシーでしょ！

TOTAL 6時間

クロボカン
おさんぽ
TIME TABLE ♪

14:00	スミニャック・スクエア	
↓ 徒歩約7分		
14:45	ココナ	
↓ 徒歩約7分		
15:00	シスターフィールズ	
↓ 徒歩約1分		
16:00	スミニャック・ビレッジ	
↓ 徒歩約8分		
17:30	パーム・ラグーン	
↓ 徒歩約10分		
18:15	ムッシュ・ブロンド	
↓ 徒歩約1分		
19:00	チャルチャル	

バティックの服や小物も揃ってます！

これステキ！

1. 2階にはホテルがある 2. バリ雑貨が豊富な「メガアート」 3. 駐車場にある「I♥BALI」は人気の撮影スポット

ザ・クリンヴィラス

ディシニ・ラグジュアリー・スパ・ヴィラス

Jl. Nyeta Sari

1 クロボカンのランドマーク
スミニャック・スクエア 14:00
Seminyak Square

人気ブティックをはじめ、みやげ物屋や書店、カフェ、レストランなどが入った2階建てのショッピングモール。中庭のアートマーケットものぞいてみて！

Map 別冊P.10-B3

🏠Jl. Kayu Aya No.1, Kerobokan ☎0813-3721-2337(携帯) 🕐10:00～22:00（店舗によって多少異なる）休無休 Card店舗によって異なる URLwww.seminyaksquare.com

Jl. Kayu Aya ジャラン・カユ・ア

シー・ジプシー →P.104

→P.104

I BALI

2 ココナッツのコスメ 14:45
ココナ Cocona

オーガニックにこだわった高品質なココナッツオイルを原料とした美容アイテムを扱う店。オリジナルのボディ＆ヘアケア製品は、品薄になるほど人気が高い。

Map 別冊P.10-B3

🏠Jl. Kayu Cendana No.1, Kerobokan ☎0822-3707-4058(携帯) 🕐10:00～20:00 休無休 CardA.J.M.V.

1. ハンドクリームRp.6万5000 2. バージンココナッツオイル（100㎖）Rp.5万 3. 小さな店内にココナッツ製品が揃う

朝食やブランチにもおすすめ！

1. 明るくおしゃれな店内 2. カウンターにはスイーツが並ぶ 3. 人気のアサイーボウルRp.11万

3 おしゃれにカフェタイム 15:00
シスターフィールズ
Sisterfields

ヘルシー志向の在住外国人や旅行者に大人気のカフェレストラン。店内はカジュアルだけど、料理は盛りつけが美しく味も本格的。

Map 別冊P.10-B3

🏠Jl. Kayu Cendana No.7, Kerobokan ☎0811-3860-507(携帯) 🕐7:00～17:00 休無休 料予約Rp.10万～、税＆サ+17% CardM.V. URLsisterfieldsbali.com

「スミニャック・ビレッジ」は人気ブティックが集まっていて、お買い物に便利でした。（群馬県・ととろ）

4 バリのトレンドが集まる　16:00
スミニャック・ビレッジ
Seminyak Village

ファッション、インテリア、雑貨など、バリ発のローカルブランドが集結したショッピングモール。コスメが人気の「センセイシャ」（→P.130）、スパの「スプリング」（→P.127）のほか、カフェもある。

Map 別冊P.10-B3

🏠Jl. Kayu Jati No.8, Kerobokan ☎(0361)738097
⏰10:00～22:00　㊡無休　Card店舗によって異なる
URLwww.seminyakvillage.com

1.吹き抜けのモール内　2.真珠専門店の「ホリコ」
3.雑貨を集めた「マーケットプレイス」

コスメもあるよ！

クロボカン

あの店かわいい！

食事の前にシャンパンはいかが?

ジェラート・ファクトリー　→P.94

イ・ザ・シー　P.99

（ジャラン・オベロイ）

ルーシーズ・バティック　→P.106

メルクレディ　→P.109

ブスピタ　→P.98

野外市場　屋台が集まる

ジャラン・ブサン・カサ

Jl. Drupadi

Jl. Rayan Basangkasa

---

5 お手頃リゾートウエア　17:30
パーム・ラグーン
Palm Lagoon

人気サーフショップ「リップカール」の姉妹店。キュートなリゾートウエアが揃う。メンズも扱っているので彼へのおみやげ探しにも。

Map 別冊P.11-C3

🏠Jl. Kayu Aya No.33, Kerobokan ☎0878-6193-8688(携帯)　⏰9:00～23:00　㊡無休　CardA.J.M.V.

1.通りに面した旗艦店
2.ワンピースRp.20万
3.編みバッグRp.28万
4.「イパネマ」のビーチサンダルも扱う

---

6 ラブリーなアクセサリー
ムッシュ・ブロンド　18:15
Monsieur Blonde

フランス人女性が手がけるアクセサリーショップ。繊細で上品なデザインが乙女心をくすぐる。レースを使ったワンピースなどフェミニンなウエアも。

Map 別冊P.11-D3

🏠Jl. Kayu Aya No.43, Kerobokan ☎0812-3802-3060(携帯)　⏰9:00～21:00　㊡無休　CardA.J.M.V.

1.ブレスレットRp.106万5000　2.ピアスRp.78万5000　3,4.店内のディスプレイや店構えもおしゃれ

ドリンクのメニューも充実♪

7 カクテル片手にストリートウオッチング
チャル・チャル　19:00
Char Char

通りに面した階段状の席がユニーク。カジュアルな雰囲気の2階席と、エアコン完備でムーディな1階席があり、エリアによってメニューが異なる。

Map 別冊P.11-C3

🏠Jl. Kayu Aya, No.78 Kerobokan ☎(0361)738720　⏰15:00～24:00　㊡無休　予算Rp.15万～、税&サ+10%　CardA.J.M.V.

1.モクテルRp.3万～　2.軽食のほか本格的な料理も楽しめる　3.人気の階段席

（地図）
ウブド
クロボカン　デンパサール
スミニャック　サヌール
クタ
空港
ジンバラン
ヌサドゥア

Map 別冊P.10～11
空港からタクシーで30～40分、Rp.23万

バリ島のおしゃれエリア スミニャックで ショッピングクルーズ

在住外国人の手がけるショップやレストランが多いスミニャックは、クロボカンと並んでバリのトレンドをリードするおしゃれスポット。セレブ流に、さらりとお買い物&疲れちゃう前にマッサージへ。

お買い物に出かけましょ♥

TOTAL 5時間

スミニャック おさんぽ

TIME TABLE

10:00 ビアサ
↓ 徒歩約1分
10:30 バリ・ティーズ
↓ 徒歩約3分
11:00 マリア・マグダレナ
↓ 徒歩約10分
11:40 マハナ
↓ 徒歩すぐ
12:00 ソバン
↓ 徒歩約7分
12:30 ジャクソン・リリーズ
↓ 徒歩約7分
14:00 プラナ・スパ

1 ヨーロピアンな大人服 ビアサ Biasa 10:00

イタリア人デザイナーによる老舗ブティック。上質な素材、女性らしくエレガントなデザイン、カラーバリエーションの豊富さで、特に西洋人に人気が高い。

上品なリゾート服

1. ベルベット素材のバッグRp.118万
2. リネンのショートパンツRp.79万
3. 通気性がよく、さらりとした感触のタンクトップRp.68万
4. エスパドリーユ風サンダルRp.79万

Map 別冊P.9-C2

🏠 Jl. Raya Seminyak No.36, Seminyak
☎ (0361)730308 ⏰ 9:30～20:30 🈺無休
Card A.J.M.V. URL www.biasabali.com

何枚でも欲しくなるTシャツ

SMILE

BALI

I ♥ BALI

1. Tシャツは均一料金でRp.29万9000
2. カラフルなポーチ各Rp.15万5000 3. ショートパンツRp.21万5000

2 デザインTシャツが充実 バリ・ティーズ Bali Tees 10:30

ヤシの木やパイナップル柄、バリをモチーフにしたTシャツは、すべてオリジナル。リュックや帽子、スイムウエア、小物などもかわいい。

Map 別冊P.9-C2

🏠 Jl. Raya Seminyak No.38, Seminyak
☎ (0361)8475860 ⏰ 9:00～21:00 🈺無休 Card A.J.M.V. URL lovebalitees.com

3 ラブリーなウエアと雑貨 マリア・マグダレナ Maria Magdalena 11:00

キュートでカラフルなプリントのワンピースは、日本人オーナーによるオリジナルデザイン。アクセサリーやブラバッグ、インテリア雑貨などもおしゃれなセレクト。

Map 別冊P.9-C2

🏠 Jl. Camplung Tanduk No.7, Seminyak
☎ (0361) 738051
⏰ 9:00～22:00 🈺無休
Card J.M.V. こちらもCheck! → P.113

1. リゾート気分を盛り上げてくれるワンピースRp.52万8000 2. 市場へ行くときに使うプラカゴをおしゃれにアレンジRp.7万8000 3. ビーズのネックレスRp.11万8000

「アシタバ」のアタバッグはバリでも活躍

バリゼン →P.108
リラ・レーン →P.100
アシタバ →P.102
ジャラン・クンティ Jl. Kunti
ビン・ハウス →P.107

Jl. Raya Seminyak

4 ディスプレイもすてき 11:40
マハナ Mahana

エスニック雑貨など小さなものから家具まで扱う、ハイセンスなインテリアショップ。フランス人オーナーがデザインした製品は、ナチュラルで洗練されたものが多い。

Map 別冊P.9-C1

🏠 Jl. Raya Basangkasa No.45, Seminyak
☎0813-3835-1736 (携帯) ⏱9:30～20:30
休無休 Card A.J.M.V.

1. 自然石に彫刻を施したルームランプRp.124万 2. 布製プランターカバーRp.8万

Map 別冊P.8～9
空港からタクシーで20～30分、Rp.20～23万

1. 貝付きソカシは3個セットでRp.15万 2. 貝殻がアクセントのコースターRp.4万 3. 食卓が楽しくなるパイナップル型の木製皿Rp.16万 4. ボウルRp.25万とスプーン2本セットRp.5万

5 問屋プライスがうれしい♪
ソパン Sopan 12:00

昔ながらの素朴なバリ雑貨ショップ。ソカシと呼ばれる祭礼などで使われるカゴ、木製の器などがぎっしり。同じ製品をセットで購入すると割引になる。

Map 別冊P.9-C1

🏠 Jl. Raya Basangkasa No.40, Seminyak
☎0877-8146-2343 (携帯) ⏱9:00～21:00
休無休 Card J.M.V.

6 創作系アジア料理が人気 12:30
ジャクソン・リリーズ
Jackson Lily's

バリの5つ星ホテルでシェフの経験もあるディーン氏が、インドネシア、タイ、ベトナムなどの素材やレシピを独自にアレンジ。長さ1mのピザもおすすめ!

Map 別冊P.9-C1

🏠 Jl. Raya Seminyak No.2, Seminyak
☎(0361)4740121 ⏱8:00～22:00
休無休 予予算Rp.15万～、税&サ+17%
Card A.M.V. URLjacksonlilys.com

H ⑦
インピアナ・プライベート・ヴィラス →P.167

家族でお散歩よ

Jl. Plawa

スイーツもおいしい!

シェアして楽しむ料理がコンセプト

1. 200人以上収容できる、オープンキッチンの大型レストラン 2. デザートには自家製スイーツ 3. 甘辛のナス料理Rp.9万3000 (手前) や餃子などお箸で味わえるエスニック料理が充実している

セレブ気分でお買い物を楽しんで

シロダーラですっきり♪

7 異空間で癒やしのひととき 14:00
プラナ・スパ Prana Spa

「インピアナ・プライベート・ヴィラス」(→P.167) に併設された本格的なスパ。マハラジャの宮殿をイメージしたエキゾチックな空間で、至福の時間を過ごせる。

Map 別冊P.9-D1

🏠 Jl. Kunti No.118, Seminyak ☎0811-386-1761(携帯) ⏱9:00～21:00 休無休 料シロダーラRp.114万3000 (60分)、税&サ+21% Card A.J.M.V. 予要予約
URLpranaspaseminyakbali.com

1. インドレストランも併設している 2. シロダーラなどアーユルヴェーダを取り入れたメニューが人気

バリの道路は凸凹していて歩きにくいので、ヒールよりもフラットシューズがおすすめ。

無国籍なビーチリゾート
クタで寄り道しながら
グルメ＆お買い物

クタ・ビーチ→P.50

クタ・ビーチ→P.50

世界中の観光客やサーファーでにぎわう繁華街クタ。
波乗り女子御用達のお店をのぞいたり、ビーチをおさんぽしたり、
刺激的な無国籍タウンを楽しんじゃおう！

TOTAL 6時間

クタおさんぽ

TIME TABLE

13:00	ドゥラン・カフェ	
	↓ 徒歩約1分	
14:15	フィッパー	
	↓ 徒歩約15分	
15:00	サーファーガール	
	↓ 徒歩約15分	
16:00	ブルー・パニック	
	↓ 徒歩約15分	
17:00	ディスカバリーモール	
	↓ 徒歩約3分	
18:00	ボードウオーク	

1 気軽に食事が楽しめる 13:00
ドゥラン・カフェ
Dulang Kafe

クタ・スクエアにある、居心地の
よい老舗カフェ。インドネシア料
理からインターナショナル料理ま
で、メニューが豊富でおいしい。

Map 別冊P.6-A3

🏠Kuta Square Block
C/20-22, Kuta ☎(0361)
753389 ◷9:00～22:30
㊡無休 ㊟予算Rp.15万～、
税&サ+15
%
Card A.D.
J.M.V.

ゾウのマークが
目印だよ！

1. 通りに面したテラス席もある　2. ポークリブ（手前）と焼き
マグロのサンバルマタソース（奥）　3. アフォガートRp.3万5000

2 カラフルなビーサン 14:15
フィッパー Fipper

マレーシア発のビーチサン
ダル専門店。色とデザイン
のバリエーションは100種
類以上。値段も手頃なの
で、たくさん欲しくなる！

Map 別冊P.6-A2

🏠Kuta Square C13, Kuta ☎0821-
4436-5992（携帯） ◷9:00～
23:00 ㊡無休 Card A.J.M.V.

1. ベーシックタイプのサンダルは
Rp.10万～　2. 履きやすいウエッ
ジタイプRp.22万5000

3 バリ発サーフブランド 15:00
サーファーガール
Surfer Girl

キュートなリゾートウエアが満載の
女子向けサーフショップ。お店のマ
スコットガール、サマーちゃんのイ
ラスト入りTシャツが人気。

Map 別冊P.6-B2

🏠Jl. Legian No.138, Kuta
☎(0361) 752693
◷10:00～22:00
㊡無休 Card A.J.M.V.

1. 水着はセットで
Rp.82万8000
2. 左右でデザイン
が異なるビーサン
Rp.15万5000
3. 人気アイテムの
サマーちゃんのイ
ラスト入りTシャ
ツRp.35万9000

4 16:00

注目のサーフ
ブランドが
いっぱい！

ビーチアイテムが集結
ブルー・パニック
Blue Panic

バリのサーフシーンを知り
尽くしたオーナーが営むセ
レクトショップ。メンズア
イテムも充実しているので
彼へのおみやげ探しにも。

Map 別冊P.6-A2

🏠Jl. Pantai Kuta No.51, Kuta
☎(0361)755547 ◷9:30～
21:30 ㊡無休 Card M.V.

1.最新アイテムが並
ぶ店内 2.デウス・
エクス・マキナのT
シャツ Rp.27万
3.ハワイアナスのビ
ーサンRp.39万9000

 「ディスカバリーモール」の2階にある「セントロ」は、バラマキみやげのまとめ買いに便利でした。（岩手県・千春）

5 ロコに人気のスポット 17:00
ディスカバリーモール
Discovery Mall

バリ最大級のショッピングモール。デパートの「そごう」、みやげ物コーナーが充実している「セントロ」のほか、カフェやレストランもあるので、休憩や食事にも便利。

Map 別冊P.6-A3

⌂ Jl. Kartika Plaza, Kuta
☎ (0361)755522(代表)
⌚ 10:00〜22:00(各店舗で少し異なる)
休 無休 Card 各店舗で異なる
URL www.discoveryshoppingmall.com

バティックファッションの「ピン・ハウス」

1. インドネシアの大手バティックメーカー「バティック・クリス」 2. ビーチに面して立っている

---

6 海を眺めながらディナー♪ 18:00
ボードウオーク
Boardwalk

目の前にビーチと海が広がり、南国ムードを満喫できるビーチクラブ。広い敷地にはフロントデッキ席やソファ席、プールバー席などがあるので、その日の気分で選びたい。

Map 別冊P.6-A3

⌂ Jl. Kartika Plaza, Kuta ☎ 0823-4001-5646(携帯)
⌚ 10:00〜22:45 休 無休 予算Rp.20万〜、税&サ+16%
Card A.J.M.V. URL www.boardwalk-restaurant.com

1. 夕暮れ時はロマンティック 2. シーフードをはじめ多彩なメニューが揃う

Map 別冊P.6

空港からタクシーで10〜20分、
Rp.15〜18万

徒歩15分 ベモ・コーナー

ジャラン・パンタイ・クタ Jl. Pantai Kuta

ビーチ沿いの遊歩道を
お散歩しよ☆

海っていいよね！

遊歩道

クタ・スクエア
Kuta Square

ジャラン・バクンサリ Jl. Bakungsari

Jl. Tegal wangi

ワンピでお出かけ！

露店が並ぶ

アートマーケット

今日は海でまったりな気分なの

波乗りに行こう！

クタ・サイドウオーク

H クタ・パラディソ

ビーチでシーフード

クタ・センター

ウオーターボム・バリ

キャ〜！たのし〜！

ウオーターボム・バリ

カップルや家族連れに人気のテーマパーク。流れるプールやウオータースライダー、レストランや屋台もあるので、丸1日かけて楽しめちゃう！

Map 別冊P.6-A3

☎ (0361)755676
⌚ 9:00〜18:00 休 無休
大人Rp.58万、子供Rp.43万
URL www.waterbom-bali.com

「ウオーターボム・バリ」は公式サイトからチケットを購入すると15%オフになる。

古きよき面影が残る老舗リゾートサヌールで隠れた人気店に出合う

かつて、白砂のビーチに多くの人が訪れたサヌールは、今ではぐっと落ち着いた大人の静養地。粒揃いの名店を巡れば、根強いサヌール人気にもうなずけちゃうはず。

TOTAL 5時間

サヌール
おさんぽ

TIME TABLE

8:00 シンドゥー市場
↓徒歩約15分
8:45 ブレッド・バスケット
↓徒歩約3分
9:30 アグン・アートショップ
↓徒歩約5分
10:00 ルムッ・ギャラリー
↓徒歩約15分
11:00 ザ・ネスト
↓徒歩約7分
12:15 ワルン・クチル

ローカルスイーツもあるよ！

サービスするよ〜

1 サヌールの台所 8:00
シンドゥー市場
Pasar Sindhu

新鮮な野菜や果物、日用雑貨などが並び、見るだけでも楽しい。夕方からは市場の前でナイトマーケット（→P.96）が開かれる。

1. スイーツはRp.1000〜
2. 地元の人たちでにぎわうのは朝7:00頃
3. おばちゃんパワー全開！

Map 別冊P.16-B2

🏠Jl. Ps. Sindu No.5, Sanur ⏰4:00〜23:00 休バリの祝祭日 Card不可

2 焼きたてパンで朝食を 8:45
ブレッド・バスケット　Bread Basket

ドイツでパン作りの修業をしたジョシュアさんが念願のパン屋をオープン。ドイツから輸入した粉で焼くパンはハードタイプが中心。

Map 別冊P.16-B2

🏠Jl. Danau Tamblingan No.51, Sanur ☎(0361)282339 ⏰7:00〜20:00 休無休 Card不可

1. ベーグルやフルーツグラノーラもおいしい
2. かわいらしい店構え
3. カフェ風の店内

立ち寄ってみてね〜

3 アタグッズ専門店 9:30
アグン・アートショップ
Agung Art Shop

サヌールの名物的な存在となっているアタショップ。ファッション性の高いバッグのほか、ランチョンマットなどの小物も豊富に揃っている。

Map 別冊P.16-B2

🏠Jl. Danau Tamblingan No. 67, Sanur ☎0896-6143-9898（携帯）⏰9:00〜17:00 休無休 Card不可

1. 店内にはアタ製品がずらり
2. アタバッグはRp.30〜40万
3. この道約50年のアルサさん

4 おしゃれな雑貨店 10:00
ルムッ・ギャラリー　Lumut Gallery

店内に並ぶプラスチック製バッグは、バリの女性が市場へ行くときの買い物カゴをアレンジしたもの。リゾートウエアや小物も扱う。

Map 別冊P.16-B2

🏠Jl. Danau Tamblingan No.166, Sanur ☎0811-397-729（携帯）⏰10:00〜18:00 休無休 Card A.J.M.V.

1. 使いやすい中サイズのバッグはRp.15万前後
2. パサール（市場）バッグがぎっしり並ぶ店内

別冊P.16

Map 別冊P.16

空港からタクシーで30〜40分、
Rp.25万

市場は朝7〜9時頃がにぎわうの

Jl. Pantai Sindu

セガラ
ヴィレッジ
ホテル
→P.56

ガゼボ・ビーチ

Jl. Danau Tamblingan

Jl. By Pass Ngurah Rai

今度はあっち！

2

3

遊歩道

4

カフェ・
バトゥジンバー
（サンデーマーケット）

のんびり
お昼寝♪

Jl. Karang Sari

ハイアット・リージェンシー・バリ

H

6

サヌール名物
釣り用の小舟
ジュクン

5

Jl. Kesuma Sari

自転車で
お出かけ！

レンタサイクルも
おすすめ

サヌールのおもなショップや
レストランは、南北約1.5kmに
わたって続くメインストリー
ト、ジャラン・ダナウ・タンブ
リンガンに沿って並んでいる。
全部歩くとちょっと距離があ
るので、レンタサイクルで巡る
のも◎。通り沿いに貸自転車屋
があり、1日Rp.4万が目安。

ビーチの東屋から
美しい朝日が
眺められる！

どれも
おいしそう！

郷土菓子も！

6 12:15

大人気のナシチャンプル屋

ワルン・クチル
Warung Kecil

おしゃれにアレンジしたナシ
チャンプルが味わえるデリ風
ワルン。小さな店だが安くて
おいしいのでいつも混み合っ
ている。オーガニック野菜を
使ったサラダやパニーニも◎。

Map 別冊P.16-B3

🏠 Jl. Duyung No.1, Sanur
☎0851-0002-0002（携帯）⏰7:00
〜22:00
🗓無休 💰税＆サ＋10%
Card不可

11:00

5 ビーチ沿いの小さなスパ
ザ・ネスト
The Nest

頭のコリ
がほぐれて
すっきり

温めた砂を入れた袋を
使うマッサージ・ウィ
ズ・サンド・コンプレ
スは60分でRp.21万
5000。コスパが高く人
気があるので予約を。

ビーチから
すぐ！

サヌール

Map 別冊P.16-B3

1. クリームバスは60分／
Rp.20万5000 2. ナチュ
ラルでかわいらしい店内

🏠 Jl. Setapak Beach Walk, Sanur
☎(0361)9381523 ⏰9:00 〜
20:00 Card M.V.
🗓前日までに要予約
URL www.thenestbeachsidespa.com

指さしで
注文OK
だよ！

どれに
しよう？

1. 冷房が効いた
店内に総菜が並ぶ
2. ナシチャンプル
は野菜3種類
Rp.3万800

ナシクニン
Rp.5万

日曜のお昼は
サンデーマーケットへ！

サヌールに暮らす外国人や観光
客に人気なのが、「カフェ・バ
トゥジンバー」で毎週日曜の
9:30から12:00頃まで開催され
るサンデーマーケット。店の前
にはオーガニック野菜や焼きた
てパンのほか、インドネシアの
伝統料理やスイーツ、スナック
などを売る屋台が出て、ちょっ
と遅めの朝食やランチを食べる
人で大にぎわい。日曜にサヌー
ルを訪れたら、散歩がてら立ち
寄ってみて！

Map 別冊P.16-B2

サヌールに滞在するなら、一度は早起きして美しい朝日を見に行きたい。

バリきっての都
デンパサールで
ローカル文化を体験！

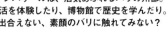

「北の市場」という意味のデンパサールは、活気あふれるバリの州都。市場や寺院でバリの日常生活を体験したり、博物館で歴史を学んだり。お決まりの観光コースでは出合えない、素顔のバリに触れてみない？

TOTAL 4時間

デンパサール
おさんぽ
TIME TABLE

9:00 バリ博物館
↓ 徒歩約1分
10:00 ジャガッナタ寺院
↓ 徒歩約15分
10:30 ビネカ・ジャヤ
↓ 徒歩約15分
11:00 ジャラン・スラウェシ
↓ 徒歩約3分
11:30 クンバサリ・アートマーケット
↓ 徒歩約10分
12:30 サテ・プルチン・アルジュナ

ドッカルという馬車も客待ちしているよ

③〜⑥ 徒歩約10分

ジャラン・ガジャマダ Jl. Gajah Mada

布地屋が並ぶ

荷物を運んでます！

マンゴーはいかが？

バリを代表する博物館

9:00

1 バリの文化を知る
バリ博物館
Museum Bali

展示棟は、手前からシガラジャ、カランガッサム、タバナンと、バリ各地の伝統様式で建てられたもの。それぞれに織物や仮面、儀式に使う道具などが展示されている。

Map 別冊P.17-D2

☎ (0361) 222680　⏰7:30〜15:30　🗓バリの祝祭日　💰Rp.5万（子供Rp.2万5000）

1. 公園のような敷地に展示棟が並ぶ
2. 建物自体にも歴史的価値がある
3. バリの民族衣装を展示

2 バリ人の世界観を表す
ジャガッナタ寺院 10:00
Pura Jagatnata

ジャガッナタとは「宇宙・世界」という意味。塔の根元に彫られた2匹のヘビとカメの微妙な力のバランスによって宇宙の秩序が保たれている、とバリでは考えられている。

宇宙を表す石灰岩の塔パドマサナ

Map 別冊P.17-D2

⏰随時　🗓無休
💰お布施（Rp.1万程度）

1,2.バリ・ヒンドゥーの最高神、サンヒャン・ウィディを祀る

アートフェスはバリ島あげてのイベント！

バリ文化の殿堂
アートセンター

絵画、木彫り、舞踊に使われる仮面などを展示する美術館のほか、広い敷地内には劇場や屋内ステージもある。また毎年6月中旬から1ヵ月間にわたってアートフェスティバルが開催され、舞踊や音楽のパフォーマンスなどが披露される。

Map 別冊P.4-B1

📍Jl. Nusa Indah No.1, Panjer, Denpasar
☎(0361)227176
⏰7:30〜15:30
🗓日　💰無料、美術館Rp.5万

ジャガッナタ寺院に入るにはサロン（腰布）が必要。入口で無料で貸してくれました。（福岡市・リエ）

ウブド
クロボカン
デンパサール
スミニャック
サヌール
クタ
空港
ジンバラン
ヌサドゥア

Map 別冊P.17

空港からタクシーで50～60分、Rp.20万～22万5000

3 コーヒーでひと息 10:30
ビネカ・ジャヤ
Bhineka Jaya

クプクプ（蝶）のマークでおなじみ、1935年創業のバリコーヒーの老舗。香り豊かなコピ・バリが1杯Rp.1万6000～で楽しめる。

Map 別冊P.17-C2

🏠Jl. Gajah Mada No.80, Denpasar ☎（0361）224016 🕘9:00～15:00 [休]日 [Card]M.V.（Rp.5万以上の支払い） [URL]www.kopibali.com

オーガニックコーヒーも！

BALI ORGANIC COFFEE

BHINEKA DJAJA

1,2. 店は地元の人たちの憩いの場　3. おみやげにちょうどいいパックはスーパーでも手に入る

4 布好きにはたまらない！ 11:00
ジャラン・スラウェシ
Jalan Sulawesi

アラブ人街とも呼ばれる、バリ島最大の布問屋街。ありとあらゆる種類の布が売られていて、メートル単位で購入できる。日曜は休む店が多い。

Map 別冊P.17-C2

🕘9:00～17:00頃

衣装も揃う！

値段交渉も楽しみながら買い物を！

1. 正装を仕立ててくれる店もある
2. 店の外にまで商品があふれる

チャトルムカ像
Jl. Udayana
ププタン広場
屋台が多い
ジャラン・ウダヤナ
2
1
Jl. Sugianyar
Jl. Kapt. Agung
クランディス川

5 掘り出し物ざくざく 11:30
クンバサリ・アートマーケット
Kumbasari Art Market

バドゥン川の西側に立つ4階建ての市場。1階では日用品、2階から上ではみやげ物が売られている。観光客とみるとふっかけてくるので、買う気があるなら粘り強く交渉して！

Map 別冊P.17-C2

🕘9:00～17:00頃　[休]無休

1. Tシャツやサロンなど布製品も豊富　2. 日用雑貨にもおもしろい物が見つかる

DERNI

お供え物を入れるカゴがかわいい☆

6 地元で人気のサテ屋
サテ・プルチン・アルジュナ 12:30
Sate Pelecing Arjuna

メニューは炭火で香ばしく焼かれたサテとソト（スープ）のみ。サテはマニス（甘い）とプルチン（辛い）の2種類のタレから選べる。

Map 別冊P.17-C1

🏠Jl. Arjuna No.47, Dauh Puri Kaja
☎0878-6778-9002（携帯）
🕘7:00～16:30　[休]無休　[Card]不可

1. たっぷりのサンバルが添えられたサテ・バビ・プルチンRp.4万　2. 地元の客がほとんど　3. デンパサールの中心部にある

パサール・クレネン
Pasar Kereneng

ナイトマーケットも行っちゃう!?

バリで最大規模のナイトマーケット。衣料品や日用雑貨、食べ物やジャムー（→P.45）などの屋台が出て、地元の人々でにぎわう。

Map 別冊P.17-D2

🕘16:00頃～23:00頃（店によって異なる）
[休]無休

デンパサールはタクシーがつかまりにくいので、車チャーターで訪れるのがおすすめ。

散策したい街No.1！
森と風がハーモニーを奏でる
緑の楽園ウブドでゆるり

こちらも →P.36 Check!

バリ芸術＆芸能の中心ウブドは、ライステラスや渓谷に囲まれた心癒やされるヒーリングスポット。昔ながらの村の風情を感じながら、のんびりお散歩を楽しんでみて。

ウブドおさんぽ

TOTAL 5時間

TIME TABLE

10:00	ウブド王宮 ウブド市場
	↓ 徒歩約6分
11:00	トゥアン・パロット
	↓ 徒歩すぐ
11:30	コウ
	↓ 徒歩約7分
12:00	カフェ・ワヤン
	↓ 徒歩約10分
13:30	モンキーフォレスト
	↓ 徒歩約10分
14:30	ウオータークレス

1 十字路に面したウブドの中心
ウブド王宮 10:00
Puri Saren Agung

地元の人には「プリ・サレン」の名で親しまれている、かつての王宮。現在の建物は1978年に改装されたもので、今も王の子孫とその親族たちが暮らしている。

Map 別冊P.20-B1

◉随時（王宮内で儀式がある場合は入場不可になることもある）⚑無料

きらびやかな伝統芸能のステージ

1.王宮の中は一部公開されている　2,3.夜は中庭でウブドのガムラングループによる芸能の公演が行われる（→P.152）

いっぱいあってどれにしようか迷っちゃう♪

お嬢さん寄っといで！

2 朝早くからにぎわう 10:20
ウブド市場
Pasar Ubud

まだ暗いうちから生鮮食料品が並び、6:00を回る頃にはウブドのおばさんたちで大混雑。9:00頃からはみやげ物屋もオープンし、観光客で夕方までにぎわう。

Map 別冊P.20-B1

◉5:00〜18:00頃　⚑無休

1.アタ製品などみやげ物を売る店も多い　2.市場の主役はおばちゃんたち

3 オリジナルのTシャツ 11:00
トゥアン・パロット
Tn. Parrot

かわいいオウムがトレードマークのウブド発ブランド。バリの風景を描いたイラストやロゴ入りの、ビンテージ風Tシャツが人気。

Map 別冊P.20-A2

🏠Jl. Dewi Sita, Ubud ☎0811-3941-6600（携帯）◉9:00〜21:00（土・日11:00〜）⚑無休 **Card** A.J.M.V.

1.デウィ・シタ通りに2店舗ある　2.コットン100％のTシャツはRp.19万5000

パッケージもおしゃれでおみやげに◎

4 自然派石けんの専門店
コウ Kou 11:30

防腐剤などを使わずに、コールド製法でじっくりと熟成させて作るナチュラルソープが人気。ミニサイズのキャンディソープもある。

Map 別冊P.20-A2

🏠Jl. Dewi Sita, Ubud ☎0821-4556-9663（携帯）◉9:45〜18:45 ⚑無休 **Card**不可

ローズの香り♪

1.ミントグリーン、スイートオレンジなど、香りによってそれぞれ効能も異なる　2.白を基調にしたおしゃれな店内　3.美白効果があるローズ・ホワイトRp.4万

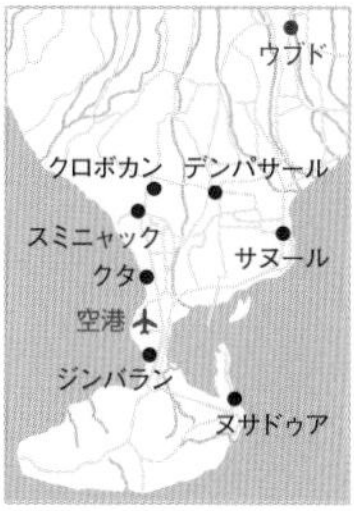
ウブド
クロボカン
デンパサール
スミニャック
サヌール
クタ
空港
ジンバラン
ヌサドゥア

Map 別冊P.18~19

空港からタクシーで1時間30分～2時間、Rp.40～50万

12:00

5 ウブドを代表する人気店 カフェ・ワヤン

Cafe Wayan

人気の秘密は、昔から変わらない雰囲気と、メニューの豊富さ。広い庭に点在する、バリ風情いっぱいの東屋席でくつろごう。

Map 別冊P.20-A3

⌂Jl. Monkey Forest, Ubud ☎(0361) 975447 🕘10:00～23:00 [休]無休 [料]予算Rp.13万～、税&サ+21% [Card]M.V.

1. ナシチャンプル（手前）Rp.7万5000 2. 名物のデス・バイ・チョコレートRp.3万5000 3. 庭の東屋席

ウブド

ウブド内の移動は配車サービスが便利

ウブドには流しのタクシーがないので、移動は徒歩が中心。少し離れた場所へ行くときや疲れたときは配車サービス（→P.181）を利用しよう。中心部は一方通行も多く、車だと遠回りすることがあり、バイクのほうが小回りがきく。なお、ウブド王宮近くの路上では「Taxi」と書いた紙を持った白タクが客待ちしていることがあるが、利用する際は事前に料金交渉すること。

ウブドのランドマーク
ジャラン・ラヤ・ウブド
Jl. Raya Ubud
センセイシャ
→P.130
エトノロジー
→P.100
スタジオ・ペラッ
→P.105
ジャラン・デウィ・シタ
Jl. Dewi Sita
サッカー場
ジャムー・スハティ・ウブド
→P.44
茶茶
→P.113
ドゥニア
→P.101
Jl. Hanoman
ジャラン・ハノマン
Jl. Monkey Forest
ジャラン・モンキーフォレスト
ガネーシャで～す！
アシタバ
→P.102

13:30

6 猿がすむ神秘的な森 モンキーフォレスト

Monkey Forest

うっそうと木々が茂る自然保護区になっており、約200匹の猿が生息している。森の中には死者の寺、ダラム・アグン寺院や神聖な池もあり、村人がお参りや沐浴に訪れる。

Map 別冊P.20-A3

🕘9:00～18:00（入場は～17:00） [休]無休 [料]Rp.8万、子供Rp.6万、土・日はRp.10万、子供Rp.8万（上記時間帯以外は無料）

1,2. 猿はいたずら好き。持っている食べ物やめがねを奪うこともあるので注意

バナナちょーだい！

7 おしゃれカフェで休憩 ウオータークレス

Watercress 14:30

採れたてのオーガニック野菜や地元食材にこだわった、ヘルシーなカフェレストラン。1階のショーケースに並ぶケーキやホームメイドジェラートもおすすめ。

Map 別冊P.20-A3

⌂Jl. Monkey Forest ☎0813-3868-5599（携帯） 🕘7:00～22:00 [休]無休 [料]税&サ+16% [Card]A.J.M.V.

おいしいスイーツでひと休み♪

1. チーズケーキ・ソルテッドキャラメルRp.5万5000（手前） 2. オープンエアの2階席もありくつろげる

ジャラン・モンキーフォレスト沿いにレンタサイクル屋が数軒あり、料金は1日Rp.3万～。

とことん海をエンジョイ♪

arucoおすすめ マリンスポーツ Best 5

定番から人気上昇中のアクティビティまで、
ぜ〜んぶ制覇したい！

僕らと一緒に楽しもう！

水圧で海を飛ぶ！新感覚のスポーツ
フライボード
1位　Fly Board

水上バイクから噴出される水をホースでブーツに送り込み、その水圧で空中に上昇する。初めてでも少し練習すれば飛べるようになるので、体力に自信がない女子でも気軽に体験できる。

ここで体験可能！
Ⓐ Rp.102万 (15分)
Ⓑ Rp.80万 (20分)

潮風に吹かれながら海をお散歩♪
スタンドアップパドル
2位　Stand Up Paddle

SUP（サップ）とも呼ばれる、近年人気上昇中のアクティビティ。浮力のあるボードの上に立って、パドルを漕いで水面を前に進む。自分のペースで楽しめるのが◎。

ここで体験可能！
Ⓒ Rp.45〜65万 (90分)

まるで鳥になったような気分☆
パラセイリング
3位　Parasaili

ふわりと空へ浮かび、上から青い海と緑の大地のコントラストを眺めるのは気分最高！　2名でのタンデムフライトも可。

ここで体験可能！
Ⓐ Rp.67万5000 (5分)
Ⓑ Rp.35〜60万 (5分)

バリの海を豪快に疾走する！
ジェットスキー
4位　Jet Ski

スピード感を楽しめる水上オートバイ。水しぶきをあげながら海の上を走り回るのは爽快感満点。

ここで体験可能！
Ⓐ Rp.58万5000 (15分)
Ⓑ Rp.35〜55万 (15分)

マリンアクティビティの鉄板
バナナボート
5位　Banana Boat

バナナのようなゴムボートに乗り、スピードボートに引かれて大海原を疾走。大勢で乗ると楽しい！

ここで体験可能！
Ⓐ Rp.25万3500 (15分)
Ⓑ Rp.15万 (15分)

マリンスポーツを楽しむには

サンゴ礁に囲まれた遠浅の海が広がるブノア地区 **Map** 別冊P.15 では、ビーチ沿いにマリンショップが並んでいて、さまざまなアクティビティが楽しめる。旅行会社やホテルで申し込むほうが割安になる場合も。

Ⓐ ブノア地区の老舗マリンショップ
ビーエムアール BMR

定番から最新までメニューが充実している。パッケージだと送迎付きで割安に。日本人ダイビングインストラクターも常駐。

Map 別冊P.15-D1
🏠 Jl. Pratama No.99X, Tanjung Benoa ☎(0361) 771757 ⏰9:00〜17:00 ⚑無休 ⒸⓐⓡⓓJ.M.V. 🚗ヌサドゥア・ゲートから車で10分 URLwww.bmrbaliofficial.com

Ⓑ 最新アクティビティを導入
バリ・アポロ Bali Apollo

ブノア半島の中ほどに位置するマリンショップ。水の噴射によって飛び上がるジェットパックやジェットバイクも体験できる。

Map 別冊P.15-D1
🏠 Jl. Pratama No.70, Tanjung Benoa ☎081-2380-0147（携帯）⏰8:00〜17:00 ⚑無休 ⒸⓐⓡⓓJ.M.V. 🚗ヌサドゥア・ゲートから車で10分 URLwww.baliapollo.com

Ⓒ SUPを体験するならここ♪
プライオリティ・サップ・バリ Priority Stand Up Paddle Bali

空港の南にあるケラン・ビーチで、認定インストラクターによるレッスンを受けられる。SUPヨガも開催。

Map 別冊P.14-A1
🏠 Jl. Raya Pantai Kelan 99, Jimbaran ☎0877-3838-6077（携帯）⏰7:00〜22:00 ⚑無休 ⒸⓐⓡⓓM.V. 🚗空港から車で20分 URLprioritysup.com

まだまだ
奥深いのね〜

いつもと違う☆
バリ島の遊び方指南

定番のバリ舞踊も、絵画鑑賞も、見方を変えたら
こんなに深く楽しめるなんて、ちょっと感動でしょ？
ツウさえ知らない、とっておきスポットも交えて、
ひと味もふた味も違う、バリの遊び方をナビゲート！

SIGHTSEEING

どれ観る？どこ見る？
バリ舞踊とことん楽しむAtoZ

バリ舞踊を観に行こう♪

バリの夜を彩る、妖しくきらびやかなバリ舞踊の世界。
おすすめ公演からチケット入手法、どこが見どころか？etc.
ウブド在住歴30年以上の芸能ツウがナビゲート！

まずは踊りの種類を
ご説明しましょう

芸能について
教えて！

芸能案内人 伊藤博史さん
名古屋出身のインテリアデザイナー。
1990年よりウブドに在住。共著に『バリ島楽園紀行』（新潮社）、『バリ島ウブド楽園の散歩道』（ダイヤモンド社）など。

Q そもそも芸能って？

A もともとはお寺で神さまに奉納したり、宮廷での宴の席で踊られたもので、今でも祭礼には欠かせない。現在では観光客向けのステージで踊られることもあるけど、始まる前には僧侶が舞台に聖水をまいて清めるのが習わし。

Q  どこで観られるの？

A ヌサドゥアなどにある大型リゾートホテルでは、バリ舞踊やケチャを観ながら食事が楽しめるディナーショーを行っているところも多い。また芸能村として知られるウブドでは、毎晩日替わりで定期公演が催されている。

華やかな宮廷舞踊
レゴン・クラトン
Legong Keraton

登場するのは、深紅の装束の宮廷侍女、緑の衣装の王女ランケサリ、同じく緑のラッサム王、そして鳥の4役。これを少女3人が演じ舞台を小鳥のように舞う可憐な踊り。

バリの世界観を表す
バロン
Barong

聖なる獣バロンと、魔女ランダは、人間の心にひそむ善と悪の化身。全長3mにもなるバロンは日本の獅子舞によく似ていて、中にはふたりの踊り手が入って舞う。

この表情を
みよ！

ここが見どころ♪
ランケサリ姫とラッサム王は見分けがつかないほどそっくりな少女ふたりによって踊られる。

STORY
魔物に生贄にされようとしていたサデワ王子を哀れんだシヴァ神は、王子を不死身の体にする。王子との戦いに敗北した魔物は最後の力で魔女ランダに変身。王子は聖獣バロンに変身し、善と悪とが激突する。

STORY
ダハ王国の王女ランケサリに求婚して断られたラッサム王は、王女を力ずくでものにしようとしたが叶わなかったため、ダハ王国を滅ぼそうと出兵。鳥が現れ開戦を予告するが、王は制止を振り切って出陣する。

ランケサリ姫と
ラッサム王

私が魔女
ランダ！

ここが見どころ！
人間の腸を首飾りにする魔女ランダの姿が怖い。バロンとの魔力を駆使した戦いは壮絶。

少女が演じるレゴン・クラトンの妖艶な動きにすっかりハマってしまいました！（三重県・踊り大好き）

優美な蜜蜂の踊り
オレッグ・タムリ リンガン
Oleg Tambulilingan

花畑を飛び回るメス蜜蜂に、オス蜜蜂が恋をして、じゃれあいながら仲睦まじくなっていく。バリ島では珍しい男女ペアの踊り。

求愛しています！

ここが見どころ！踊り子が蜜蜂の羽に見立てた黄色いスレンダンを広げる様子が美しい。

力強い戦士の舞い
バリス
Baris

もともとは神さまに捧げる、勇ましい戦士の踊り。槍や楯などを持って踊る姿は圧巻。でも子供が踊るバリスはとてもかわいい！

そりゃっ

ここが見どころ！戦士の怒りと悲しみを表現する、めまぐるしく変化する表情に注目！

烈しい女性の踊り
タルナ・ジャヤ
Taruna Jaya

女装した男の踊りを女性が踊るという複雑な舞踊。稲妻のようなガムランの音色とともに息つく間もないほどのスピードで舞われる。

私、キレイでしょ？

ここが見どころ！美女が舞台を縦横に駆け巡って表現する男性の心のヒダがすごすぎる！

官能的な創作舞踊
クビャール・ドゥドゥック
Kebyar Duduk

こちらは男装した女性を男性が踊るという屈折した踊り。やはり性倒錯した難しい心の動きを表現するので曲のテンポの変化が早い。

しなやかな動き！

ここが見どころ！座ったまま稲妻のごとく上半身を動かし、女性の優美さを表現する。

ユーモラスな仮面劇
トペン
Topeng

トペンとは仮面のこと。舞台でよく演じられるのは、老人の仮面をかぶって人生の喜怒哀楽を表現する渋い踊り。笑いと涙に包まれる。

こっちにおいで〜

ここが見どころ！トペンは即興舞踊。動きに決まりはなく、観客と目が合うと手招きされる。

トランスへと誘う
ケチャ
Kecak

詳しくは→P.156

ラーマ王子とシータ妃の永遠の愛の物語。何十人もの男たちによる声のガムランが大地を揺るがす大音響となり、観る者を圧倒する。

ケチャ！ ケチャ！ ケチャ！ ケチャ！ ケチャ！ ケチャ！ ケチャ！ ケチャ！ ケチャ！ ケチャ！

ここが見どころ！魔王にさらわれたシータ妃を救うため猿の軍団が出動。ケチャケチャ！

公演の最初にはペンデットと呼ばれる歓迎の踊りが舞われることが多い。

ウブドで観たい芸能はコレ！
曜日別オススメ公演
教えます☆

公演について教えて！

グループの特徴もご説明しましょう！

Q スケジュールを知るには？

A 現地のガイドやドライバーさんに聞くか、もっと詳しく知りたい場合はウブドの旅行会社「情報センターAPA？」(→P.183)のサイトをチェック！

Q チケットはどこで手に入るの？

A 街中の観光案内所や各会場の入口で購入できるほか、会場近くでチケットを売り歩いている人もいる。どこで買っても値段は同じ。

Q 会場へのアクセスは？

A ウブドには流しのタクシーがないので帰りの足を確保しておこう。グラブやゴジェックなど配車サービス(→P.181)の利用も可能。ウブド以外からはツアーかチャーター車で訪れるといい。

Q どれくらい前に行けばいいの？

A 席は早い者順なので、よい席で観たければできるだけ早めに。特にウブド王宮での公演は混むので、ピークシーズンなら1時間前には席を確保しよう。

オススメ度について　❀❀❀ 必見！　❀❀ オススメ　❀ 時間があれば

日 Sunday

Jaya Swara
ジャヤ・スワラ

オススメPOINT
ウブドの中堅クラスの踊り手が勢揃い！　安定したパフォーマンスが期待できる。

オススメ度：❀❀
会場：ウブド王宮
演目：レゴン、バリス、タルナ・ジャヤなど

Map 別冊P.20-B1 ウブド

🕐19:30～21:00頃
💰Rp.10万　📍ウブド王宮内

しゃらんっ

踊り手は粒揃い

歓迎の舞い

月 Monday

Sadha Budaya
サダ・ブダヤ

オススメPOINT
一度は観ておきたいウブドの老舗グループ。王宮というロケーションもすばらしい。

オススメ度：❀
会場：ウブド王宮
演目：レゴン、オレッグ・タムリリンガンなど

Map 別冊P.20-B1 ウブド

🕐19:30～21:00頃
💰Rp.10万　📍ウブド王宮内

しゃきーん

火 Tuesday

Bina Remaja
ビナ・ルマジャ

オススメPOINT
若手の踊り子を中心とした旬の歌劇団。演目が豊富でパフォーマンスの質にも定評あり。

オススメ度：❀❀
会場：ウブド王宮
演目：ラーマヤナ・バレエ、レゴンなど

Map 別冊P.20-B1 ウブド

🕐19:30～21:00頃
💰Rp.10万　📍ウブド王宮内

ばぁー！オレの踊りすごいよ

[水] Wednesday

Taman Kaja

タマン・カジャ

オススメ度：✿✿
会場：ダラム・タマン・カジャ寺院
演目：ケチャ

オススメPOINT
村人が一丸となったパフォーマンスは迫力満点。ローカルパワー炸裂のケチャを楽しもう。

Map 別冊P.18-B2 ウブド

🕘19:30～20:30頃 [料]Rp.8万
[交]ウブド王宮から徒歩10分

タマン村に来てね

ケチャ
ケチャ
ケチャ
ケチャ
ケチャ

[木] Thursday

Panca Arta

パンチャ・アルタ

オススメ度：✿✿✿
会場：ウブド王宮
演目：レゴン・トランス、クビャール・トロンポンなど

オススメPOINT
えりすぐりの踊り手が出演。デワ・ニョマン・イラワン氏のクビャール・トロンポンは必見！

Map 別冊P.20-B1 ウブド

🕘19:30～21:00頃 [料]Rp.10万
[交]ウブド王宮内

花形スター デワ氏

[金] Friday

Ubud Kaja

ウブド・カジャ

オススメ度：✿
会場：ダラム・ウブド・カジャ寺院
演目：ケチャ

オススメPOINT
うっそうとした森に囲まれたダラム寺院の中で行われるケチャ。神秘的な雰囲気がいい。

Map 別冊P.20-A1 ウブド

🕘19:30～20:30頃 [料]Rp.8万
[交]ウブド王宮から徒歩15分

ケチャ

ケチャ
ケチャ
ケチャ
ケチャ
何コレっ！ダンゴになってる！

[土] Saturday

Gunung Sari

グヌン・サリ

オススメ度：✿✿✿
会場：アグン・プリアタン王宮
演目：バリス、レゴン、バロンなど

オススメPOINT
歴史あるグループだけにガムランの演奏と踊りは質が高い。若手の踊り子が多いのも◎

Map 別冊P.18-B3 ウブド

🕘19:30～21:00頃 [料]Rp.10万 [交]ウブド王宮から車で10分

それっ！
伝統ではうちがいちばんよ！

芸能の公演は夜、しかも屋外で行われることが多い。蚊よけスプレーを持っていくなど対策をお忘れなく。

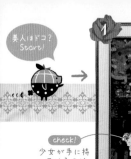

ホントは
仲よしさん

check!
少女が手に持っているのは、踊りに使う花飾りが付いた冠

踊りの出番を待つ
Waiting to Dance

ハルディ作
（東ジャワ 1988年）

レゴン（宮廷舞踊）の衣装を着て出番を待つふたりの少女。背景の色鮮やかな図柄が印象的。

いたずら
フェイス

check! つやつや輝く
バリのあめ肌がなまめかしい

裸婦像
Nude

アブドゥル・アジズ作
（中部ジャワ 1979年）

西洋風に描かれた、横たわる裸婦像。ポーズに、思春期の少女の恥じらいが感じられる。

パッション
ガール

check!
流麗なタッチによって、ダイナミックなバリ舞踊の動きを表現

チュンパカ嬢の踊り
Miss Cempaka Dancing

アントニオ・ブランコ作
（フィリピン 1970年）

モデルのチュンパカ嬢は、「バリのダリ」と呼ばれる作者とバリ人の妻との間の娘。

アートがもっと楽しくなる♪
ネカ美術館で
バリ美人を探せ！

必見よ☆

バリ絵画の名作を展示
ネカ美術館 Museum Neka

絵画コレクターとして有名なネカ氏の所蔵品を展示。6つある展示棟にテーマ別に作品が並べられ、バリ絵画の変遷をたどることができる。

Map 別冊P.18-B1〜2 ウブド郊外

🏠 Jl. Raya Campuhan, Kedewatan
☎(0361)975074 ⏰9:00〜17:00
🚩ヌビビ 💰Rp.15万（12歳以下無料）
🚗ウブド王宮から車で10分

少女たちが付ける花と葉でできた冠が美しい

check!

横たわる女
Reclining Girl

ダイナマイト
娘★

アイドル
チームA

ルジャンの舞い
Rejang Dance

テオ・メイヤー作
（スイス 1972年）

ルジャンは寺院の祭礼で神々のために踊られる奉納舞踊。純潔な女性たちにより演じられる。

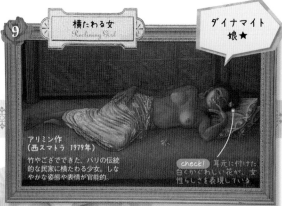

アリミン作
（西スマトラ 1979年）

竹やござでできた、バリの伝統的な民家に横たわる少女。しなやかな姿態や表情が官能的。

check! 耳元に付けた
白くかわいい花が、女性らしさを表現している

3

check!
ピンクのクバヤが暗い寺院を背景に、鮮やかに浮かび上がる

ミス・コマン
Luh Komang

サムボジャ作
（中部ジャワ 1999年）
ジョゲッド（男女が誘い合う踊り）の衣装とフランジパニの冠を着けた女性の肖像画。

クバヤ女子のオシャレ先生

4

check!
少年の気のあるような視線に対して、わざとじらしているかのよう

惹かれ合う心
Mutual Attraction

アブドゥル・アジズ作
（中部ジャワ 1974〜75年）
もともと別に描かれた絵を、美術館の創設者ネカ氏のアイデアでひとつの作品として展示。

じらせ上手の小悪魔

ネカ美術館でバリ美人を探せ！

バリ絵画の殿堂、ネカ美術館。バリ女性の美しさに魅せられた芸術家たちの作品を観れば、今にも通じる美のヒントが見つかるかも？

館内図 ココで美女に会えます！

V 現代インドネシア人画家				
	ニョマン・レンパッドパビリオン Ⅳ	写真展示室 Ⅲ	ニョマン・レンパッドパビリオン Ⅱ	

① 〜 ⑤
⑥
⑦

休憩所

バドゥアン・スタイルの部屋
ウブド・スタイルの部屋
推移期の部屋
カマサン・スタイルの部屋

1F
インドネシア人画家
⑧ ⑨ Ⅵ

2F
外国人画家
⑩ ⑪

入口
Ⅰ
伝統的バリ絵画

5

check!
女性たちが着る金と宝石の装身具が豪華！

愛に生きるオンナ♡

ラーマのシータへの約束
Rama's Promise to Sita

アブドゥル・アジズ作
（中部ジャワ 1976年）

ラーマ王子の遣わした白猿ハノマンがシータ妃を救出する『ラーマーヤナ』の一場面。

ニ・サシー嬢
Ni Susih

ドゥラー作
（中部ジャワ 1977年）
タイトルの「ニ・サシー」とはバリ語で『月』。満月のように完璧な女性美が描かれている。

7

空想好きの不思議ちゃん

check!
少女の心のように、スカートから鳥が空に舞い上がる！

check!
赤いハイビスカスは、心に秘め事をもっていることの証

6

飛翔する空想
Flight of Fancy

チュシン・スティアディカラ作
（西ジャワ 1994年）
金箔を多用した画面が、オーストリアの画家クリムトの絵を連想させる。

私の憧れの花
Flower of my Adoration

スリハディ・スダルソノ作
（中部ジャワ 1976年）

クバヤと背景の黄色に、オレンジのサロンとハイビスカスがアクセントに。

清純派マドンナ

8

check!
少女が巻いているのは、金糸を織り込んだソンケット織り

パーフェクトビューティ

究極の選択!?

ウルワツ寺院VSタナロット寺院

美しいサンセットをバックに
一度は行ってみたい2大スポッ

寺院はインド洋に突き出した断崖の上に立つ

ココがPoint!
ケチャは18:00スタート。インド洋に沈む夕日をバックにケチャが楽しめる

ケチャ!

Advice
大勢の観光客が訪れるので、早めに行っていい席を確保しよう

軍配 ケチャならコッチ!

高僧ゆかりの聖地

ウルワツ寺院 Pura Luhur Uluwatu

インド洋の荒波が打ち寄せる岬の突端、高さ約70mの絶壁の上にある。言い伝えによると、10世紀に高僧ウンプ・クトゥランによって建立され、16世紀には高僧ニラルタがこの寺院を訪れ3層のメル（塔）を増築したといわれる。

Map 別冊P.4-A3 ウルワツ

🕘7:00〜19:00 [休]無休 [料]Rp.5万、ケチャは別途Rp.15万 [交]クタから車で1時間、ウブドから2時間（ツアーや車をチャーターして訪れるのが一般的）

こちらもCheck! → P.49

知っているともっと楽しい!

ケチャKecakのストーリー

1 幕開け－猿たちが登場

半裸の男たちが現れていっせいに「チャチャ！」と叫ぶ。彼らは猿の軍団。ケチャはインド叙事詩の『ラーマーヤナ』をもとにしていて、神々の時代をドラマ化したもの。最初から最後まで猿たちの声と動きに合わせて展開する。

2 ラーマ王子とシータ王女

アヨディヤ王国のラーマ王子は、旅の途中でミティラー王国のシータ王女と出会った。たちまちふたりは恋に落ちて、森の奥深くに小屋を建てて愛の生活をスタート。シータは容姿も歌声も美しく、その美声は森に響き渡る。

3 魔王ラワナが現れる

ラーマが狩りに出かけたすきに、魔王ラワナが森に侵入してシータを連れ去ってしまった。シータは魔宮に閉じ込められてラワナの求婚を受けるが断固拒否。しかし愛するラーマとはもう会えないのかと不安にうち震える。

Kecak! Kecak! Kecak! Kecak!

✉ ウルワツ寺院には猿がいて、観光客のめがねやカメラを奪うので注意して！（島根県・まちこ）

サンセット&ケチャ対決！

観るケチャは、バリ観光の定番。
トを徹底比較しちゃいました！

こちらも
Check! → P.32、51

海に浮かぶ神秘的なシルエット
タナロット寺院 Pura Tanah Lot

軍配 夕日ならコッチ!

Map 別冊P.4-A1 バリ南部

海に突き出した岩の上に立ち、干潮時には浜辺から歩いて行くことができる。サンセットタイムには夕日でオレンジ色に染まった空をバックに寺院のシルエットが浮かび上がり、バリ有数の絶景を眺めに大勢の観光客が訪れる。

⏰6:00〜19:00 休無休 料Rp.6万、ケチャ（金・土・日のみ）は別途Rp.10万（18:30の回はRp.5万）交クタから車で1時間、ウブドから1時間30分（ツアーや車をチャーターして訪れるのが一般的）

Advice
夕日をバックに寺院を眺めるなら、高台に並ぶ展望カフェがオススメ

ケチャ!

ココがPoint!
ケチャは18:00と18:30にスタート。18:30の回ならサンセット後にゆっくり観賞できる

ウルワツ寺院VSタナロット寺院 サンセット&ケチャ対決！

Kecak!

❹ 猿の将軍ハノマン登場

Kecak!

事態を知ったハノマンがラーマ王子のもとに駆けつけてきた。王子に頼まれ、空を飛び、海を越え、ついにシータを探し出す。不安にうち震えるシータに、ハノマンはラーマ王子から預かった結婚指輪を見せて安心させる。

kecak!

❺ ラーマ王子の出陣

ラーマと弟のラクスマナは、ハノマンに率いられた猿の軍団とともに魔宮へ出陣。ラーマ軍と魔王軍の壮絶な闘いが始まった。戦のさなかラーマとラクスマナは捕虜となるが、神鳥ジャタユが現れてふたりを救出する。

kecak!

❻ シータ王女救出の闘い

ラーマの旗色悪しとみた全身赤色の猿王スグリワも援軍に馳せ参じ、戦場は大混乱となった。しかしついにラーマの放った矢が魔王子メガナダに命中。魔王軍は総崩れとなり、シータは愛する夫に救い出され大団円を迎える。

kecak!

きらびやかな寺院の祭礼
"オダラン"の楽しみ方、教えます！

神々の島と呼ばれるバリには数万ものお寺があって、いつもどこかで
オダランが開催されている。外国人でもマナーさえ守れば参加できるから、
華やかな祭礼を体験してバリの文化に触れてみて！

お寺のお祭り「オダラン」

オダランとは、ウク暦の1年周期で行われる、ヒンドゥー寺院の創立祭。数日から長いものでは10日以上にわたる期間中、寺院は豪華な供物で埋め尽くされ、舞踊や仮面劇などの伝統芸能が神々に奉納される。特にウク暦の祝日クニンガン終了後の1ヵ月間はオダランが多い。

※サコ暦とウク暦について（→P.11）

男だって
キラキラ

かっこいい
でしょ？

オダランに参加するには？

初めてのオダラン体験は、現地ガイドやホテルスタッフなど、バリ人に連れて行ってもらうのがオススメ。ウブドの旅行会社「情報センターAPA?」（→P.183）では、ウブド周辺のオダラン情報をウェブサイトに掲載しているほか、正装のレンタル（1日Rp.3万5000）や体験ツアーも行っている。

オダランの流れはこんな感じ！

1 供物を捧げる
まず、寺院の入口に置かれている聖水を頭部に振りかけ、身を清めてから境内へ。用意してきた果物などの供物を御神体にお供えする。

お供え物が
ずらり

2 お祈りをする
線香の煙で清めた花を指先に挟み、頭上で手を合わせて祈る。花を替え、これを3度繰り返す。神に感謝し、世界の平穏を願う。

お祈り
中です

聖水で
清めよ

3 聖水をいただく
手の平を上にして両ひざの上に置き、司祭に聖水を振りかけてもらう。そのあと聖水を両手に受けて飲み、米粒を額に付ける。

4 芸能を楽しむ
参拝が終わると、ガムランやバロン、奉納舞踊などの伝統芸能が披露され、深夜まで続く。地元の人たちと一緒に楽しもう！

参拝後の
お楽しみ

旅行中、偶然オダランに遭遇。女性たちの衣装がとってもきれいだった！（大分県・Fuku）

バリの正装

オダランに参加するための マナー5ヵ条

1. 事前にシャワーを浴びて体を清める
2. バリ式の正装（クバヤとサロン）を身に着ける
3. 生理やけがで出血している人、飲酒している人、近親が亡くなって12日以内や出産後42日以内の人は立ち入り厳禁
4. 僧侶より高い位置に立つなど、お祈りのじゃまをしない
5. 写真を撮るときはフラッシュを使わない

ウドゥン Udeng
男性が頭に巻く布。

サファリ Safari
ハイカラーのジャケット。色は白、ベージュ、グレーが一般的。最近は白いシャツを着ることも多い。

クバヤ Kebaya
長袖のブラウス。下にはロントロソ（正装用下着）かアンケン（チューブトップ）を着る。

サプッ Saput
サロンの上に巻く、光沢のある白または黄色の腰布。サファリの下にはスレンダンを巻いている。

スレンダン Selendang
ウエストに巻く布状の帯。

サロン Sarung
男女ともに欠かせない腰に巻く布。綿やシルクのバティック（ろうけつ染めの布地）のほか、金糸を織りこんだソンケットなどが使われる。

"オダランの楽しみ方、教えます！

オダランの正装を着てみよう！

1

サロン（腰布）は左から右へ巻く。巻き終わりが真ん中か右寄りになるようにして、布の端と端を結ぶか、安全ピンで留める。

2

ストレップラス（ゴム状の帯）をウエストラインで留める。カギホックが2～3段になっているので、自分のサイズに合わせよう。

3

クバヤを着る。下にはロントロソ（色はベージュか黒）かアンケン（色のバリエーション豊富）をクバヤに合わせてコーディネート。

4

スレンダン（帯）をウエストに巻いてしばる。女子の間ではスレンダンを幅広に巻いたり、ブローチで留めるのが流行中。

バリニーズのできあがり！

クバヤをオーダーメイドする

クバヤはスーパーなどで既製品を買うこともできるけど、どうせなら気に入った生地を選んで、自分の体にぴったり合ったものをオーダーメイドしちゃおう！

arucoおすすめ縫製屋さん
ニティズ・コレクション
Nithi's Collection

縫い子のシャデさんがデザインの相談にも親切に応対してくれる。クバヤは通常5日ほどで完成、縫製代Rp.30万～。

生地を選ぶ
～これがいいな！～

まずは街の布地屋さんへ。地元女子のおすすめはデンパサールにある布問屋街、ジャラン・スラウェシ（→P.145）。値段は質によりピンキリでRp.15～25万くらいから。

Map 別冊P.18-B3 ウブド

🏠 Tebesaya 41, Peliatan ☎ (0361) 973205 ⏰9:00～18:00 休日 Card不可 図ウブド王宮から車で5分

～パーティにも着ていけそう～

生地を買った店やバリ人女性に聞けば紹介してくれる。デザインを決めたら探す。通常3日～1週間で仕上がる。縫製代（Rp.10～30万）は受け取りのときでOK

縫製屋さんへ

できあがり

サロン、スレンダン、正装用の下着などはスーパーやデパートで購入できる。長い髪ならアップにするか1本にしばって。

緑のライステラスを駆け抜ける！
世界遺産
ジャティルイで絶景サイクリング

バリ中西部、バトゥカル山の麓に広がるジャティルイのライステラスは、
バリ島初の世界遺産に登録された、人気のスポット！
大自然をまるごと体験できるサイクリングに挑戦しちゃお☆

サイクリング気持ちいい～

360度広がる棚田のパノラマ
雄大な景色をひとり占め！

ジャティルイとは「本当にすばらしい」という意味。その名
のとおり、どこまでも続く一面のライステラスはまさに絶
景！ 村の素朴な暮らしや自然に触れられるのも楽しい。

aruco女子的
サイクリング
スタイルはコレ！

参加者は自転車用
手袋がもらえる

サイクリング中はこ
まめに水分補給を

日焼け対策に
長袖が◎

リュックや斜めが
けできるカバン

スニーカーかス
ポーツサンダルで

スマホやカメ
ラはストラッ
プ付きが便利

大きな荷物は搬送車が運んでく
れるので、動きやすく身軽な格
好で出かけよう。タオルや日焼
け止めも忘れずに。

サイクリングMAP

撮影ポイント　Start!

ジャングル

村の集落

南部、
ウブド方面へ

N

0　　1km

Map 別冊P.3-C2

Goal!

ブレーキとギアの使い方
右手ブレーキが前輪、
左手ブレーキが後輪。
前後輪にギアが付いて
いて、上り坂では軽く、
下り坂では重くする。

お役立ちインフォメーション

●ツアー料金に含まれるもの
・ホテル送迎　　　　・ミネラルウォーター1本
・モーニングティー　・ランチ（飲み物は一部別料金）
・自転車＆ヘルメットのレンタル　・傷害保険

●お得情報
現地の旅行会社を通して申し込むと、料金が割引になること
も！「ジャティルイサイクリング」でウェブ検索してみて。

●ほかにこんなツアーも！
キンタマーニ高原からウブドまで下る「マウンテン・サイク
リング」、ウブド周辺の村や田園を巡る「ヴィレッジ・サイク
リング」も催行している。詳細はウェブで。

バリ島で最も美しいライステラスを走る
ジャティルイ・サイクリング
Jatiluwih Rice Paddy Cycling

自転車で走るのは約10kmで、そ
のうち4割が登り、6割が下りまた
は平坦なコース。通常の体力があ
れば大丈夫だけど、万一の場合は
併走している車に乗車もOK。

申し込み先 バリ・グリーンツアー

☎0859.3322.2239（携帯）
Rp.75万（エリアにより送迎に
Rp.15万の追加料金が必要）
Card不可 ☞前日までに要予約
URL baligreentour.com

ジャティルイ・サイクリングは少しキツかったけど、自然のなかを走るのは爽快でした！（千葉県・澪）

いって
きま～す

10:30

A Start!

モーニングティーを
飲んでサイクリングへ

宿泊ホテルまで専用車でお迎え（出発時間はホテルの場所により7:30～8:30頃）。クタやヌサドゥアなど南部エリアから約2時間、ウブドから1時間半ほどでジャティルイに到着。レストランで棚田を眺めながら軽めの朝食を取ったら、ガイドと一緒に出発！

B このあたりがジャティルイの中心。見渡すかぎり棚田が広がる！

世界遺産"ジャティルイ"で絶景サイクリング

チ～ズ☆

ちょっと休憩♥

わあ～
すばらしい
眺め！

E 村の子供と一緒に記念撮影

C 村でお寺にお参りする人たちに遭遇

ほら
ここに
ありますよ

D ジャングルではカカオ、コーヒー、パパイヤなど南国の植物が見られます

田んぼの中に小さな祠が

Goal!

13:30

G お待ちかねのランチ♪

楽しかった～

E 後半はずっと下り坂。スピードが出てスリリング！

ちょっと疲れたけど、美しい景色を眺めながらのサイクリングは気分爽快！ 体を動かしたあとのご飯もおいし～。ランチ終了後は車で宿泊ホテルへ。

まだまだ
あります！ **ライステラスの絶景スポット**

芸術的な
棚田

テガララン Tegallalang

渓谷沿いの斜面に棚田が並び、バリ島でも有数の観光ポイントになっている。ウブドから車で約30分、キンタマーニ高原へ向かう道沿いにありアクセスも◎。

Map 別冊P.3-C2 ウブド郊外

こちらも →P.22
Check!

壮大な
景色！

ブキッ・ジャンブル
Bukit Jambul

斜面に広がる棚田の彼方には青い海。周辺にはレストランもあるので、ブサキ寺院（→P.54）へ行く途中に立ち寄るのもおすすめ。空港から車で約2時間。

Map 別冊P.3-C2 バリ東部

バリでは2～3期作が行われているため、田植えと稲刈りが同時に見られることも。

朝8:00から開催されるブレックファスト・ウイズ・オランウータン

ライオンもすぐ近くに！

カラフルな鳥たちと記念撮影♪

NATURE

動物たちと遊ぼう！

バリズー Bali Zoo

20ヘクタールの広大な敷地にトラやライオン、コモドドラゴンなど約65種500頭の動物が飼育されている。オランウータンとの朝食やゾウとの泥遊びが含まれたパッケージプランが人気。ゾウやライオンを眺めながら食事ができるレストランもある。自然に囲まれた園内では、トレッキングやツリーウォークなども楽しめる。

園内を巡るサファリカーもある

アニマルエンカウンター（動物との撮影）やショーの時間は入園後に要チェック

ここがすごい！
動物との距離が近く、エサをやったり、抱っこしたり、一緒に写真を撮ったりできる。

ゾウに乗れるプランもあるよ！

ゾウ乗りはこちらもCheck！ →P.68

Map 別冊 P.3-C3　バリ中部

🏠 Jl. Raya Singapadu, Sukawati　☎ (0361) 294357　⏰ 9:00〜17:00　🚫無休　💰入園料 Rp.35万5500、オランウータンとの朝食付き Rp.65万2500、エレファントマッドファン付き Rp.126万、エレファントライド付き Rp.144万4500（ネット料金）12歳以下は割引あり　[Card] J.M.V.　[URL] www.bali-zoo.com　🚗空港から車で1時間、ウブドから30分

自然や文化と触れ合えるテーマパーク

すごい！

ローカルにも人気！

巨石に囲まれた不思議な空間

ガルーダ・ヴィシュヌ像の内部にはエレベーターがあり、展望台からバリ島を一望できる

ここがすごい！
約121m（台座を含む）のガルーダ・ヴィシュヌ像は、像の高さとしては世界第4位を誇る。

遠くからも目立つ！

CULTURE

ファミリーにもおすすめの動物園やバリの文化をテーマにした公園など、地元観光客に人気のスポットをご紹介。

ヴィシュヌです

巨大なヴィシュヌ像がシンボル

入場チケットはカフェでのドリンク付き

ゲーウェーカー・カルチュラルパーク
Garuda Wisnu Kencana Cultural Park

世界との文化交流をコンセプトにしたテーマパーク。丘の上には、翼を広げた神鳥ガルーダにまたがるヒンドゥー教の神ヴィシュヌの巨像が立っている。公園内にはバリ舞踊を無料で見学できるシアター、ジンバラン湾を一望できるカフェなども。広大な敷地を効率よく回るには、チケット売り場から発車するシャトルカーに乗るのがおすすめ。

ガルーダだよ

パーク内には、ほかにもヴィシュヌ神の半身像やガルーダの巨像があり、写真映えスポットとして人気

Map 別冊 P.4-A3　ウンガサン

🏠 Jl. Raya Uluwatu, Ungasan　☎ (0361) 700808　⏰ 9:00〜21:00（チケット販売〜20:00）🚫無休　💰 Rp.12万5000（ネット購入割引あり）、シャトルカー Rp.4万　[Card] J.M.V.　[URL] gwkbali.com　🚗空港から車で40分

ずっと夢を
見てるみたい！

バリ島の
ステキなヴィラ＆ホテル
見つけてきました

一度は泊まってみたい憧れヴィラやホテルが揃うバリ島。
話題のラグジュアリーホテルや渓谷ビューの絶景リゾート、
スタイリッシュヴィラからコスパ抜群のホテルまで
バリならではの滞在が楽しめるところをarucoが厳選。

一度は泊まってみたい！

2022年以降にオープンしたホテルマニアも注目のスポットで

居心地バツグンの客室♪

森と海が出合うロケーション
アヤナ・セガラ
AYANA Segara

広大な敷地に4つのリゾートホテルが点在する「アヤナ」。2022年11月にオープンしたアヤナ・セガラは、緑豊かな森に囲まれ、インド洋を望む高台に立つ。ロックバー（→P.48）やアヤナ・スパ（→P.121）など、隣接する姉妹ホテルの施設も利用できる。

Map 別冊P.4-A2 ジンバラン

🏠Jl. Karang Mas Sejahtera, Jimbaran ☎（0361）702222 [料]セガラ・リゾートビューRp.525万、セガラ・オーシャンビューRp.625万、リゾートビュー・スイートRp.725万（税&サ+21%） [Card]A.D.J.M.V. [室]197室 [交]空港から車で20分（片道1台Rp.44万で送迎可） [URL]ayana.com/bali

1. 大きな窓から海を望めるセガラ・オーシャンビュー 2. 壮大なサンセットを楽しめるルーフトップバー 3. バリ最大級を誇るプール。屋根がかかる部分もあるので日焼けを気にせず泳げる 4. ロビーの天井画は古都スマラプラにある旧王宮を模したもの 5. トロピカルガーデンに囲まれたホテル棟

泊まらずに楽しむなら
「ルナ・ルーフトップバー」

地元の食材を使った地中海料理やタパスメニューを提供。ここから見るサンセットは圧巻！

暮らすようにリゾートを楽しむ
マリオット・バリ・ヌサドゥア・テラス
Marriott's Bali Nusa Dua Terrace

リビングルームやキッチンなどを完備したリゾートアパートメント。1棟に4室のみ贅沢に配置し、プライバシーも完璧。「ルネッサンス・バリ・ヌサドゥア・リゾート」の敷地内にあり、プールやレストランなど充実した施設を共用できる。

Map 別冊P.15-C3 ヌサドゥア

🏠Kawasan Pariwisata ITDC Lot SW 4-5, Nusa Dua ☎（0361）2092888 [料]1ベッドルーム・アパートメントRp.437万、2ベッドルーム・アパートメントRp.625万、3ベッドルーム・アパートメントRp.937万（税&サ+21%） [Card]A.J.M.V. [室]88室 [交]空港から車で20分（片道1台Rp.42～84万で送迎可） [URL]www.marriott.com/ja/

泊まらずに楽しむなら
「バックステージ」

インターナショナル料理が楽しめる「劇場の舞台裏」をテーマにしたおしゃれなレストラン。

プランジプール付きの部屋も！

1. 自宅のようにくつろげるゆったりとしたリビングルーム 2. 2ベッドルームはプランジプール付き 3. メインプールのほかラッププール、ジャングルプールなど個性的な4つのプールを利用できる 4. 1ベッドルームでも贅沢な広さ

 ✉「アヤナ・セガラ」はほかのアヤナ・リゾートの施設も利用できて得した気分でした。（福岡県・すずこ）

話題のラグジュアリーホテル

いつもよりちょっとゴージャスに、非日常を満喫してみない？

緑の楽園で心と体を癒やす♪
カッパ・センシズ・ウブド
Kappa Senses Ubud

田園風景やジャングルに囲まれた自然共生型リゾート。広い敷地にはウッドデッキの散策路が張り巡らされ、南国の植物を見ながら歩くのも楽しい。スパやライブラリー、ヨガパビリオンなど施設が充実。バリ文化を体験できる無料のワークショップも日替わりで開催されている。

Map 別冊P.3-C2　ウブド郊外

🏠 Br. Tanggayuda, Jl. Taman Sari, Kedewatan
☎ (0361) 2013888　🛏ジャングル・スイートRp.350万〜、デラックス・スイートRp.500万〜、1ベッドルーム・プールヴィラRp.600万〜、デラックス・プールヴィラRp.1000万〜（税&サ+21%）　**Card** A.D.M.V.　🚪76室　🚗空港から車で60分（片道1台Rp.80万〜で送迎可）　**URL** www.kappasenses.com

1. 緑に囲まれたメインプール。敷地にはできるかぎり固有の植生が残されている　2. オープンテラスから田んぼを見渡せるココカン・レストランは16:00から22:00まで営業　3. 田園ビューの部屋も用意されている1ベッドルーム・プールヴィラ。景観は客室により異なる　4. 自然の素材で造られたスパルーム

泊まらずに楽しむなら
「スパ・バイ・クラランス」
フランスのスキンケアブランド、クラランスの製品を使用したスパメニューを体験できる。

自然と溶けあう小さな隠れ家
ウマ・カライ
Uma Kalai

美しいライステラスで知られるサヤン地区にあるプチリゾート。緑あふれる敷地に点在する客室は、3室のスイートと3棟のヴィラのみ。バリの海の幸や山の幸が味わえるレストラン、スパを完備し、心安らぐリゾートライフを満喫できる。

Map 別冊P.18-A3　ウブド郊外

🏠 Br. Baung, Sayan　☎ 0813-3947-6363（携帯）　🛏スイートルームRp.517万〜、1ベッドルーム・プールヴィラRp.530万〜（税&サ+21%）　**Card** A.J.M.V.　🚪6室　🚗空港から車で1時間（片道1台Rp.55万〜で送迎可）　**URL** www.umakalai.com

泊まらずに楽しむなら
「サンティ・スパ」
肌に優しい植物ベースのプロダクトを使用。カップルで楽しめるトリートメントルームもある

スパではフラワーバスも♪

1. ヴィラに設置されているプールは温度調整可　2. 自然を感じるナチュラルなインテリア　3. スパのフラワーバス　4. フローティングブレックファストは2名でRp.20万　5. ライステラスを望むメインプール

ホテルを選ぶときは予約サイトなどをチェックしよう。本書掲載の料金より安く泊まれることが多い。

お買い物もナイトライフも思いのまま♪
スミニャック＆クロボカンで憧れのヴィラステイ

せっかくバリに行くのならヴィラに泊まってみたい！　そして街歩きや
ナイトライフもアクティブに楽しみたい！　そんなよくばり女子に
オススメのお手頃で快適に滞在できる物件を見つけてきました！

おすすめポイント
公式サイトから予約すると、空港送迎と30分間のウエルカムマッサージが無料になる

朝食を
お持ちしました！

天蓋付き
ベッドも！

おとな専用の隠れ家リゾート
ザ・アマラ
The Amala

心身の健康をコンセプトにしたウエルネスリゾート。緑に囲まれたオアシスで、心地よいひとときを体験できる。ヘルシー料理を提供するレストランのほか、本格的なスパやヨガスタジオも完備。

Map 別冊P.9-D2　スミニャック

🏠 Jl. Kunti No.108, Seminyak
☎ (0361)738866　🏠ストゥディオRp.235万～、スパ・ヴィラRp.234万～、プール・ヴィラRp.260万～、ハネムーン・ヴィラRp.300万～、2ベッドルーム・プールエステイトRp.415万～
💳 A.J.M.V.　🛏17室　✈空港から車で30分（無料送迎あり）
🔗 www.theamala.jp

✅ Check point 2
プライベートプール

本格的に泳げるところから、ちょっとつかる程度のところまで、ヴィラによってさまざま。プールの大きさにこだわる人は、あらかじめチェックしておこう。

バトラーさんレストランやスパの予約をはじめ、滞在中の世話をしてくれる「執事」。何かお願いした場合はRp.1～2万程度のチップを。

✅ Check point 1
ベッドルーム

ヴィラのベッドはキングサイズのダブルがほとんど。女の子ふたりで泊まる場合など、希望すればハリウッドツイン（シングルをふたつ並べたベッド）にしてくれるところもあるので、予約時にリクエストを。

この部屋で200㎡

誌上大公開　ヴィラはこうなっている！

ヴィラ選びの成功のツボ教えます！

ヴィラってどうなっているの？という初心者のために「ザ・アマラ」のプール・ヴィラを例に、チェックしておきたいポイントをご案内！

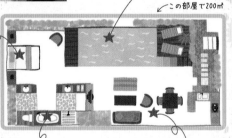

✅ Check point 4
リビング＆ダイニング

ソファやダイニングテーブル、テレビなどが置かれた、オープンエアのスペース。キッチンが付いていて、お湯を沸かしたり簡単な料理ができるところもある。

アメニティも
オシャレ！

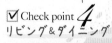

✅ Check point 3
バスルーム

バスタブとシャワーは別になっているところが多い。半屋外タイプ（壁の一部がなく、外とつながっている）のバスルームは、自然を感じられてムード満点だけど、虫が苦手な人は避けたほうがいいかも。

「ザ・アマラ」は早割でお得に泊まれます！（東京都・アン）

プライベートな空間をとことん満喫！
インピアナ・プライベート・ヴィラス
Impiana Private Villas

ふたつの敷地に全50棟のヴィラが並ぶ大型リゾート。ヴィラは3タイプあり、いずれもリビングとキッチン、大きなプライベートプールを完備。朝食はスタッフが部屋まで作りにきてくれる。

Map 別冊P.9-C1 スミニャック

🏠 Jl. Kunti No.118X, Seminyak
☎ (0361)730840　🛏 1ベッドルームヴィラRp.210万〜、2ベッドルームヴィラRp.402万5000〜、3ベッドルームヴィラRp.507万5000〜、プレミアヴィラRp.682万5000〜　Card A.D.J.M.V.　🏨 50棟　🚗 空港から車で30分　URL www.impianaseminyak.com

1. ウエルカムフルーツやドリンクなどのサービスも　2. 天蓋付きのベッドがロマンティック　3. 1ベッドルームヴィラのプライベートプール　4. 広々としたキッチン付きのリビングスペース

スパも
オススメ！ → P.139

おすすめポイント
客室はすべて独立型のヴィラなのでプライベート感たっぷり。自分たちの世界に浸れる！

スミニャック＆クロボカンで憧れのヴィラステイ

おすすめポイント
設備のわりに料金がリーズナブル。スミニャック地区内は無料シャトルサービスあり

隠れ家ヴィラで過ごす心安らぐ休日
ロイヤルサマジャ・ヴィラス
Royal Samaja Villas

観光やショッピングに便利な立地ながら、奥まっているので静かに過ごせる。スタイリッシュなデザインのヴィラは、コンパクトで使い勝手がいい。併設のレストランあり。

Map 別冊P.11-C3 クロボカン

🏠 Jl. Kayu Cendana No.7A, Seminyak
☎ (0361)731039　🛏 1ベッドルーム・プールヴィラRp.260万〜　Card M.V.　🏨 10棟　🚗 空港から車で30分（片道1台US$25で送迎可）　URL royalsamajavillas.com

1. 全室ダブルベッドなのでカップルにおすすめ　2. オープンエアのリビングスペース　3. 長さ7mのプライベートプール

スミニャックの中心部にあり、買い物やナイトライフを楽しむには絶好の立地。コテージ、ヴィラ、アパートなどさまざまなタイプがあり、日本人デザイナーが手がけた客室は明るく使い勝手もいい。

Map 別冊P.8-B2 スミニャック

🏠 Jl. Camplung Tanduk, Gg. Puri Kubu 63F, Seminyak　☎ (0361) 736136　FAX (0361) 736873　🛏 ホテル・ルームRp.200万〜、アパートメント・ルームRp.250万〜、ガーデンヴィラ・ジャクージRp.300万〜、ジョグロRp.350万〜、2ベッドルームヴィラRp.400万〜　Card A.D.J.M.V.　🏨 35室　🚗 空港から車で30分　URL www.artemis-villa.com

小さな楽園でハートフルなバカンスを
アルテミス・ヴィラ
Artemis Villa

おすすめポイント
日本人スタッフが常駐しているので安心。レストランの料理も値段が手頃でおいしい！

1,2. インテリアは客室のタイプによって異なる　3. メインプールを囲むように客室棟が配置されている

「アルテミス・ヴィラ」は直接予約でヴィラ棟に3泊以上すると、1時間のマッサージが無料で受けられる。

ウブドの緑に抱かれて
渓谷＆田園ビューが

ウブド情緒を味わうなら、自然を身近に感じられるホテルが◎。
比較的リーズナブルな料金で

天空のプールから渓谷を眺める
ザ・カヨン・ジャングル・リゾート
The Kayon Jungle Resort

ウブドから車で北へ約20分、ブルセラ村の緑に抱かれた自然派リゾート。プールや客室、またジャングル・スイートはバスルームからも渓谷の風景が堪能できるようデザインされている。

Map 別冊P.3-C2　ウブド郊外

🏠Br. Bresela, Desa Bresela, Payangan, Ubud ☎(0361)978098 🛏ジャングル・スイートUS$319～、ジャングル・プールヴィラUS$464～、バレー・プールヴィラUS$542～ **Card** A.D.J.M.V. 🛏38室 ✈空港から車で80分（片道1台US$40～で送迎可） 🔗www.thekayonjungleresort.com

おすすめポイント
渓谷とライステラスを望むプールは開放感満点。ビジターも食事とセットで利用可能

1. ヴィラは全室プライベートプール付き　2. スパからの眺めも最高　3. 棚田をイメージした3層構造のプール。最上層には温水ジャクージも

渓谷の高台にたたずむ自然派リゾート
マヤ・ウブド・リゾート＆スパ
Maya Ubud Resort & Spa

プタヌ川沿いの素朴な自然と溶けあう大型リゾート。広い敷地には充実した施設を完備し、カップルや友人、ファミリーなど、どんな旅のスタイルにも対応してくれる。

Map 別冊P.19-C3　ウブド郊外

🏠Jl. Gunung Sari, Peliatan, Ubud ☎(0361)977888 🛏フォレスト・スイートRp.418万～、ヘブンリー・ヴィラRp.564万～（税＆サ+21%） **Card** A.J.M.V. 🛏108室 ✈空港から車で1時間（片道1台Rp.78万で送迎可） 🔗www.mayaresorts.com

> 緑に囲まれてリラックス

こちらも
Check! → P.125

おすすめポイント
機能的でモダンな設備が整っていてウブドらしさを感じながらも快適に滞在できる

1. 緑に抱かれたスパ専用のプール　幻想的にライトアップされたエントランス　3. スーペリアルームはバリをイメージした色使いで統一

便利な立地のウエルネスリゾート
アディワナ・ジュンバワン
Adiwana Jembawan

ウブド王宮から約600m、素朴な風情を残すジュンバワン通りにある。ヘルシーミールを提供するレストラン、スパやヨガなど、健康的な休日を過ごすための施設が充実している。

Map 別冊P.20-B2　ウブド

🏠Jl. Jembawan, Ubud ☎(0361)9083289 🛏デラックスRp.200万～、アディワルームRp.225万～（税＆サ+21%） **Card** A.J.M.V. 🛏37室 ✈空港から車で1時間（片道1台Rp.50万～で送迎可） 🔗adiwanahotels.com

おすすめポイント
散策やショッピングに便利な場所内にありながら、静かにリゾートライフが楽しめる♪

1. フルーツたっぷりでヘルシーな朝食　2. 客室やプールからは渓谷の緑を眺めることができる　3. 上品なインテリアの客室は広さも十分。ベランダにはソファやテーブルがありくつろげる

眠りたい♡ステキなホテル

ウブドらしさを味わって！

緑の渓谷や田んぼに囲まれ、心身ともにリラックスできちゃう。
泊まれるリゾートホテルをご紹介♪

田園 女子のふたり旅にもおすすめ！

アラヤ・ウブド
Alaya Ubud

敷地内に田んぼがあり、ホテルにいながらウブドの自然を堪能できる。客室は機能的な造りで、2名での滞在に十分な広さ。ベストアジアンスパの受賞歴がある「ダラ・スパ」も併設。

Map 別冊P.21-D1 **ウブド南部**

🏠 Jl. Hanoman, Ubud ☎(0361)972200
💰デラックスルームRp.380万、アラヤルームRp.440万、アラヤスイートRp.880万（税＆サ＋21%）
Card A.J.M.V. 🛏105室 ✈空港から車で1時間（片道1台Rp.78万で送迎可）**URL** alayahotels.com

1. 客室のテラスにはソファが置かれ、緑を眺めながらくつろげる 2. レストランは通りに面した「プタニ」と田んぼに囲まれた「マニサン」の2軒 3. 手入れの行き届いた庭にはプールも

おすすめポイント
町なかにあり食事やショッピングに便利。女子に人気の「ヨガ・バーン」（→P.31）にも近い

渓谷&田園ビューがステキなホテル

💤 zzz

ヨギーニに人気のカジュアルリゾート

オム・ハム・リゾート&リトリート
Om Ham Resort & Retreat

のどかな田園地帯に立ち、見晴らしのいいヨガスペースでは毎日午前中と夕方にクラスを開催。ウブド中心部から車で約15分、無料のシャトルサービスが1日3便運行。

こちらも Check! → P.30

Map 別冊P.19-C1外 **ウブド郊外**

🏠 Jl. Tirta Tawar, Br. Junjungan, Ubud ☎(0361)9000352
💰スペリオールRp.75万〜、デラックスRp.95万〜、スイートRp.110万〜
Card A.M.V. 🛏41室 ✈空港から車で70分（片道1台Rp.50万で送迎可）**URL** omhamretreat.com

1. 田んぼが一望できるレストランではヘルシー料理を提供 2. 開放感満点のプール 3. 客室はコンパクトで機能的。眺望を楽しめるデラックスルームがおすすめ

おすすめポイント
のんびりとリゾート気分を味わいながらヨガ三昧できる。料金が手頃なのもうれしい！

田園 田んぼを吹き抜ける緑の風が心地よい

マティス・リトリート・ウブド
Mathis Retreat Ubud

心が洗われるような田園風景に包まれた隠れ家的ホテル。客室は2タイプあるが、眺望の開けたスーペリア・ルームがおすすめ。田んぼの真ん中にあるスパもぜひ体験してみて！

Map 別冊P.18-A1 **ウブド郊外**

🏠 Jl. Raya Lungsiakan No.62, Ubud ☎(0361)8989700
💰スーペリア・ルームUS$145〜、バンガローUS$180〜（税＆サ＋21%）**Card** A.J.M.V. 🛏21室 ✈空港から車で1時間（片道1台US$50で送迎可）**URL** www.mathiscollection.com

1. 水田を見渡すプール 2. オープンエアのレストランでは本格的な料理も楽しめる 3. ナチュラルなインテリアがすてきなスーペリア・ルーム

開放的なプール！

おすすめポイント
どこにいても美しい田んぼの風景が楽しめる。まったり過ごしたい人にはぴったり！

女子ひとり旅にもおすすめ☆お値打ちホテル

リーズナブルながら雰囲気がよくて、買い物や食事にも便利なロケーション。
女子のひとり旅でも安心して泊まれるホテルを、arucoが厳選してご紹介!

旬のバリを満喫できるロケーション
アイズ・スミニャック
IZE Seminyak

1. ナチュラルな色調で統一された居心地のよいベッドルーム　2. レストラン＆バーも人気　3. 屋上には眺望が楽しめるプールとバーがある

バリ島の最先端エリア、ジャラン・カユ・アヤに立つデザインホテル。周辺には人気レストランやバーも多く、夜遅くまでにぎわっているので、女子ひとりでも安心して滞在できる。

Map 別冊P.11-C3 クロボカン

🏠Jl. Kayu Aya No.68, Seminyak　☎(0361)8466999　💰デラックスUS$120、デラックス・ジャクージUS$120、クラブルームUS$150、ジュニアスイートUS$225（税＆サ込み）
💳A.J.M.V.　🛏81室
🚗空港から車で30分（片道1台Rp.25万で送迎可）
🌐www.ize-seminyak.com/jp/

ココがお値打ち! スミニャックやクロボカンの人気店に歩いて行けるので、タクシー代が節約できる!

買い物やナイトライフにも便利
グランマス・プラス・スミニャック
Grandmas Plus Seminyak

バーやクラブが並ぶチャンプルン・タンドゥッ通りにあり、夜遅くまで人通りが多くにぎやか。ビーチへは徒歩2分。おしゃれなレストラン＆バー、スパも完備している。

Map 別冊P.8-B2 スミニャック

🏠Jl. Camplung Tanduk No.99, Seminyak　☎(0361) 3000599　💰コージールームRp.65万～　💳A.M.V.　🛏112室　🚗空港から車で30分（片道1台Rp.30万～で送迎可）　🌐www.grandmashotel.com/seminyak

スタイリッシュな客室。コンパクトだけど清潔

ココがお値打ち! ひとりなら充分な広さ。特製の枕やシグネチャーヘルシーベッドを使用しており寝心地も◎

お手頃プライスがうれしい!
ネサ・サヌール
Nesa Sanur

サヌールのメインストリートにあり、ビーチへも徒歩5分ほど。プールに面した客室は、プライバシーを重視したいならバルコニーが付いた2階がおすすめ。

Map 別冊P.16-B2 サヌール

🏠Jl. Danau Tamblingan No.144, Sanur　☎(0361) 281939　💰スーペリアRp.65万～、ジュニア・スイートRp.75万～　💳A.J.M.V.　🛏20室　🚗空港から車で30分（片道1台Rp.20～35万で送迎可）　🌐nesasanur.com

ココがお値打ち! 設備のわりにリーズナブル。客室はシンプルだけど、ゆったりしていて清潔感がある

1. 緑に囲まれた中庭にプールがある　2. バルコニー付きのスーペリアルーム

「アイズ・スミニャック」は期間限定でお得なキャンペーンを行っていることがあるので、サイトをチェックしてみて!（福岡県・あまおう）

ウブド・レスタリ Ubud Lestari

ウブドのおしゃれな隠れ宿

使いやすく設計された客室はインテリアもおしゃれ

ココがお値打ち！
ウブドのメインストリートにあり、どこへでも歩いて行けるロケーションがうれしい！

1. スイートルームのバルコニー 2. 田んぼに面した庭には小さなプールもある

ジャラン・モンキー・フォレストから細い路地を入った静かな場所に立つ。田園が見渡せる、奥のスイートルームがおすすめ。日本人の奥さんが経営していて、日本語が通じるのでなにかと心強い。

Map 別冊P.20-A3 ウブド

🏠 Jl. Monkey Forest, Ubud ☎(0361)972797
🛏スタンダードⓈRp.40〜45万、ⓌRp.45〜50万、スイートⓈRp.55〜70万、ⓌRp.65〜90万（税+10%）
Card M.V. 🏠10室 🚗空港から車で1時間（片道1台Rp.35万で送迎可）URL www.ubud-lestari.com

---

1. 朝食はリクエストに応じてアレンジが可能 2. 庭にもプールもありくつろげる 3. 客室は43㎡のゆったりサイズでバスルームも広々

ビヤサ・ウブド Byasa Ubud

おいしい朝食と午後のお茶付き！

のどかな田園風景が望める、全9室のプチホテル。アットホームな雰囲気で、スタッフもフレンドリー。バリのお菓子が味わえるアフタヌーンティーの無料サービスもある。

Map 別冊P.18-B3 ウブド南部

🏠 Jl. Made Lebah No.12, Peliatan, Ubud ☎0821-4431-1500（携帯）🛏デラックスRp.80万〜 Card A.M.V. 🏠9室 🚗空港から車で1時間（片道1台Rp.45万で送迎可）

ココがお値打ち！
シングルもツインも同料金なので、ふたりで泊まるとお得。ボリューム満点の朝食も◎

バトゥ・ウンプッ・コテージ Batu Empug Cottage

のんびりとバリ情緒に浸れる♪

ウブド王宮から徒歩約15分。昔ながらの風情が残るジュンバワン通りにあり、車通りが少ないので静かに過ごせる。こぢんまりとした宿だが、小さなカフェを併設しており、ルームサービスも可。

Map 別冊P.20-B2 ウブド

🏠 Jl. Jembawan No.30, Ubud ☎(0361)974130 🛏デラックスRp.56万〜、スーパーデラックスRp.66万〜 Card J.M.V. 🏠14室 🚗空港から車で1時間（片道1台Rp.45万で送迎可）URL www.batuempugubud.com

ココがお値打ち！
近くには人気のレストランやショップも多く、歩きながらウブドの町を満喫できる♪

1. 全室テラスまたはバルコニー付き。プライバシーを重視するなら2階がおすすめ 2. プールを囲むように客室棟が配置されている 3. ゆったりサイズの客室。ベッドはダブルかツインが選べる

初めてでも
大丈夫♪

安全・快適
旅の基本情報

オンナの旅支度って、いろいろあるよね〜。
大好きなバリ島に行くんだから、なおさら力入っちゃう！
最高の旅にするために、用意周到に荷造りして、
イザというときの対処法もきっちり予習しておかないとね。

INFOMATION

aruco的 おすすめ旅グッズ

忘れ物は
ないかな？

「何を持って行こうかな♪」……そう考えるだけで、ワクワク、旅は始まっている。
快適で楽しい女子旅をするためのお役立ちグッズを、バリ通のスタッフがご紹介。
リストをチェックして、万全の旅支度でテイクオフ！

旅のお役立ちアイテム

□ 日焼け対策グッズ

南国の強烈な日差しに備えて帽子
とサングラスは忘れずに。日焼け
止めは現地調達も可能だけど、日
頃使っているものが安心。

□ ビーチサンダル

ビーチやプールサイドはもちろん、
部屋でくつろぐとき、ちょっとお
散歩に出るときにも使える。

□ ポケット＆ウエット ティッシュ

バリ式トイレにはトイレットペーパー
がないことも。ウエットティッシュは
屋台で食事するときなどに便利。

□ 折りたたみ傘

雨季はスコールに見舞われること
も多いので、バッグに入れておく
と安心。日傘の代わりにもなる。

□ エコバッグ

バリ島のスーパーやコンビニでは
レジ袋の配布・販売が禁止されて
いるので、エコバッグ持参で。

eco. bag

□ 水着

リゾートホテルに泊まるならマス
トアイテム。プール付きのスパな
どで必要になることも。

□ はおり物

乾季のウブドや高地では夜になる
と冷え込むことも。冷房が効きす
ぎて寒いときにも重宝する。

□ 常備薬

水や食べ物が変わると、おなかを
こわしがち。飲み慣れた胃腸薬や
下痢止めを持っていこう。

機内手荷物のアドバイス

日本からバリ島へは直行便で約7時間30分。機内
は寒いこともあるので、夏でもカーディガンな
どのはおり物と靴下は用意しておこう。また乾燥対
策としてリップクリームや保湿クリームがあると
安心。スマートフォンやタブレットで使うモバイ
ルバッテリー（リチウムイオン電池）も手荷物に。

機内持ち込み制限についての詳細はP.177をチェック！

基本の持ち物 チェックリスト

貴重品

□ **パスポート**
残存有効期間が入国時点で6ヵ月以上
（※最新の情報を要チェック）

□ **ビザ** インドネシア到着時に空港で
到着ビザ（VOA）を取得可能

□ **航空券（eチケット控え）**

□ **現金（円）**

□ **クレジットカード**

□ **海外旅行保険証書**

□ **スマートフォン**

その他

□ **衣類、下着、パジャマ**

□ **化粧品**

□ **タオル、洗面用具**

□ **カメラ**

□ **電池、充電器**

□ **プラグ→P.185**

□ **常備薬、生理用品**

□ **目覚まし時計**

□ **雨具**

知って楽しい！ バリ島の雑学

楽園リゾート、神々の島、ガムランとバリ舞踊……。
なんとなくイメージするバリ島は、実際はどんなところ？
出発前にちょっと雑学を仕入れておけば、旅がずっと楽しくなる。
現地の人々とのコミュニケーションにも役立つこと間違いなし！

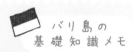

バリ島の 基礎知識メモ

正式名称	インドネシア共和国バリ州　Bali, Republic of Indonesia
国旗	紅白旗（赤は勇気と情熱を、白は真実を表す）
国歌	インドネシア・ラヤ　Indonesia Raya
面積	5633km²で東京都の約2.5倍（国全体では190万4569㎢で日本の約5倍）
人口	約431万人。国全体では2億2702万人で世界第4位（'20）
州都	デンパサール Denpasar（首都はジャカルタ Jakarta）
政体	立憲共和制
元首	ジョコ・ウィドド大統領　Ir.H.Joko Widodo
国花	ムラティ（ジャスミン）
国鳥	ガルーダ（ヴィシュヌ神が乗る神鳥）
宗教	バリ人の90％以上はヒンドゥー教徒。インドネシア国民の約90％はイスラム教徒。
言語	バリ人の母語はバリ語。ほとんどの人は国語のインドネシア語も理解する。

バリの大祭

●ニュピ

例年3月頃に迎えるヒンドゥー教サコ暦の元日。一切の労働や外出、食事、火や電気の使用が禁止され、空港も飛行機の離着陸ができないほど徹底されている。観光客は、ホテル内での食事は認められているが、外に出ると警察に逮捕されるので注意。日程は毎年変わるので要確認（2024年は3月11日）。

●ガルンガン＆クニンガン

ガルンガンは日本のお盆のように祖先の霊がこの世に戻ってくる日とされ、ペンジョールと呼ばれる飾り付けやお供え物を用意して皆で霊を迎える。またガルンガンから10日後のクニンガンは、祖先の霊をあの世に送り出す日。ウク暦で210日ごとに行われる。2024年のガルンガンは9月25日、クニンガンは10月5日。

バリ島の歴史年表

猿から人へ・ジャワ原人　100万年前

バリ島の隣のジャワ島で、およそ100万年前に生きていたジャワ原人の化石が発見されている。バリ島では化石は発見されていないが、同じ頃から原人が生活していたものと推測されている。

ヒンドゥー文化の始まり　4～10世紀

紀元4世紀頃からジャワの勢力がバリ島に及ぶようになった。西暦913年頃にバリ島独自のワルマデワ王朝が始まり、ウブド郊外のペジェン周辺に仏教およびヒンドゥー教の寺院が建設される。

ジャワ王朝の影響が拡大　11～16世紀

1342年、ジャワのマジャパヒト王国がワルマデワ王朝を破り、400年にわたって続いたバリ人による王国は滅亡した。しかし、16世紀にマジャパヒト王国がイスラム勢力の侵入によって瓦解すると、王侯・僧侶・工芸師たちがバリ島に逃れて新たなヒンドゥー王国を築き、芸術や建築など文化が花開いた。タナロットやウルワツなど今に残る大寺院はこの時代のものが多い。

オランダによる被植民地化　19世紀末～20世紀前半

19世紀末にはオランダが侵略の手を伸ばしてきた。軍隊を上陸させて徐々に勢力範囲を広げ、1908年にはクルンクン王国の王侯貴族がオランダの銃口の前にププタン（玉砕行進）してバリ人の抵抗は終わった。女性や子供まで殺戮した玉砕戦の悪夢から、オランダはバリの文化を尊重する統治政策をとる。ガムランやケチャなどの芸能はこの時代に発展した。

第2次世界大戦と独立　1942～45年

1942年には日本軍が上陸してオランダ軍を駆逐する。1945年に日本が敗戦するとインドネシアは独立を宣言。翌年再上陸してきたオランダ軍に対し、バリ出身のグラライ将軍は残留日本兵の加勢を得て戦うが玉砕。その後もたび重なる抵抗に、1948年についにオランダは支配をあきらめて撤退した。

開発と観光化　1970年代～現在

スハルト大統領の時代になると、バリ島の観光地化が始まる。1980年代に入るとヌサドゥアのリゾート地域化が進んだ。それまで漁村だったクタやサヌールも大きく姿を変えて、世界中からツーリストを集めて今にいたる。

役立つサイト

●ガルーダ・インドネシア航空

インドネシア入国に際してのパスポートとビザ、税関申告の記入例など、最新の情報が日本語で閲覧できる。
URL www.garuda-indonesia.com

●「地球の歩き方」ホームページ

ガイドブックの更新情報をはじめ、旅の知識と準備、現地特派員による最新ネタなど、出発前にチェック！
URL www.arukikata.co.jp

ニュピは悪霊が去るのを瞑想して待つ日。前日の夜には悪霊を象徴するオゴオゴと呼ばれる山車が街を練り歩く。

インドネシア入出国かんたんナビ

成田空港から運航しているガルーダ・インドネシア航空の直行便を利用すれば、約7時間30分時間のフライトでバリ島に到着！日本出発前に、オンラインで税関申告を済ませておこう。

観光ビザと税関申告

日本国籍のパスポート所持者が、観光でインドネシアに渡航する場合、現地の空港で到着ビザ（VOA）を取得できる。代金はRp.50万、滞在日数は30日以内（30日間の延長が1回のみ可）。また入国前に、電子税関申告書のサイト（→下記）に必要事項を記入してQRコードを取得しておくこと。

📱 ecd.beacukai.go.id
※到着予定日の2日前から当日まで入力可

日本からバリ島へ

1 バリ島（グラライ国際空港）到着

到着ターミナルに入ったら、案内板に従いイミグレーションカウンターへ向かおう。

2 到着ビザの取得

イミグレーションカウンターの手前にある、"Visa on Arrival"と表示されたブースでビザ代金（Rp.50万。日本円や米ドルも可）を支払い、2枚綴りのレシートをもらう。

3 入国審査

カウンターでパスポートと到着ビザのレシートを提出する。観光目的ならほとんど質問されることもなく、パスポートに「Stay Permit」のシールを貼って返してくれる。

4 荷物受け取り

イミグレーションを抜けた所にあるターンテーブルで、機内預けにした荷物を受け取る。荷物が出てこなかった場合は、「LOST BAGGAGE」のカウンターで手荷物引換証（クレームタグ）を見せて手続きを。

5 税関審査

税関（Custom）では、電子税関申告書のサイトで取得したQRコードを提示すればOK。荷物を検査されることはほとんどない。

6 到着ロビー

外に出ると、両替所やタクシーのカウンターがある。旅行会社やホテルにピックアップをお願いしている場合は、空港出口で自分の名前が書かれたプラカードを持っている現地スタッフのもとへ。

バリ島へのフライト

日本から直行便を飛ばしているのは、ガルーダ・インドネシア航空（GA）のみ。乗り継ぎ便では、シンガポール航空、マレーシア航空、大韓航空、チャイナエアラインなどがよく利用される。

「電子税関申告書」記入法

Page 1 — Information of Passenger
表示言語は英語orインドネシア語

①姓名 ②メールアドレス ③パスポート番号 ④国籍 ⑤生年月日（日・月・年）⑥職業 ⑦滞在先（ホテル名）⑧インドネシア入国の空港 ⑨搭乗便名 ⑩入国日（日・月・年）

Page 3 — Information of Goods
持っていなければ「No」を選択する

①動物、魚類、植物およびその製品（ナマモノ）②向精神薬、銃砲など刀物、銃器、弾薬、ポルノ等 ③10億ルピア以上の外貨 ④紙巻きたばこ200本以上、葉巻25本以上、刻みたばこ100g、アルコール飲料1ℓ ⑤海外で購入した物のうち、インドネシア出国時に持ち帰る品物でかつUS$500を超える物 ⑥商業用品、私的利用以上の量の輸入品、工業目的の輸入品 ⑦以前にインドネシアから持ち出した「BC3.4申告書」の物品

Page 2 — Additional Data
①荷物の個数 ②別送品の個数 ③同伴者数（本人を除く）

インドネシア滞在が90日超える長期居住者はスマホやタブレットなど端末の識別番号（IMEI）の申告が必要

Page 4 — IMEI REGISTRATION（Handphone, Handheld Computer, and Tablet）
①IMEI（端末識別番号）②ふたつ目の端末の個体識別番号（最近の機種は2つある）③メーカー名 ④機種名 ⑤RAM数 ⑥容量数 ⑦端末の通貨（USD、JPY等）⑧端末の金額 ⑨端末の色 ⑩納税者番号（1ページ目に記入した自分の名前となる）⑪納税者番号（現地の番号がなければ日本人は無記入でも可）

登録が完了するとQRコードが表示されるので、スクリーンショットに撮って保存するか印刷して持参しよう

Page 5 — Agreement
①申告内容に問題がなければ「✓」をクリック ②内容を見直す場合は「Previous」、税関申告する場合は「Send」を押す ※税関申告は変更もあるので最新情報の確認を

インドネシア入国時の免税範囲　税関 📱 www.beacukai.go.id

品名	内容
たばこ	紙巻きたばこ200本、または葉巻25本、または刻みたばこ100g
酒類	1ℓまで
外貨	10億ルピア相当以上は要申告
現地通貨	1億ルピア以上は要申告
おみやげ	ひとりUS$500まで
禁止品	麻薬、向精神薬、武器、爆発物、ポルノ

※免税範囲を超える場合は追加料金が必要。海外から自分宛に送った荷物は別送品扱いになるので税関に申告する。

電子税関申告を忘れていた人もご心配なく。バリ到着後、税関審査の手前にある端末で申告が可能です。（東京都・まみ）

バリ島から日本へ

① 搭乗手続き（チェックイン）

チェックインは通常、出発の2時間前から開始する。カウンターではパスポートとeチケットの控えを提出し、機内預けにする荷物を預ける。搭乗券（ボーディングパス）とパスポート、機内預けにした荷物のクレームタグを受け取ったらチェックインは完了。

↓

② 出国審査

カウンターで、ボーディングパスとパスポートを提出する。問題がなければパスポートに出国スタンプが押されて返却される。

↓

③ セキュリティチェック

機内持ち込みの手荷物をX線検査機に通す。ペットボトルなどの液体類は没収されるので要注意。

↓

④ 搭乗

出国エリアには免税店が並んでいるので、買い忘れたおみやげはここでチェック。搭乗時間がきたらゲートへ向かい、搭乗券とパスポートを提示して機内に乗り込む。

↓

⑤ 帰国

日本の税関審査では、機内で配られる「携帯品・別送品申告書」を記入して提出する。別送品がある場合は2枚必要。提出後は到着ロビーへ。長旅おつかれさま！

「携帯品・別送品申告書」記入例

A面 / B面

長旅
おつかれさま～

インドネシア入出国かんたんナビ

免税手続きについて

指定ショップ1店で1回の買い物の合計額が500万ルピア以上の場合、10%のVAT（付加価値税）の還付が受けられる。ただし指定ショップは、バリ島内ではディスカバリーモール（→P.141）内のSOGOなど、非常に少ない。

余ったルピアはどうする？

日本ではインドネシア・ルピアを両替できるところは非常にかぎられ、またレートも悪い。今後インドネシアへ行く予定のない人は、日本円や米ドルなどに再両替するか、少額なら空港内のみやげ物屋や飲食店で使い切ってしまおう。

荷物について

機内持ち込み制限

ガルーダ・インドネシア航空の場合、縦56cm×横36cm×幅23cm以内で、かつ3辺の合計が115cm以内、重さ7kgまで（エコノミークラス）。100mℓ以上の液体、ジェル、エアゾール類、刃物類は持ち込み不可。液体物は事前に機内預け荷物の中に入れてもらって預ける。薬など必需品は、指定された透明プラスチック袋に収納されている場合のみ持ち込みOK。

機内預け荷物重量制限

ガルーダ・インドネシア航空の場合、重さの合計が46kgを超えないこと（日本発着便のエコノミークラス）。超過料金は、航空会社や路線、利用クラスなどによって異なるので、搭乗する航空会社に問い合わせを。

日本入国時の免税範囲　税関 URL www.customs.go.jp

品名	内容
酒類	3本（1本760mℓ程度のもの）
たばこ	紙巻き200本、加熱式個装等10個、葉巻50本、そのほか250gのいずれか
香水	2オンス（1オンスは約28mℓ。オーデコロン、オードトワレは含まれない）
その他	20万円以内のもの（海外市価の合計額）
おもな輸入禁止品目	・麻薬、向精神薬、大麻、あへん、覚せい剤、MDMA ・けん銃等の鉄砲　・爆発物、火薬類 ・貨幣、有価証券、クレジットカード等の偽造品、偽ブランド品、海賊版等

※免税範囲を超える場合は追加料金が必要。海外から自分宛に送った荷物は別送品扱いになるので税関に申告する。

空港からバリ島各地へ

バリへの飛行機は、島の南部に位置するグラライ国際空港に到着する。
クタとジンバランの間にあり、南部リゾートエリアに宿泊するならアクセスも便利。
公共の交通手段はないので、タクシーか送迎車を利用しよう。

さぁ各地へ〜!

空港案内

グララィ国際空港
Ngurah Rai International Airport (DPS)

デンパサール国際空港、またはバリ国際空港とも呼ばれるグラライ
国際空港。国際線のほか、インドネシア各地とを結ぶ国内線も発着
している。

Map 別冊P.4-A2　**URL** bali-airport.com

1 両替

到着ロビーには銀行のATMがあり、ク
レジットカードやデビットカードなどで
ルピアの現金が引き出せる。また税関を
抜けたところに両替所が並んでいて、ど
こもレートは同じ。ホテルの両替率より
はいいので、短期間の旅行ならここで1
〜2万円ほど両替しておこう。

両替も
忘れずに!

2 SIMの購入

到着ロビーの出口(税関を通過したあと、ミーテ
ィングポイントの手前)に通信会社のカウンター
があり、インドネシアのプリペイドSIMを購入する
ことができる。料金は18GBがRp.25万、25GBが
Rp.40万、70GBがRp.55万ほどで、いずれも30日
間有効。町なかで買うより少し割高になるが、す
ぐに利用したい人はここで購入しておくとよい。
SIMの購入にはパスポートの提示が必要。

空港からホテルへ

タクシー

到着ロビーを出るとエアポートタクシーのカ
ウンターがあるので、行き先やホテル名を
告げてチケットを購入する。各エリアへの
基本料金は決まっているが、中心部から外
れたホテルや渋滞する時間帯の利用では割
り増し運賃を提示されるケースが多い。チ
ケットを受け取ったら駐車場に停めてある
タクシーへ。車内は冷房が効きすぎて寒い
ことがあるので、手元にカーディガンなど
を用意しておくとよい。

●エアポートタクシーの料金
クタ中心部……Rp.15〜18万(10〜20分)
レギャン………Rp.18万(15〜20分)
スミニャック…Rp.20〜23万(20〜30分)
クロボカン　…Rp.23万(30〜40分)
ジンバラン……Rp.18〜20万(10〜20分)
ヌサドゥア……Rp.23〜27万5000(20〜30分)
チャングー……Rp.30〜35万(1時間)
サヌール………Rp.25万(30〜40分)
ウブド…………Rp.40〜50万(1時間30分)
(2024年2月現在、料金は時間帯により変動する)

タクシーは
ここで

旅行会社＆ホテルの送迎車

空港送迎付きのツアーに参加していたり、ホテルの送迎を予約して
ある場合は、到着ロビーを出たところで係員が待機している。自分
の名前かホテル名が書かれたプラカードを持っているからそれを探
そう。たまたま同姓同名の人がいたら間違えてピックアップされる
こともあるので、名前だけでなくホテル名も確認すること。

配車サービスを利用する
空港の国際ターミナルの出口先に「グラ
ブ・ラウンジ」があり、スタッフが配車を
サポートしてくれる。ただし空港チャージ
が加算されるため、空港からの定額制タク
シーとほぼ同額となる。

グラライ国際空港
Ngurah Rai International Airport

┌── 入国の手順 ──────────────────────────────┐
❶ 観光ビザを取得する人（詳細→P.176）は、到着ビザ代金支払いブー
　ス（Visa on Arrival）で代金（Rp.50万）を支払い、領収書をもらう
❷ 入国審査（Immigration）でパスポートに入国スタンプを押して
　もらう。観光ビザを取得する人は、到着ビザ代金支払いブースで
　もらった領収書も合わせて提示する
└────────────────────────────────────┘

国際線到着 **1**階

入国時の順路 →

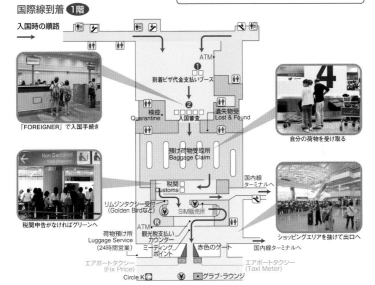

ATM

❶
到着ビザ代金支払いブース

❷
検疫　　入国審査　　遺失物受付
Quarantine　　　　　 Lost & Found

「FOREIGNER」で入国手続き

自分の荷物を受け取る

預け荷物受取所
Baggage Claim

Non Declared

税関
Customs

税関申告がなければグリーンへ

リムジンタクシー受付
(Golden Bird など)

SIM販売所

国内線
ターミナルへ

ショッピングエリアを抜けて出口へ

ATM
R
荷物預け所
Luggage Service
(24時間営業)

観光税支払い
カウンター

ミーティング
ポイント

赤色のゲート

国内線ターミナルへ

エアポートタクシー
(Fix Price)

エアポートタクシー
(Taxi Meter)

Circle K

クラブ・ラウンジ

Gate4　　Gate3　　Gate2　　Gate1A

Gate5～10へ

搭乗ゲート

Gate1B

国際線出発 **3**階

出国時の順路 →

免税店
Dufry Shops S

S KY SHOPS TIAN & DUTY FREE

免税店 S
Dufry Shops

免税店を抜けて搭乗ゲートへ

出国審査 Immigration

セキュリティチェック

「FOREIGNER」で出国手続き

VAT リファンド

税関
Customs

A　　B　　C　　D

ガルーダ航空
チェックイン
カウンター

セキュリティチェック

フライト案内

DEPARTU

R

セキュリティチェックで
手荷物の検査

エレベーター

各社チェックインカウンターへ

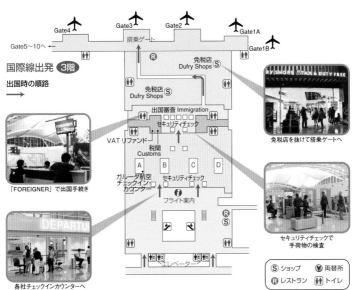

S ショップ	Y 両替所
R レストラン	トイレ

使い残したルピアは日本では両替できないので、銀行や両替所で再両替してもらうか、おみやげなどを買って使い切ろう。

バリ島内の交通

短距離の移動には**タクシー**が便利。料金も安く、気軽に利用できる。
遠出をする場合は、旅行会社の車やタクシーのチャーターがおすすめ。
また近年は配車サービスが普及し、旅行者にとっても利用価値が高い。

鳥のロゴは
左向き

タクシー
Taxi（Taksi）

利用するときは必ず、メーター制の認可されたタクシーを選ぶこと。初乗り料金はRp.7500、以後100mごとにRp.650加算される。目的地に着いたら、メーターに表示された金額を適当に切り上げて支払う。

トラブルが少ない
ブルーバード・グループの
バリ・タクシー
Bali Taxi
☎(0361)701111

※車体に「Bali Taxi」と書かれた他社に注意！
「Blue Bird Group」と書かれてあれば本物。

配車アプリ
「My Blue
Bird」も便利！

トラブルを回避するタクシーの乗り方

1 ホテルやレストランで呼んでもらう。流しのタクシーを拾うときは、できれば右上のトラブルの少ない会社に。

2 車体の色をバリ・タクシーに似せたまぎらわしいタクシー会社もある。乗るときはよく確かめて。

3 ほかの会社のタクシーでも、メーターをちゃんと倒せばそのまま乗っていてもOK。メーターがなかったり倒さなかったら「ストップ！」と言って降り、別のタクシーを探そう。

4 普通乗用車で違法営業している白タクは、ぼったくられることもあるので注意。

タクシーが
便利！

一方通行に注意
クタ周辺は一方通行が多くて、大幅な回り道になることがある。行きは直線道路でRp.1万だったのに、帰りは回り道をしてRp.3万なんてことがあっても、ぼられてるワケじゃないから安心して。

注意してね〜

ウブドへ行くときは
ウブドではメータータクシーが客を拾えない決まりがあるので要注意。南部からタクシーでウブドに行く場合は、往復貸し切りにして帰りの足を確保しておかないと、白タクに何倍も払うハメになる。

タクシーの時間&料金

- ■タマン・アユン寺院
- タバナン
- ■ムングウィ
- 20〜30分 Rp.15〜17万
- 30分 Rp.20万
- ■バトゥブラン
- ■タナロット寺院
- 40分 Rp.20万
- 40分 Rp.20万
- チャングー
- クロボカン
- 30分 Rp.12万
- 15分 Rp.7万
- スミニャック
- デンパサール
- 10分 Rp.2万5000
- 10分 Rp.4万
- サヌール
- 10分 Rp.4万
- スミニャック・ビーチエリア
- レギャン
- 20分 Rp.13万
- 10分 Rp.4万
- 5分 Rp.1万7000
- クタ
- 20分 Rp.8万
- 20〜30分 Rp.9万
- 15分 Rp.6万
- グラライ国際空港
- ブノア港
- ブノア
- ジンバラン
- 30〜40分 Rp.13万
- 5〜10分 Rp.2万5000
- 10分 Rp.8万
- ヌサドゥア
- 20分 Rp.10万
- ウルワツ寺院
- ウンガサン

※図の所要時間および料金は標準的な数値だが、道路状況などにより変わってくるので、あくまでも目安として利用すること。

タクシーの運転手さんによると最近バリでは渋滞がひどく、移動に時間がかかることも多いそうです。(大分県・ひろみ)

車のチャーター
Charter Car

島内の観光には、ホテルや旅行会社で車をチャーターすると便利。電話やメールで予約しておけばホテルへ来てくれる。1日8時間チャーターして、Rp.80〜100万が目安（運転手とガソリン代込み。距離、時間、車のグレードによって料金は変わる）。追加料金を払って日本語ガイドを付けることもできる。詳細は、本書で紹介している旅行会社（→P.183）のウェブサイトなどを参考にして。

自由に移動できる！

シャトルバス
Shuttle Bus

主要な観光地間を手頃な料金で結ぶ、おもに若い旅行者向けのツーリストバス。外国人旅行者しか乗っていないので、車内の安全性も高い。業界大手プラマ社のシャトルバスは、クタ、サヌール、ウブド、チャンディダサなど各地を結んでいて利用しやすい。シーズン中は前日に予約するのがベター。往復割引もある。

● プラマ社 Perama　URL www.peramatour.com

チケットは予約制

配車サービス
Grab & Gojek

スマホアプリを使った配車サービスは、他のアジア諸国と同様、バリ島でも一般的な移動手段になりつつある。東南アジアで広く展開する「Grab（グラブ）」とインドネシア発の「Gojek（ゴジェック）」が2大配車サービス。一般的に通常のタクシーより15〜30％ほど割安で、南部リゾートエリアやウブドなど観光客が多い場所では台数も多い。アプリをダウンロードして個人情報を登録すれば、旅行者でも利用が可能だ。ただし登録の際に電話番号認証が必要なので、あらかじめ日本で済ませておこう。その際にクレジットカード情報も登録しておけば、キャッシュレスで支払いができて便利。

使用方法はグラブとゴジェックともほぼ同じで、車かバイクが選べる。長距離なら車、短距離なら小回りが利いて車よりお得なバイクがおすすめ。行き先が同じでも料金が異なることも多いので、少しでも安く利用したい人は両社で料金を比較してみよう。

● グラブ　URL www.grab.com
● ゴジェック　URL www.gojek.com/en-id

気軽に利用できて便利！

Grab（グラブ）利用方法

❶ Car や Bike などサービスを選択
❷ 現在地を確認し行き先を入力
❸ 運賃とルートが表示される
❹ 予約が完了すればドライバーが決定
❺ ドライバーから連絡が入る

バリ島の現地旅行会社利用法

現地発のオプショナルツアーに参加したり、ホテルや車を
手配してもらったりと、なにかと便利な旅行会社。
日本からインターネットでの予約も可能なので、上手に活用したい。

現地ツアーの申し込み方

ホテルのツアーカウンターや旅行会社で
申し込める。現地での予定が決まってい
るなら、出発前に予約するのもいい。現
地ツアーに関する予約サイトがたくさん
あるほか、各アクティビティ会社のサイ
トでオンライン予約もできる。

おもなアクティビティ

1 オーシャン・ウオーカー

海中世界が
楽しめる!

タンジュン・ブノアの浜辺か
らボートで沖にあるボントゥ
ーン（浮島）へ。水中ヘルメ
ットを着用して、約20分間の
海中散歩を楽しむ。ダイビン
グライセンスがなくても、色
とりどりの熱帯魚と触れ合う
ことができる。料金は大人1名
Rp.105万〜。

問い合わせ先●BMR（→P.148） ☎(0361)771757
URL www.bmrbaliofficial.com

2 バリハイ・クルーズ

クルーズへ
出発!

ブノア港からカタマラン船で
レンボガン島へ。グラスボト
ムボートでのサンゴ礁観賞や
シュノーケリング、島内見学
なども楽しめる。9:15出航、
16:15帰着。料金は大人1名
US$130。17:45出航、20:45
帰着のサンセットディナーク
ルーズ大人1名US$80もある。

問い合わせ先●Bali Hai Cruises ☎(0361)720331
URL www.balihaicruises.com

3 クイックシルバー・クルーズ

海を満喫
しよう!

ブノア港から約1時間の航海で
ペニダ島沖へ。浮き桟橋を起
点にマリンスポーツを満喫す
る。スノーケリング、ウオー
タースライド、バナナボート、
海中世界を楽しめるミニサブ
マリンは無料。7:30出航、
16:00帰着。料金は1名Rp.95
万（子供も同額）。

問い合わせ先●Quicksilver Cruises ☎(0361)721521
URL quicksilver-bali.com

4 ラフティング

スリル
満点!

バリで最も人気の高いエコア
ドベンチャーがこれ。バリ中
部ウブド近くを流れるアユン
川を、渓谷の自然を満喫しな
がらゴムボートで下る。難易
度もそれほど高くないので、
初めての人や子供でも十分楽
しめる。所要5時間、料金は大
人1名Rp.99万5000。

問い合わせ先●Mason Adventures ☎(0361)721480
URL www.masonadventures.com

5 マウンテン・サイクリング

緑の風が
さわやか!

バトゥール山と湖を望むキン
タマーニ高原からスタート。
すがすがしい風を感じながら
坂道を下り、のどかな田園地
帯を駆け抜ける。途中、バリ
の伝統料理も見学。終点はメイ
ソン・エレファント・パーク
（→P.68）。所要5時間、料金は
大人1名Rp.85万。

問い合わせ先●Mason Adventures ☎(0361)721480
URL www.masonadventures.com

日本語で学べるサーフィン教室

デコム・サーフスクール Dekom Surf School

一緒にサーフィン
を楽しもう!

日本人が経営しており、きめこま
やかな対応がモットー。ビギナー
から中級者までレベルに合わせて
指導してくれるので安心。初心者
向けレッスンはUS$31〜。

Map 別冊P.6-A2 クタ

📍Jl. Pantai Kuta No.1, Kuta (Hote
Truntum Kuta内) ☎0812-4617-2525/
0811-3800-7711(携帯) Card不可
⑰要予約 ㉔ベモ・コーナーから徒歩5分
URL surfingschoolbali.com

人気のオプショナルツアー

1 ウルワツ寺院の ケチャ＆ディナー

こちらも →P.49,156 Check!

夕方、バドゥン半島の南西端に位置するウルワツ寺院へ。インド洋に沈む夕日をバックに、幻想的なケチャを鑑賞。その後はジンバラン・ビーチ（→P.50）へ移動し、新鮮なシーフードを楽しむ。所要約5時間、US$60〜。

シーフードがおいしい！

2 バロンダンス鑑賞＆ キンタマーニ高原

こちらも →P.150 Check!

まずバトゥブランでバロンダンスを見学。銀細工やバティックの工房に立ち寄りながら、バリ随一の景勝地キンタマーニ高原へ。バトゥール湖（→P.34）が見渡せるレストランで昼食を取ったあと、ウブドを散策する。所要約12時間、US$60〜。

善の象徴 バロン

3 ウブド観光＆ 芸能鑑賞

こちらも →P.146,150 Check!

タマン・アユン寺院（→P.33）、ライステラスが美しいテガララン（→P.22）、聖水が湧くティルタ・ウンプル（→P.35）などを観光しながらウブドへ。早めに夕食を取ったあとは、本場のバリ舞踊を鑑賞する。所要約13時間、US$90〜。

観に来てね！

4 ブサキ寺院＆ クルンクン観光

こちらも →P.54 Check!

バリ島東部を巡る。まずバリ・ヒンドゥーの総本山ブサキ寺院へ。聖峰アグン山を背景に寺院が建ち並ぶ様は壮観。途中、ゲルゲル王朝時代の王宮跡や、クルタ・ゴサが残るスマラプラにも立ち寄る。所要約10時間、US$60〜。

王宮跡の天井画

5 ジャワ島の世界遺産を訪ねる ボロブドゥール＆プランバナン

世界最大の仏教寺院ボロブドゥールと天空にそびえ立つヒンドゥー寺院群プランバナン、古都ジョグジャカルタの王宮を巡る。バリ島からジョグジャカルタ空港へは飛行機で片道70〜80分。ツアーは日帰りUS$350〜、1泊2日US$500〜。

神々のレリーフ

こちらも →P.64 Check!

日本語で申し込めるおもな旅行会社

ウェンディーツアー Wendy Tour
日本人スタッフが常駐。空港送迎や車チャーターのほか、島内観光ツアーも充実している。

Map 別冊P.5-C3 クタ

⌂ Famous Hotel Kuta内 ☎081-1921-1125（日本語ダイヤル） ◷月・水・金10:00〜16:00（電話・メールでの問い合わせは月〜金9:00〜17:00）URL www.wendytour.com

HIS（エイチ・アイ・エス）
日本語ガイド付きの車チャーターや、島内観光やアクティビティ、レストランやスパなどの予約ができる。

URL activities.his-j.com

情報センターAPA? Information Center APA?
ウブド・エリアを中心に、バリの文化を体験できるユニークなツアーを催行している。

☎0851-0800-1110（日本語専用） URL informationcenter-apa.com

「情報センターAPA?」のウェブサイトは、オダラン（→P.158）や芸能などバリ文化に関する情報が満載。一度チェックしてみて。

旅の便利帳

バリ島の旅に必要なノウハウをぎゅぎゅっとまとめました。
旅の基本をきっちり押さえていれば、
イザというときに慌てないですむよね。

項目別に
まとめたよ！

お金・クレジットカード

お金

通貨単位はインドネシア・ルピア。一般にRp.と表記される。おつりをもらうとき、Rp.1000以下の端数は切り捨てられることもある。Rp.100=約0.95円（2024年3月18日現在）。

クレジットカード

ホテルのほか、観光客が利用するレストランやショップの多くでは、MastercardやVISAなど国際ブランドのカードならばたいてい使える。大金を持ち歩くのはリスクが高いので、両替はできるだけ最小限にとどめて、カードで支払うのが賢い方法。なお使用する際に暗証番号（PIN）が必要な場合があるので、事前に確認を。

ATM

空港や銀行、コンビニなどにATMがあり、MastercardやVISAなど国際ブランドのカードで現地通貨をキャッシングできる。出発前に海外利用限度額と暗証番号を確認しておこう。金利には留意を。

1000ルピア　2000ルピア　5000ルピア　1万ルピア　100ルピア

2万ルピア　5万ルピア　10万ルピア　200ルピア　500ルピア　1000ルピア

※2022年8月より新紙幣が導入された。旧紙幣も今までどおり使用できる。

電話

公衆電話はほとんどない。電話をかけられるのはホテルの部屋からか、自前の携帯電話を用意するかのどちらか。日本の携帯電話で現地ローミングサービスができるものなら、バリ島内ほとんどの場所で使えるが、通話料金は1分150円以上と高額なので注意。詳細は携帯会社に確認を。SIMロックフリーの電話機なら、バリ島でSIMカードを買って挿入するだけで現地の携帯電話機として使える。

SIMカードは空港や通信会社の提携店で購入できる

日本からバリ島へ

| 国際電話会社の番号 0033/0061 （携帯電話の場合は不要）| ＋ | 国際識別番号 010 | ＋ | インドネシアの国番号 62 | ＋ | 最初の0を除いた市外局番 | ＋ | 相手の電話番号 |

バリ島から日本へ

| 国際電話会社の番号 001/007など | ＋ | 日本の国番号 81 | ＋ | 市外局番の最初の0を取った相手の電話番号 |

バリ島内での電話のかけ方

● 同じ局番内での通話は、相手の電話番号のみプッシュ
　（南部やウブドなど主要エリアの局番は0361）
● 違う局番エリアへの通話は、市外局番も付けてプッシュ

　バリ島の高級ホテルでは、チェックイン時にデポジットとしてクレジットカードの提示を求められることがあります。（滋賀県・Miki）

電源・電圧
電圧は220V、周波数は50Hz。プラグは丸ピン2本足のCタイプ。ホテルによってはプラグを貸し出してくれるところもある。日本国内用の電化製品を使うには、変圧器とアダプターが必要。パソコンやデジタルカメラ、携帯電話のACアダプターは国際対応だが、念のため電圧を確認しておこう。

トイレ
観光客が利用するレストランなどでは、清潔な西洋式水洗トイレがほとんど。ローカル向けの食堂では、和式と同じしゃがむスタイルで、水槽から桶で水を汲んで流す。トイレットペーパーが用意されていないこともあり、またそうしたトイレでは紙を流すと詰まるので備え付けのカゴに捨てること。

郵便
インドネシアの郵便局はPos Indonesiaという。営業時間は月〜土曜8:00〜18:00が基本だが、小さい局は早めに閉まるところもある。日曜・祝日は休み。日本へのハガキはRp.1万、封書は重量によりRp.1万〜、所要1週間程度。小包はEMSで発送するのが便利。切手は雑貨屋でも購入できる。

水
日中は暑いのでこまめに水分補給を。コンビニや雑貨店でミネラルウオーターが購入できる。500mlのペットボトルでRp.3000〜。またほとんどのホテルでは、部屋に無料のミネラルウオーターが用意されている。水道水は飲用に適さない。胃腸が弱い人は、屋台の氷も避けたほうが無難。

Wi-Fi
高級ホテルはもちろん、中級ホテルやゲストハウスでも客室でWi-Fiが利用できるなど、インターネット環境は整っている。観光エリアでは、Wi-Fiが無料で使えるレストランやカフェも多い。ホテルではチェックイン時に、レストランやカフェではスタッフに尋ねればパスワードを教えてくれる。

宗教
バリ人の宗教はヒンドゥー教。人間とともに存在する目に見えない神々を信じ、感謝の祈りを捧げて暮らしている。寺院を見学する際は、現地の慣習に従ってサロン（腰布）を巻いて入ろう。観光客がよく訪れる寺院では入口で貸してくれる。生理中の女性やけがで出血のある人は立ち入りを遠慮すること。

服装
常夏の島だけど、標高差があるため、場所によっては寒暖の差が大きい。海沿いの地域では1年を通して半袖でOK。ただしホテルやレストランではエアコンが効き過ぎていることがあるので、薄手のカーディガンやストールがあると便利。またウブドでは、5〜10月の乾季は朝夕冷え込むことも。

チチャとトッケイ
バリ島で必ず出会う生き物がチチャとトッケイ。蚊や小さな虫を食べるヤモリを現地の人はチチャと呼ぶ。日本でも縁起のいい生き物とされ、漢字で「守宮」と書くほど。トッケイは大型ヤモリの一種。初めて見て驚く人もいるけど、「トッケイ」と響く鳴き声が7回連続で聞こえると縁起がいいといわれる。

トッケイ！トッケイ！

旅の安全情報

女の子同士の旅が楽しいバリ島。街の人の優しい笑顔についつい気もゆるみがち。
でも、ここは外国であることを忘れないで！
パターンを知って、しっかりトラブル回避しよう。

注意してね〜

治安

バリ島では強盗や殺人といった凶悪犯罪は少ない。その代わり、現地男子が日本女子をナンパしてその気にさせ、お持ち帰りされることがよくある。犯罪ではないけれど、あとで泣く人が多いから注意して。またレストランやみやげ物屋で小金をごまかす例も報告されている。金額が間違っていないか伝票やレシートをよくチェックし、おつりも数えること。
●外務省　海外安全ホームページ
URL www.anzen.mofa.go.jp

病気・健康管理

慣れない環境で知らず知らずのうちに疲れがたまり、それが原因で体の調子を崩すことがある。旅行中はあまり無理をしないよう心がけて。直射日光も疲労のもとだから長時間当たらないように。衛生面は観光客向けのレストランなら心配ないけれど、ローカルな店や屋台では生水や氷は避けて、よく火の通ったものを食べるようにすること。万一病気になったら、ホテルに相談するか日本語の通じる医院（→P.187）で受診を。

海外旅行保険

万一病気やけがをしたら、海外では治療費が大きな負担になりかねない。ほかにも運悪くどんなアクシデントに見舞われるかわからないので、海外旅行保険に入っておくと安心。緊急時に日本語による電話サービスが受けられるものなら心強い。インターネットのサイトから申し込むと割り引きされる保険会社もあるのでチェックしてみて。補償内容や現地連絡先はいざというときに慌てないよう、あらかじめ確認しておくこと。

こんなことにも気をつけて！

 ### 1 空港の荷物運び

バリ島の空港に着いて入国審査を過ぎたら、ターンテーブルから自分のスーツケースをピックアップ。その際に空港職員みたいな顔をして荷物を勝手に運び、わずか数十mの距離に法外なチップを請求するポーターがいる。きっぱり拒否しよう。たとえ運んでもらったとしても、荷物1個につきRp.1万程度でOK。

 ### 2 いかさま賭博

「うちの妹が看護師として日本で働くことになったので現地事情を教えてください」などと言葉巧みに車に乗せられて家に案内される。妹を待っている間にトランプゲームが始まり、いつの間にか賭になって大負けして何十万円もカードで払わされる。昔からある典型的な詐欺。知らない人にはついて行かないこと。

 ### 3 ジゴロ

ジゴロは気さくで陽気。南国の解放的な雰囲気と楽しい会話で盛り上がり、いつの間にか昼夜一緒にいるようになる。そのうちお金を貢ぎ始め、気がついたときには日本の貯金もぜんぶ彼のもの。お金がなくなると捨てられる、お決まりのパターンがあとを絶たない。月並みだけど、あまり気を許さないようにね。

4 盗難

ひったくりや置き引きは、滅多にないけどたまに起きる。特にラマダン（イスラム教の断食月）明けの時期に多発する。貴重品を入れるバッグは斜めがけにして手で押さえられるものを。またビーチやプールサイドには貴重品を持っていかず、セーフティボックスに預けよう。なくなって困るものは持ち歩かないこと。

 ### 5 痴漢・のぞき

肩や足が露出する服装は、解放的で気持ちいいけれど、痴漢を誘発するモトにもなることを認識しておいて。ホテルの部屋によっては外から丸見えの開放的な造りになっていることもあるので、のぞきにも注意。また夜は人通りの少ないところをひとりで出歩かないなど、自分自身の危機管理は特にしっかりと。

 ### 6 メーターを使わないタクシー

走り出してもメーターが動いていないようなら、あとでぼられて不愉快になること確実。「メーター！」と一度言っても作動させないなら交渉しても時間のムダだから、すぐに停車させ降りてしまおう。バリ・タクシー（→P.180）ならほぼ確実にメーターで行く。でもよく似た塗装の偽バリ・タクシーもいるから注意して。

繁華街を歩いていると男の人から「かわいいねー。どこ行くの？」と声をかけられるけど相手にしないで。（福島県・みん）

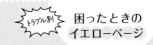

トラブル別 困ったときの イエローページ

トラブル1 パスポートを紛失したら

**まずは現地の警察に届け出て、
デンパサールの日本国総領事館で手続きを**

パスポートの盗難に遭ったり紛失してしまったら、すぐに最寄りの警察に届け出て「盗難証明書」を発行してもらうこと。それを持って日本国総領事館へ行き、パスポートの紛失届を提出し新規発給の申請を行う。万一に備えて、あらかじめ顔写真のページのコピーやパスポート規格の写真を用意しておくと手続きがスムーズ。

**パスポート新規発給、
帰国のための渡航書発給の申請に必要なもの**

- □ 警察署発行の紛失・盗難届出証明書
- □ 写真2枚 （縦45mm×横35mm）
- □ 身分証明書 （運転免許証、マイナンバーカードなど）
- □ 戸籍謄本 （6ヵ月以内発行のもの）
- □ 旅程が確認できる書類 （eチケット控えやツアー日程表など）
- □ 手数料 （※申請の手数料は、申請内容により異なります）

トラブル2 事件・事故に遭ったら

**すぐに警察や日本国総領事館で
対応してもらう**

事件に巻き込まれたり、事故に遭ってしまったら、すぐに最寄りの警察に届け出て対応してもらう。事件・事故の内容によっては日本国総領事館に連絡して状況を説明し、対応策を相談しよう。

緊急連絡先

警察 **110** 救急 **118**

在デンパサール
日本国総領事館
(0361) 227628
`Map` 別冊P.4-B1

トラブル3 クレジットカードを紛失したら

至急クレジットカード会社に連絡

クレジットカード会社に連絡して、悪用されないようにカードの使用停止手続きをする。カードの再発行の手続きは、基本的に帰国後に行う。

**カード会社の
24時間対応日本語連絡先**

アメリカン・エキスプレス	**65-6535-2209**
ダイナース	**81-3-6770-2796** （コレクトコール可）
JCB	**001-803-657-111**
Mastercard	**001803-1-887-0623**
VISA	**1-303-967-1096** （コレクトコール可）

トラブル4 病気になったら

緊急の場合は迷わず、保険会社への連絡も忘れずにすぐに医師の診察を受けよう。日本語で対応してくれる病院もある。海外旅行保険の種類によってはキャッシュレスで診療が受けられることもあるので事前に確認しておくといい。

**日本語が通じる
病院＆クリニック**

カシイブ病院 （デンパリール） 緊急ダイヤル	**(0361) 3003030**
タケノコ・バリ診療所 （クタ） 日本語ダイヤル	**(0361) 4727288**

トラブル5 荷物を忘れたら

まず忘れた場所に問い合わせる

お店やホテルの部屋など忘れ物の場所がわかっていたら、電話で所在の確認をしてから取りに行く。路上で忘れた物は、警察に届けてもまず出てこないので、きっぱりとあきらめて。必要な物は買い直すなど最善の策を。忘れないのがいちばんなので、気をつけよう。

警察署

デンパサール警察	**(0361) 227711**

あきらめも
大切！

その他連絡先		
保険会社 （日本のカスタマーセンター）	**航空会社** （ガルーダ・インドネシア航空）	**その他の航空会社** （グラライ国際空港内）
損保ジャパン‥‥‥**0120-081-572**	東京‥‥‥**(03) 5521-1111**	シンガポール航空‥‥**(0361) 9361547**
東京海上日動‥‥‥**0120-868-100**	インドネシア国内 （24時間）‥‥**08041-807-807**	タイ航空‥‥‥**(0361) 9355064**
AIG損保‥‥‥**0120-48-7711**		フィリピン航空‥‥‥**(0361) 750353**

買う